영원永遠한 오늘

영원永遠한 오늘

초판 인쇄·2007년 1월 29일
초판 발행·2007년 2월 2일

글쓴 이·신두호
펴낸 이·임종대
펴낸 곳·미래문화사

등록 번호·제 3-44호
등록 일자·1976년 10월 19일
주소·서울시 용산구 효창동 5-421호 ㉱140-120
전화·715-4507, 713-6647
팩스·713-4805
E-mail·mirae715@hanmail.net
　　　　miraebooks@korea.com

ISBN 89-7299-335-2
ⓒ2007, 미래문화사

함께 가꾸는 심정문화
훈독생활문화訓讀生活文化를 위한 설교집

영원永遠한 오늘

심올 신두호 저

미래문화사

영원永遠한 오늘로 사는 힘

태초에 말씀이 계시니라 이 말씀이 하나님과 함께 계셨으니 이 말씀은 곧 하나님이시니라. 만물이 그로 말미암아 지은 바 되었으니 지은 것이 하나도 그가 없이는 된 것이 없느니라. 그 안에 생명이 있었으니 그 생명은 사람들의 빛이라(요 : 1-4).

말씀은 하나님의 청사진이요, 만유의 상像이며, 존재의 이치와 법도며, 다양한 운동의 원리다. 말씀으로 계시는 하나님의 자기 전개로 하나에서 전체로, 전체에서 하나로 어우러지는 원화의 생명체, 한 몸과 같은 유기적 생명체로써 천주를 창조하시고, 말씀, 사랑, 심정의 실체로 자녀 된 인간을 지으시고, 만유의 주인으로 세워 준 것이다. 그리고 만유의 핵核으로, 사랑을 부여하여 영속의 가치를 소유케 한 것이다.

말씀이 말씀 되고, 사랑이 사랑 되고, 심정이 심정되어 하나님의 이상이 실현되었다면 하나님의 한 몸 된 사랑의 이상동산 원화원圓和苑의 꽃동산이 이루어져 모두가 자유롭고, 기쁘고, 즐거운 '행복의 만끽 동산 평화의 이상 왕국'에서 천국의 생을 누리었을 것이다.

그러나 타락으로 인해 말씀을 상실한 인간은 무지의 늪에서 너무나도 긴 세월을 원치 않는 모순의 굴레에서, 창살 없는 감옥의 생애를 덧 없이 보내게 된 것이다. 하나님의 재창조 섭리가 탕감이란 고난을 지불하면서 잃었던 말씀을, 잃었던 참사랑을, 잃었던 참혈통을 되찾아 오시는 원상회복의 복귀섭리는 가시밭길을 피로 물들인 십자가의 연속이었다.

이제야! 신천신지新天新地를 여는 태초의 청사진을 인류의 참부모님께서 소상히 다 밝히시고, 재창조의 생활문화로 '훈독생활화'를 천명하신 것이다. 훈독 국민화로 천일국을 창건하는 것이, 섭리의 핵이요, 초점이 되는 것이다.

훈독이란? 말씀이 강같이 자연스럽게 흘러서 만인의 가슴으로 스며들면 하늘의 새 생명이 거듭 낳고, 천국의 참 인생이 가꿔지며, 새 에덴의 새 문화가 꽃·향기로 피어나, 영·육의 오관이 기쁨으로 만끽을 노래하는 삶이 된다는 것이다. 또한 말씀을 끝없이 베풀어 하나님의 끝없는 사랑을 공급하는 '공급매체'가 훈독인 것이다.

말씀이 마음을, 말씀이 생각을, 말씀이 언어를, 말씀이 세포 세포를 꾸미고 그 속에 참사랑의 생명수가 물 흐르듯 영인체와 육신에, 머리에서 발끝까지 원활하게 생동하면 마음 건강, 몸 건강, 생활 건강, 사회 건강으로, 역사가 강건하여 매사에 활력이 넘쳐 기쁨에 취해, 행복에 취해, 즐거움에 넘쳐, 보람에 보람을 더해 가노니 말씀과 사랑과 심정이 어우러진 삶은 영원한 시간들로 가꿔지는 것이다.

일생일대에 단 한번밖에 없는 오늘을 영원한 오늘로 살아갈 수 있는 동력動力은 영생永生의 양식인 말씀을 밥보다도 맛있게 먹고, 참사랑을 실행하는 '생활습관'에 있다고 하겠다.

천일국天一國 삶의 기틀 전형典型은 훈독생활訓讀生活이다.

영靈의 양식 말씀과 육肉의 양식 음식을 온전히 섭취하여 참사랑으로 융화되면, 싱싱한 지知, 정情, 의意에 활기찬 진眞·미美·선善이 어우러져 무한대의 기쁨, 행복, 자유, 평화의 꽃 향기로 만끽된 삶 되리라 본다.

하나님의 창조이상, 인류의 소망, 삼라만상의 갈망, 역사의 궁극 목적인 지상천국, 천상천국을 창조해 나가는 훈독생활문화訓讀生活文化가 발전·정착·안착·근착 되기를 바라는 심정으로 훈독

설교집訓讀說敎集《영원한 오늘》을 발간하게 되었다.

이 책을 발간하기까지 지성을 다해 준 심정의 형제자매들에게 깊은 감사의 마음을 전합니다. 그리고 출판을 맡아주신 미래문화사 임종대 사장님께도 감사의 애정을 드리며, 이 책을 하나님과 참부모님께 봉정奉呈하옵고, 뜻 앞에 바치옵니다.

천일국 7년 1월
신두호

제3장 보람價値의 삶

제4장 성육신incarnation의 삶

제5장 참사랑의 삶

제1장 원화圓和의 삶

참다운 부모에 참다운 효자가
참다운 가정을 가꿉니다.

속사람 가꾸기

훈독말씀 : 사랑의 인격체는 지상에서 구비해야

지상에 있는 생활이 얼마나 중요하냐? 지상생활은 한 번밖에 없습니다. 순간인데 한 번밖에 없습니다. 지상생활을 영생에 비유하면 이것은 한 점에 불과합니다. 너무나 짧은 순간입니다. 이 기간에 육신생활을 넘어 영계를 위해서 준비를 해야 됩니다. 항상 그런 사상을 갖고 중심에 서서 일체를 컨트롤Control하고 정복할 수 있어야 됩니다. 그렇지 않으면 완성을 이룰 수 없습니다. 그걸 알아야 됩니다.

사람이 이 일생만으로 끝난다면 얼마나 간단하겠습니까? 사람은 영생하게 되어 있습니다. 영생하게 되어 있다는 것입니다. 그것이 좋기는 좋은데 큰일 났습니다. 사람은 영생하게 되어 있습니다. 여러분이 영계에 대한 체험이 없기 때문에 몰라서 그렇지, 영계의 체험이 있는 사람들은 옛날 아담에서부터 몇 천 년 전까지의 조상들을 다 만날 수 있다 이겁니다. 여러분은 육신을 쓴 이 기간이 얼마나 귀한가를 알아야 됩니다. 하나님도 부활시킬 수 있고, 우주도 부활시킬 수 있고, 모든 천하를 통일시킬 수 있는 것은 육신을 쓰고 있는 이 기간밖에 없습니다. 하나님과 만물

을 합하더라도 이 육신세계와 바꿀 수 없습니다. 왜 그러냐? 하나님과 이 우주를 합하더라도 육신을 가진 인간이 없으면 완성되지 않기 때문입니다. 인간의 몸이 얼마나 귀한가를 알아야 합니다. 우리의 육신은 우주를 주고도 바꿀 수 없습니다. 성경말씀에 '우주를 얻고도 네 생명을 잃으면 무엇이 유익하겠느냐' 하는 말도 그래서 성립되는 것입니다. (91-191, 139 / 159-277)

영계는 설명이 필요 없고, 변명이 필요 없습니다. 척 하면 벌써 알게 돼 있습니다. 저 사람이 내 아래인지 옆인지 높은 자리인지 아는 것입니다. 사랑의 위계位階를 안다는 것입니다. 그 위계는 절대적입니다. 그 위계가 높은 사람은 자연히 그 위계를 맞춰서 자기가 설 자리에 서 있습니다. 지상세계하고 다릅니다. 모략중상해서 출세하고 그러는 사람은 거꾸로 되는 것입니다. 그 반대가 됩니다. 그래서 정도를 봐라, 정도를 보라는 것입니다. (194-133)

영계에서는 하나님의 사랑이 없으면 먹지 못합니다. 먹을 권리가 없다는 것입니다. 지옥은 보면서도 먹을 수 없고, 알면서도 행할 수 없는 곳입니다. 때문에 하나님의 사랑을 중심삼고 지상에서 영육이 하나 된 천국생활을 한 사람 외에는 영원한 이상적 세계를 가질 수 없는 것이요, 하늘나라를 소유할 수 없다는 것을 알아야 됩니다.

저 나라에서 필요한 것은 세계보다도, 자기 나라보다도, 자기 아내보다도, 자기 아들딸보다도 하나님을 더 사랑하는 것입니다. 사랑 권내의 최대의 인격을 구성한 사람은, 그 세계에서는 하나님과 같은 능력행사가 가능합니다. 저 나라는 사랑의 공기로 되

어 있습니다. 사랑에 의해 모든 것이 나서, 사랑으로 살고, 사랑으로 위할 수 있는 사랑의 도리로 채워져야만 하나님이 지금까지 역사시대에 바라던 소망의 실체를 완성했다는 자격을 갖추게 되어 천국 어디를 가더라도 환영하는 겁니다. 여러분의 가정이 천국으로 향하는 수련소입니다. 가정에서 수련된 것을 사방으로 확대시켜 위할 수 있는 사랑권을 갖고 사는 사람은 천국으로 직행하는 것입니다. (143-72)

그의 열매로 그들을 알지니 가시나무에서 포도를, 또는 엉겅퀴에서 무화과를 따겠느냐? 이와 같이 좋은 나무마다 아름다운 열매를 맺고, 못된 나무가 나쁜 열매를 맺나니 좋은 나무가 나쁜 열매를 맺을 수 없고, 못된 나무가 아름다운 열매를 맺을 수 없느니라. 아름다운 열매를 맺지 아니하는 나무마다 찍혀 불에 던지우느니라. 이러므로 그의 열매로 그들을 알리라. 나더러 주여 주여 하는 자마다 천국에 다 들어갈 것이 아니요, 다만 하늘에 계신 내 아버지의 뜻대로 행하는 자라야 들어가리라. (마태복음 ; 7 : 16-21)

우리가 이 세상에 태어나기 이전에 인간이 살아 갈 이치와 법도와 목적 등 인생의 행로가 이미 정해져 있는 것입니다. 어머니 복중의 한 세상에서 또 다른 한 세상을 살아갈 준비를 하는 것이고, 이 지상에 태어나면 대자연의 삼라만상과 더불어 지상생활을 꾸며가는 것이지요. 어머니 복중에서 지상생활의 이모저모를 준비했듯이 육신생활을 통하여 영원한 영계생활을 준비하는 것입니

다. 우주의 뿌리요, 인간의 뿌리 부모 되시는 하나님께서 인간을 자녀로 지으심에 하나님과 인간이 부모와 자식의 관계를 원만하게 맺을 수 있는 모든 구조와 요소와 속성을 구비해 주신 것입니다. 그래서 인간에게 여타의 존재물에 없는 영인체가 있다고 하는 것은 참으로 신비롭고, 위대한 존재 가치를 부여해 주신 것입니다. 그렇기에 인간은 속사람과 겉사람이 어우러져 입체적인 삶을 영위하는 것입니다.

'겉사람과 속사람의 관계'는 '나무와 열매와의 관계'와 같습니다

나무는 여러 가지로 구성되어 있습니다. 뿌리, 줄기, 가지, 곁가지, 잎, 꽃, 꽃샘 등등으로 구성되어 있는데, 그 모든 구성요소들은 저마다의 기능을 발휘하며 하나의 나무를 꾸미고 있습니다. 그 모든 구성요소들의 공동 목적과 가치는 훌륭한 열매를 만드는 데 있습니다. 나무의 궁극적인 존재목적은 제2의 나무요소를 총망라한 결정체인 열매를 정상적으로 만드는 것이지요. 성장과정을 거쳐서 그 열매가 정상적으로 성숙했을 때, 나무의 사명과 책임은 끝나고 그 열매가 또 하나의 나무를 만들 수 있는 결정체로서 번식을 하는 것입니다. 그런데 열매가 제대로 영글지 못하고 열매로서의 구성 요소를 다 갖추지 못했을 때는 제2의 나무로 번식하지 못하고 무의미한 실패의 열매가 되는 것이기에, 모든 것이 허사가 되고 후회와 탄식만이 실패의 고통을 겪게 되는 쓰라림이겠지요. 그렇습니다. 우리의 육신에도 많은 기관이 있고, 많

은 세포가 인체를 꾸미고 있습니다. 두뇌, 신경계, 오장육부, 사지백체 등등의 구성요소들이 거대한 인체를 꾸미고 있사온데 그 모든 지체들은 저마다의 기능을 발휘하며 결국은 인생의 열매인 속사람을 가꾸는 것입니다. 그래서 그 속사람을 가꾸는 삶은 바로 성숙한 완성체를 만드는 데 있습니다. 그리고 완성의 모델은 바로 하나님이시므로 하나님을 닮는 생활을 잘 가꾸는 것이 곧 속사람을 가꾸는 교과서적인 삶이 되는 것입니다. 본디 인간이 타락치 않았다면 하나님의 상징체로 지음 받은 대자연의 오묘함을 보고, 듣고, 느끼고, 자각하면서 우주의 주인된 실체요, 하나님의 실체로서의 부족함이 없는 내용을 다 갖추고 하나님과 우주와 부단히 주고받으며 하나님과 똑같은 속사람을 갖추었을 것입니다.

속사람의 성숙 정도가 영계 삶을 컨트롤 한답니다

하나님은 사랑의 원천이시기에 우주를 창조하시고 사랑의 실체 대상으로 인간을 창조하셨습니다. 사랑은 주는 것이요, 주기 위해서는 줘야할 대상이 있어야 함으로 하나님 사랑의 대상 실체로 인간을 창조하신 것입니다. 우주의 이치와 법도 즉 우주의 진리는 '사랑을 위한 사랑법' 입니다. 그 사랑은 하나님 속성을 그대로 닮은 절대사랑, 유일사랑, 영원사랑, 불변의 사랑입니다. 그 사랑은 주거니 받거니 해야 되므로 수수의 법칙이 있는 것입니다. 수수의 원리는 주는 것이 먼저이고, 받는 것은 나중입니다. 그렇기에 참부모님께서 가르치시며 몸소 행하시는 삶은 '주고 잊어버리

는 삶'이셨습니다. 사랑에도 위계질서가 있습니다. 누구를 먼저 사랑해야 될까요? 본문 말씀에 세계보다도, 나라보다도, 아내보다도, 자식보다도 하나님을 더 사랑해야 된다고 하십니다. 그것은 당연한 순서입니다. 하나님이 있었기에 우주가 있게 된 것이고, 하나님이 계셨기에 우리의 생명이 있을 수 있는 것입니다. 그렇기에 우리의 인생의 첫째 되는 진리는 하나님을 사랑함에 마음을 다하고, 영혼을 다하고, 몸을 다하여 사랑하라고 당부하시는 것입니다. 영계는 사랑의 세계라고 합니다. 그리고 그 사랑의 성숙 정도가 컨트롤Control 정도라고 합니다.

하나님의 참 사랑이 성숙 된 영인체를 갖추고 있으면, 하나님의 능권을 발휘하게 됨으로 경계가 없고, 부족함이 없는 만족의 경지에서 풍요를 노래하며 기쁨에 만끽 된 삶을 누리게 된다는 것입니다. 밥이 먹고 싶다면 즉시 밥이 나오고, 참치 회를 먹고 싶다면 바로 싱싱한 참치 회가 나오고, 비행기를 타고 싶다면 즉각 비행기가 대기하고, 정말인즉 거짓말 같은 실제세계가 도깨비 방망이로 다스리는 세상이 펼쳐지는 곳이 사랑완성실체가 다스리는 영원한 영계의 삶이라는 것입니다.
그런데 참다운 사랑의 실체를 다 이루지 못한 영인체의 삶은 자유가 부족해서 부자연스럽고, 만족이 부족해서 불만스럽고, 만끽이 아닌 늘 클클한 삶을 살게 되므로 후회함이 많고 땅을 치며 통곡도 하고, 괴로워 한다는 것입니다. 그러니까 밥이 먹고 싶다고 해도 밥이 안 나오고, 신랑을 만나고 싶다고 하면 볼 수는 있는데 키스를 할 수 없고, 아들딸을 만나도 심정이 안 통하고, 여

러 가지로 막히고 답답한 삶이 미성숙한 영인체의 삶이라는 것입
니다.

속사람 가꾸기에 초점을 맞춰 살아야 되겠습니다

속사람은 참사랑으로 되어 있습니다. 그 참사랑은 끝없는 봉사
를 추구합니다. 사랑실천이 보람과 기쁨을 만들기 때문입니다. 그
리고 속사람을 정도正道로 이끌어 가는 나침판은 양심입니다. 양
심은 부모보다도, 스승보다도, 하나님보다도 앞서서 우리의 마음
과 영을 바른길로, 법도의 길로, 이치를 따르도록, 기쁨의 길, 보
람의 길로 안내하고 가르쳐 주고 합니다. 사람이 삶을 꾸미는 데
갖가지 욕구가 작용을 합니다. 그 중에서 가장 고급 욕구가 자아
실현 욕구입니다. 자아실현 욕구는 자기 투자를 통하여 이루어지
고, 자기 투자란 자기희생입니다. 사랑은 소모하면 소모할수록,
투입하면 투입할수록 더 커집니다. 이것은 일반적인 자연과학의
법칙이 아니요, 인문과학의 법칙을 넘어선 사랑의 법칙입니다. 이
러한 사랑의 법칙을 따라서 하나님의 대창조의 역사가 전개 된
것입니다. 그리고 참사랑은 하나님과의 관계에서 생성되고, 발전
되고, 번창됩니다. 하나님과의 관계의 첫걸음은 방향과 목적을 같
이 하는 것입니다. 그리고 심정과 사정을 나누는 것입니다. 그래
서 합목적적 삶을 꾸미므로 하나님이자 나요, 나자 하나님으로서
의 삶을 조화통일 된 입체적, 일체감으로 동動하고 정靜하는 동정
화합일체 이상動靜和合─體理想된 삶을 영위하는 것입니다.
우리를 하나님 섭리의 동역자로서 동참케 하시는 것은 바로 성

인의 반열에 오르게 하시는 하나님의 특별한 은총이요, 기회입니다. 하나님의 손발이 되어서 하나님 대신자로 하나님의 입술이 되어 드리고, 하나님의 눈동자가 되어 드리고, 하나님의 분신 된 역할을 할 수 있는 것은 선택받고, 축복받은 하늘 백성의 특혜요 축복인 것입니다. 섭리 역사에 동참하는 우리의 경험은 바로 우리의 속사람을 아름답고 빛나게 가꾸는 진眞, 미美, 선善의 원 재료가 되는 것입니다.

속사람 완성의 연단은 가정천국과 이웃천국에서

속사람의 구성요소인 참사랑의 요람이 가정입니다. 하나님의 참사랑은 네가지 사랑의 총합사랑입니다. 부모의 사랑, 부부의 사랑, 형제의 사랑, 자녀의 사랑이 하나로 어우러진 사랑이 바로 하나님 사랑입니다. 그리고 그 네 사랑이 가정에서 이웃으로 원형운동, 구형운동을 하면서 천태만상, 각양각색으로 전개되면서 무한대의 기쁨으로 이어집니다. 하나님의 사랑이 실천을 통해 많은 사랑의 경험을 할 때 우리의 속사람은 원만한 모습으로 성숙하게 되는 것입니다.

시간도 한 번, 인생도 한 번, 기회도 한 번입니다. 우리에게 주워진 사랑의 찬스를 놓칠세라, 빼앗길세라 자기 것으로 포착하는 슬기와 지혜로 속사람 가꾸는데 성공적인 자기 관리를 알뜰히 챙겨나가야 되겠습니다. 우리 속에 영생의 대형 컴퓨터가 늘 작동하고 있으며 우리의 삶의 하나하나가 낱낱이 기록하고 있다는 영

생의 원리를 새삼 되새기면서 지상에서 속사람 완성실체를 만들어 영원한 영계생활이 자유롭고, 만족한 삶을 꾸미실 만반의 준비가 차질 없이 갖춰지시기를 기원 드립니다. 행하시는 경험의 자리에 하나님의 권능이 늘 함께 하시기를 축원 드립니다. 감사합니다.

버려야 얻으리

훈독말씀 : 신앙은 탕감법을 지켜나가는 것

하나님은 타락한 인간을 탕감복귀 시키기 위해 종교를 세우셨습니다. 하나님은 종교를 통해 하나님 중심의 정신을 강화시키는 방법, 삶과 인격에 대한 육체의 지배를 역전시키는 방법을 가르치고 계십니다. 종교가 단식, 희생적인 봉사, 온유하고 겸손한 태도 등을 요구하는 까닭은 바로 이런데서 연유합니다. 이는 육체의 세력을 감소시키고 육체로 하여금 정신에게 복종토록 하는 방법들입니다.

신앙생활을 통해 육체 중심적인 생활습관에서 벗어나 새로이 정신 중심적인 생활방식을 만들어 내기까지는 통상 3년 내지 5년이 걸립니다. (201-203)

인간은 타락성을 상속 받아 습관의 노예가 되었으며, 오늘날 종교인까지도 이러한 타습에 젖어 안일한 생활을 하는 경향입니다. 습관적 신앙생활은 위험합니다. 그러한 신앙생활은 사탄의 참소 조건을 제시하는 요인이 됩니다. 사람들이 복귀노정을 걸어감에 따라 한 사람도 잃지 않으려는 사탄은 온갖 방법을 통해 재 침범

의 기회를 노리고 있습니다. 사탄은 개개인이 세운 탕감조건에 의해 개인에서 떨어져 나가야 하지만 또 다시 가정적 차원, 민족적 차원에서 침범할 수도 있습니다. (167-98)

우리가 가야 할 공식노정이 있는데 여러분은 그런 공식을 확실히 모르고 있습니다. '우리에게는 탕감이 필요 없다. 무엇 때문에 우리가 그 어려운 탕감 길을 가야 돼?' 그러는 사람은 사탄권 내에서 죽을 수밖에 없습니다. 사탄은 그들의 권을 주장합니다. 여러분은 이러한 사탄의 영역을 정복해야 합니다. 사탄을 물리쳐야 됩니다. 사탄권을 점령해야 됩니다. 과감하게 일어서야 합니다. 과거의 것들을 청산해야 합니다. 이것이 신앙생활에 있어서 여러분이 해야 할 책임입니다. 확실히 알아야 됩니다.

오늘날 신앙하는 사람들은 탕감복귀의 길을 가고 있다는 것을 망각하고 있습니다. 아담과 해와가 타락을 왜 했느냐? 책임분담노정을 망각했기 때문입니다. 현실을 망각했기 때문에 타락했습니다. 책임분담권을 남긴 채 인류는 신음하지 않으면 안 될 입장에 섰고, 그 책임분담 권 까지도 자유롭게 맞을 수 없는 입장이 됐습니다. 타락한 인간이기 때문에 책임분담권을 자유스럽게 맞을 수 있는 그 자리까지 나오기 위해서는 오늘날 역사적인 모든 타락권을 해탈하고 나서지 않으면 안 됩니다. 그러지 않으면 복귀의 길에 못 나가는 겁니다. (142-43)

인간에게 제일 어려운 것이 무엇이냐? 사탄의 3대 문이 있는데

첫째는 먹는 겁니다. 이놈의 입은 먹고 먹고 먹으면 더 좋은 것
달라 그렇습니다. 자꾸 그렇습니다. 그 다음에는 쉬는 겁니다. 잠
만 자면 자꾸 쉬고 파요. 그렇지요? 일하고 싶지 않습니다. 다음
에는 뭐예요? 정욕입니다. 바람피우려고 합니다. 통일교회에서
바람피우고 남녀문제가 있으면 한 군데 데려다가 휘발유 뿌려서
불살라 버릴 것입니다. 그런 때가옵니다. 내가 그런 지시를 안 해
서 그런 겁니다. 하나님이 에덴동산의 아담과 해와를 쫓아냈지
요? 그 새끼들을 처리할 도리가 없었습니다. 그런데 지금은 그렇
지 않습니다. 수두룩하게 많습니다. 선생님 시대에 그런 꼴을 보
고 싶지 않습니다. 그러니 심각하다는 것입니다(199-101)

마음속에 타락의 찌꺼기를 버려야

신앙생활의 궁극적 목적은 원죄를 청산한 터 위에, 타락성으로
굳어버린 습관성을 버리고, 그 자리에 창조 본성이 자리 잡고, 삶
을 영위토록 해야 하는 것입니다. 버려야 할 타락의 찌꺼기 요소
들을 탕감의 신앙으로 말끔하게 청산지어야 하나님과의 새로운
관계가 꾸며지고 하늘의 새 인생을 노래할 수 있겠지요? 그 찌꺼
기요소를 살펴보십시다.

첫째, 비판하고 정죄하는 요소들입니다.
비판과 정죄는 아무런 의미가 없고, 쓸모도 없는 독화살과 같은
것입니다. 비판과 정죄의 마음이 우리 안에 쌓이면 온 맘 온몸이
독소로 전염되어 자기가 자기를 죽이는 결과를 가져옵니다. 진리

에 관한 건강한 비판은 유익이 될 수 있지만 상대방을 사랑하지 못하고, 타락성을 그대로 유발케 되면 사탄의 상대가 되어 죄의 올가미에 얽매이게 됩니다. 그러므로 신앙자가 버려야 할 것은 비판하고 정죄하는 습관성입니다. 그리하여 칭찬하는 습관성, 장점을 찾아주는 습관성, 위하여 이목구비를 활용해야 되겠습니다.

둘째, 험담, 시기, 질투하는 마음입니다.

남을 험담하고, 시기 질투하는 사람은 그 마음 그릇에 쓰레기 잡동사니로 가득 차게 됩니다. 독일의 위대한 작가 괴테의 집에는 그와 이야기를 나누려는 사람들로 북적거렸다고 합니다. 모이는 사람들의 직업도 다양하고, 지식수준도 다양하고, 남녀노소가 늘 만원을 이루는데, 그들 중에는 험담도 하고, 시기 질투도 하고, 잡담도 하다가 가게 되는데, 그들이 갈 때 타이르는 말은 '휴지나 음식부스러기를 흘리는 것은 괜찮은데, 험담이나 시기질투 더러운 말들은 모두 주워 가시고, 다시는 저의 집에 가지고 오지 마십시오.'라고 당부를 한답니다. 그렇습니다. 험담은, 그리고 시기나 질투는 화합을 파괴하고, 조화와 통일을 방해하고, 평화를 좀먹는 백해무익의 타락찌꺼기 요소들입니다. 그러므로 이 요소를 과감히 버렸을 때 우리에게는 사랑의 마음이 싹트고 향기가 피어 날 것입니다.

셋째, 쓸데없는 염려와 걱정입니다.

걱정이나 염려는 흔들목마와 같습니다. 아무리 빨리 움직여도 내내 제자리에 있습니다. 어느 사람이 이웃집의 닭울음소리에 잠

을 못 이룹니다. 왜냐 하니까 쓸모없는 걱정으로 닭 울음소리 기다리느라 잠을 못 잔다는 것이지요. 그래서 그 닭 주인한테 잠을 못 잔다고 하니까 세 번밖에 울지 않는데 뭘 그러시냐고 태연하게 답하더라는 것입니다. 때로는 쓸모 있는 걱정도 있습니다. 그러나 많은 사람들이 쓸모없는 걱정을 하느라 낭비가 심한 경우가 많습니다. 그렇기에 이제는 쓸모없는 염려나 걱정을 버리고, 그 나라와 그 의를 위하여 정신 에너지를 투자하는 슬기로운 신앙자의 삶을 다스려 가야 되겠습니다.

네 번째는 불평과 불만의 요소를 버려야 되겠습니다.

나날의 삶 속에서, 똑같은 하루를 살아감에, 화합과 불화, 불행과 행복의 차이는 감사냐, 불평이냐? 내 탓이냐, 네 탓이냐? 아집이냐, 아량이냐의 차이라고 합니다. 신앙생활에 있어서 불평과 불만은 독약이라고 합니다. 불평불만은 사탄의 입술이라고 합니다. 그러므로 현명한 신앙자는 범사에 감사하므로 모든 것을 내 탓으로 소화하고, 불평을 평화로, 불만을 만족으로 요리할 수 있는 것입니다.

다섯 번째는 잡념을 버려야 되겠습니다.

정신분석학적으로 보면 사람은 하루에 보통 6만 가지 이상의 생각을 한다고 합니다. 대개 그중의 95%는 그 전날 했던 것의 반복이라고 합니다. 대부분의 사람들이 생각하는 것이 목적도 없는 비생산적인 잡담을 너무나도 많이 한다는 것입니다. 정말로 유익하고 행복한 대화, 보람을 창조하는 대화, 영양가 있는 대화를 연

구도 하고, 연단도 하는, 그래서 잡다한 생각을 잘 정리해보는 훈련이 필요하겠습니다.

이제 우리는 나도 모르게 타락의 찌꺼기 요소로 형성된 습관성 때문에 손해 보는 어리석음이 없어야 되겠습니다. 더욱이나 사탄의 세 가지 문이라고 하는 육체 중심한 먹는 문제, 쉬는 문제, 정욕 문제를 뛰어 넘어 하나님의 이상과 뜻을 중심한 자아주관으로 참다운 삶을 가꿔가는 정신을 중심한 생활방식으로, 심정을 중심한, 참사랑을 중심한 생활방식으로 재창조하는 자기혁명의 신앙이 필요하다고 봅니다.

나날을 새롭게 사는 자기의 노력과 연단이 변화를 가져옵니다

우리의 영원한 실체인 속사람을 늘 싱싱하고 활기찬 나날로 만들기 위해서는 하루에 세끼 밥을 먹는 것 이상으로 말씀을 섭취하고, 사랑을 실천하고, 좋은 관계를 만들어 가야 됩니다. 하루에 좋은 일을 세 가지씩 매일매일 행하면 3개월이면 마음의 주름살이 펴지고, 타락의 찌꺼기 잡동사니도 청산되며 마음에 빛과 향기가 피어난답니다. 자기 스스로를 새롭게 하는 사람은 하나님과 참부모님과 참가정과 뜻으로 하나 된 종대를 튼튼히 하고, 매사를 섭리적으로 이해하며 뜻의 인생 섭리의 인생 속에서 더불어 한 몸 된, 한 유기체 된, 한 생명체 된, 일화통일된 생을 챙겨나가는 것입니다. 한걸음 더 나아가서 재충전의 삶을 철저히 챙기는 것입니다. 그러자니 삶의 안테나를 그리고 인생의 채널을 하

나님과 뜻에 맞춰 사는 것이지요. 이러한 훈련은 매사를 긍정적으로, 창의적으로, 생산적으로, 소화하는 자기연단이 요구됩니다.

섭리는 발전되고 있습니다. 우리도 섭리의 발전에 박자를 맞춰 나가야 싱싱한 새 맛과 새 보람을 갖게 됩니다. 천주주관 바라기 전에 자아주관 완성하는 연단의 신앙 훈련은 자기를 새롭게 하고 자기를 발전시키는 지름길이 되겠습니다.

재창조의 탕감 길은 절대복종 절대순종의 길입니다

말씀선집 57권 말씀에 종교인들은 왜 절대복종을 해야 되느냐? 그것은 절대적인 주체 앞에 절대적인 상대가 되려니 절대 복종해야 되는 것입니다. 그리고 악을 대해서는 죽더라도 절대 짝하지 말라는 것입니다. 인간을 사랑하되, 인간과 하나 되어 있는 죄를 인정하거나 사랑해서는 안 된다는 것입니다. 하나님이 절대적이라면 나도 절대적인 자리를 원해야 됩니다. 하나님이 불변이라면 나도 불변이어야 된다는 것입니다.

하나님이 유일이라면 나도 유일이어야 됩니다. 하나님이 영원이라면 나도 영원이어야 합니다. 이러한 관점에서 인간의 영생은 불가피적이요, 그것은 결과적인 귀일점이 아닐 수 없다는 결론을 당당히 내릴 수 있다고 보는 것입니다. 아무리 하나님이 사랑이 있다 하더라도 내가 사랑이 없고, 아무리 하나님에게 생명이 있다 하더라도 내게 생명이 없고, 아무리 하나님에게 이상이 있다 하더라도 우리 인간에게 이상이 없다면 모두 허사라는 것입니다.

자기 욕심을 가지면 안 됩니다. 선생님을 중심삼고 완전히 절대

적으로 하나 돼야 됩니다. 한 뿌리입니다. 뿌리를 잡아당기면 끌려가야 되는 것입니다. 줄기나 가지는 존재의식을 가질 수 없습니다. 주장할 수 없습니다.

두 방향이 있을 수 없습니다. 하나입니다. 이것이 승리적 기반을 닦고 자리를 잡아야 동서남북으로 자유가 벌어지는 것입니다. 그렇지 않고는 자유가 없습니다. 무슨 말인지 알겠어요? 자유인이 되기 위한 절대 신앙의 성공자 되시기를 축원 드립니다.

참사랑에 취해, 뜻에 취해서 사는 것은 무한이 얻는 생활입니다

우리의 욕구를 충족시키는 지름길은 참사랑에 취해서 끝없는 기쁨을 노래하는 참신앙생활입니다. 타성으로 형성된 습관성은 여러 가지로 방해 작용을 합니다. 마음깊이 잠재해 있는 능력을 차단하고, 참사랑을 발휘하는 데 장애자가 됩니다. 그리고 자기에게 얽매여서 더 크고 깊고 높은 것을 추구하는 데 걸림돌이 되기도 합니다.

바다는 짠 염수로 정화하여 깨끗한 해수로 만듭니다. 강물에서 온갖 더러운 쓰레기, 폐물, 오물, 세균, 독극물, 온갖 잡동사니가 몰려옵니다만 바다는 그것들을 너그럽게 받아드려서 정화하고 맑은 해수로 만들어 온갖 고기가 잘 살 수 있도록 해 줍니다.

그렇습니다. 참사랑의 바다 같은 하나님의 사랑에 취해 살면 모든 타락의 찌꺼기 요소들, 갖가지 잡동사니 요소들도 정화되고 맑고 밝은 하나님 성품으로 거듭 빚어지는 크나큰 은총을 입게

됩니다.

 이제 우리는 버릴 것은 과감히 버리고 참사랑으로, 뜻으로 하나 된 삶 가운데 지혜와 능력과 은혜를 얻어 세상을 밝혀 나가는 천일국의 주인 된 삶과 보람을 만들어 가야 되겠습니다. 주신 말씀을 영원한 생명의 양식으로 챙기시기 바랍니다. 감사합니다.

면양 같은 신앙

훈독말씀 : 마태복음 25장 31절-34절

인자가 자기 영광으로 모든 천사와 함께 올 때에 자기 영광의 보좌에 앉으리니, 모든 민족을 그 앞에 모으고 각각 분별하기를 목자가 양과 염소를 분별하는 것같이 하여 양은 그 오른편에, 염소는 왼편에 두리라, 그 때에 임금이 그 오른편에 있는 자들에게 이르시되 내 아버지께 복 받을 자들이여, 나아와 창세로부터 너희를 위하여 예비 된 나라를 상속하라.

본문 말씀은 말세가 되어 주의 날이 임하면 면양의 무리와 산양의 무리를 구분하여 오른편에, 왼편에 두게 되나니 하나님이 원하시는 새 하늘 새 땅을 상속받기 위해서는 면양 같은 신앙자가 돼야 됨을 교훈하고 있는 것입니다.

왼편에 놓겠다는 산양은 색은 흑색이고, 성질이 맹악하고, 제고집대로 나가며, 자의대로 하기를 좋아하는 동물입니다. 이 산양을 좌편에 놓겠다는 것은 사탄 편임을 상징하는 것입니다.

산양은 주인을 모를 뿐더러 주인의 말을 들으려 하지도 않습니

다. 우리들의 생활 주변에는 산양과 같은 무리들이 많이 있습니다. 인도자를 무시하고, 제 고집대로 행하며, 자의로 방종하는 무리들이 많지요. 조직이나 제도를 무시하고 불신, 불만, 증오로 가득 찬 무리들은 하나님 편에 놓을 수가 없고, 사탄 편인 좌편에 놓게 된다고 하셨습니다.

그러면 면양에 대해서 알아보겠습니다. 면양은 신앙하는 하나님의 무리를 의미하고 있습니다. 예수님 자신을 어린양이라 하였고, 믿는 자들을 가리켜 양의 무리라고 하였습니다. 영광의 보좌 오른편에 놓이는 면양은 곧 하늘 편에 있을 '선량한 신앙의 무리'를 말하는 것입니다.

이제 우리는 면양 같은 신앙을 올바르게 하기 위해서 면양에 대한 몇 가지 교훈을 알아보겠습니다.

첫째, 면양의 특성은 군집성입니다

면양은 언제나 모이기를 좋아하는 동물입니다. 두세 사람이 모이는 곳에 하나님도 함께 하시겠다고 하시었습니다. 참사랑으로 모이는 곳은 하나님이 운행하시는 터전이 되는 것이요, 하늘의 무리들은 사랑과 진리로 모이기에 힘쓸 때, 화합과 평화와 번창의 대 역사가 지구성 끝까지 뻗어가므로 하나님의 이상천국 기쁨의 왕국 된 지구의 에덴 궁이 건설되리라 믿습니다. 예수님을 중심하고 12제자가 절대적으로 뭉쳤다면 사탄이 틈타지 않았을 겁

니다. 참아버님께서 흥남 감옥에 계실 때의 일화 중에 13명의 제자가 있었는데 미군이 흥남감옥을 폭격하게 되었습니다. 그때 제자들에게 당부하시기를 절대로 유혹에 넘어가지 말고, 불원간에 미군의 폭격이 있을 텐 데 나를 중심하고 10미터 안에 있으면 다치지 않을 것이니 명심하라고 하신 것입니다.

섭리적인 입장에서 보면, 미군의 흥남감옥 폭파는 인류의 메시아 구출 작전이었습니다. 그래서 "오- 인천"이란 영화를 제작했던 것입니다. 때가 되면 상영이 될 것입니다.

그때 말씀하신대로 참아버님을 중심하고 10미터 범위는 무사했다는 것입니다. 끝날에는 모이기에 힘쓰라고 했습니다. 뭉치면 살고, 흩어지면 죽는다는 메시지는 면양 같은 신앙의 귀중한 교훈이 되는 것입니다.

둘째, 면양의 특성은 순종함에 있습니다

면양은 목자의 음성을 잘 알고 따릅니다. 거짓 사람이 주인 노릇을 하려 할 때는 면양은 따르지 않고 흩어집니다. 이사야서 53장 7절에서 순종에 관한 예언을 하면서, '면양은 곤욕을 당하여 괴로울 때도 그 입을 열지 아니하였음이여……! 마치 도살장으로 끌려가는 어린양과 털 깎는 자 앞에 잠잠한 양같이 그 입을 열지 아니 하였도다.'라고 하였습니다. 신앙의 가장 큰 덕목은 순종에 있습니다. 절대 순종하는 자리에 절대자이신 하나님과 하나 되는 기쁨이 있습니다.

불순종할 때는 사탄이 침범하게 됩니다. 목자의 음성을 듣고 목

자를 따라 푸른 풀밭으로 또는 맑은 시냇물가로 순종의 행렬이 이루어집니다. 그런데 풀이 많다고, 불순종하여 풀을 뜯으며 배를 채우다 보니, 목자를 잃고, 양떼도 잃고, 갈 길도 잃고, 해는 저물어 이리의 목소리가 들려올 때, 그제서야 불안에 떨며 후회하기 시작합니다.

우리가 하늘을 알고, 참 부모님을 알고, 뜻을 알고, 섭리를 알고, 원리를 알았기에 안 자로서, 깨달은 자로서, 모시는 자로서의 할 도리는 절대 순종으로 하나 된 하늘의 인생, 원리의 인생, 뜻의 인생, 섭리의 인생, 일화 통일의 삶을 살아야 되는 줄 믿습니다.

셋째, 면양은 흰옷을 입고 있습니다

하늘나라 천국의 성도들의 의상이 백옥같이 빛나는 흰옷을 입고 있다고 했습니다. 누구든지 천국에서 살 수 있는 천국백성이 되기 위해서는 타락에 때 묻은 옷을 깨끗케 세탁을 해서 하나님의 창조하심의 본성 그대로의 신성한 천국의 빛나는 흰옷을 입고 살아야 되는 줄 압니다. 영통하시는 분들이 영인들을 구분할 때, 선영은 흰옷을 입고 나타나는데 악령은 검은 옷을 입고 나타난다는 것입니다. 그런데 악령이 선영으로 행세를 하는 경우도 있는데 자세히 살펴보면 흰옷의 어느 곳에 검은 부분이 있다는 것입니다. 시편 24편 3절에 여호와의 산에 오를 자 누구이며, 그 거룩한 곳에 설 자 누구인가, 곧 손이 깨끗하며, 마음이 청결하며, 뜻을 허탄한 데 두지 아니하며, 거짓 맹세치 아니하는 자로다. 라고 말

씀하신 것을 볼 때, 하나님은 정결한 자에게 같이 하시며, 거룩하고 진실 된 자들과 함께 섭리의 역사를 창조해 나가시는 것입니다. 우리는 하늘의 무리로써 항상 정결 된 삶으로 세상의 부조리, 거짓, 교만, 죄악을 뿌리 뽑고 하늘의 새 역사를 가꾸어 나가는 주역이 돼야 되겠습니다.

넷째로 면양은 발자취를 분명하게 남깁니다

양은 발가락 사이에서 진액이 나오므로 양이 지나가면 그 발자국이 분명히 남습니다. '호랑이는 죽으면 가죽을 남기고, 사람은 죽으면 이름을 남긴다.'는 속담이 있습니다. 섭리의 인생이란 천운을 업고 탕감의 가시밭길을 넘고 넘으며 복귀의 삶을 감사함으로 극복하는 길입니다. 우리는 참부모님의 발자취를 더듬어 전수받고 상속 받으며 괴로우나 즐거우나 하늘의 영광을 드높이며 마지막 승리의 주인공이 되기 위해서 과정의 고난을 감내하면서 나날을 성공의 기쁜 발자취로 남겨나가야 되겠습니다. 하나님께서 초지일관 일구월심으로 섭리해 오신 발자취는 피로 얼룩진 고난의 연속이었지만 이제는 참부모님을 통하여 꽃이 피고 열매되는 감격이 시간을 재촉하고 있습니다. 우리의 발자취가 작은 발자취든 큰 발자취든 섭리의 발자취임에는 틀림이 없으니 역사적인 발자취로 영원히 남아지는 것입니다.

마지막으로 면양의 특성은 희생함입니다

양은 유대인들이 하나님께 드리는 제물이었습니다. 양은 털을 드려서 주인에게 유익함을 드리고, 젖을 내어 유익함을 드리며, 그 전신을 드려서 희생의 제물로 바쳐 드리는 것입니다. 우리들도 하나님과 참 부모님과 뜻 앞에 유익함을 드리는 삶의 자세로 공의로운 희생정신으로 살아 있는 제물의 인생을 살고자 노력을 경주할 때, 영광의 참인생이 만들어지리라 믿습니다.

이 세상에는 3가지 유형의 사람이 있다고 합니다. '없어서는 안 될 사람, 있어서는 안 될 사람, 있으나 마나한 사람.' 그렇다면 우리는 어느 유형의 인생을 만들고 있는가 하는 자문자답을 해 볼 수 있습니다. 하나님이 바라시고 참부모님께서 바라시고 우리의 양심이 바라는 사람의 유형은 없어서는 안 될 꼭 필요한 하늘의 자녀가 돼야 되는 것이겠지요. 하늘의 손발이 되어 드리고, 사탄의 화살이 날아올 때, 그것을 막아낼 수 있는 방패의 역할을 할 수 있는 참다운 하늘의 효자효녀, 충신 충녀가 돼야 되겠지요.
제물은 신성한 성별을 의미하는 것입니다. 희생과 봉사는 사탄을 분립하고 하늘이 역사할 수 있는 기반을 닦는 것입니다.

이제 우리는 하나님과 참부모님을 중심으로 참사랑을 핵으로 하여 하늘과 땅과 역사와 인류가 그토록 갈망하는 자유, 행복, 평화, 기쁨이 드넘치는 지상, 천상 천국을 가꾸어 가는 주역으로서 늘 중심을 중심하고 모이기에 힘쓰고, 순종의 아름다운 덕목을

쌓아가며, 거룩하고 정결함에 백옥같이 빛나는 하늘 백성 된 삶으로 거짓 세상의 거울이 되고, 영원히 추억되고, 기억되고, 영광된 발자취를 남기는 살아 있는 산 제물의 섭리인생으로서의 도리와 책임을 다하고자 지성을 다할 때 우리로 말미암아 새 하늘 새 땅은 빛나리라 믿습니다. 면양 같은 신앙의 본보기가 되시고자 맹세하시는 식구님들의 신앙에 놀라운 축복이 함께하시기를 축원드립니다. 감사합니다.

인생의 알곡은 지상에서

훈독말씀 : 땅에서의 삶이 너무 중요하다

여러분은 영계에 가 가지고 보호관 생활을 해야 됩니다. 몇 천 년을 기다려야 하는 것입니다. 축복받은 사람들도 앞으로 아들딸이 '엄마, 왜 이렇게 낳아 놨어? 왜 여기 끌고 왔어?'라고 안 할 것 같아요?

여러분의 아들딸들이 참소 할 꼬투리는 없는가요? 여러분 가정들의 레벨이 다 다릅니다. 그래서 가는데도 다 자기 급에 맞는 곳에 가서 오랫동안 머무는 것입니다. 그러면 여러분의 조상들이, 그리고 아들딸들이 왜 그랬어? 왜 그렇게 잘하지 못했어? 그게 뭐야? 하면서 참소하면, 여러분은 참소에 해당되는 만큼 오랜 시간 동안 그곳에 머물러야 합니다. 그렇게 쉬운 게 아니라구요. 그래서 땅에서 해야 될 것을 다 해야 된다는 것입니다. 땅에서 선생님이 하라는 것을 다 해야 됩니다. 여기 볼트가 있으면 이것에 맞는 너트가 있어야 맞습니다. 너트가 맞아야 채워지는 것입니다. 알겠어요? 그것이 맞지 않으면 소용없어요.

그래 이 땅위에 있는 생활이 얼마나 중요하냐? 하면 한 번밖에

없습니다. 순간인데 한 번밖에 없습니다. 지상 생활을 영생에 비유하면 이것은 한 점에 불과합니다. 너무나 짧은 순간이에요. 나의 육신 생활을 넘어 영계를 위해서 준비를 해야 되는 것입니다. 항상 그런 주류 사상을 가지고 스스로를 컨트롤하고, 정복할 수 있어야 됩니다. (207-99)

지상에서 속사람 성장에 신경 써야 됩니다

인간이 죽어서 가는 천당과 지옥은 우리에겐 아직도 미스터리 부분이 많습니다. 사후死後세계에 대한 논란은 지금도 끊임없이 계속되고 있습니다. 각자 종교적 신념이나 세계관에 따라 사후세계에 대한 인식은 다양할 수밖에 없습니다. 그러나 상당수의 종교인은 죽음이 '존재의 끝'이 아니라 '또 다른 시작'이라고 보고 있습니다. 즉 생물학적인 사망 이후에도 의식이나 생명이 어떤 형태로든 지속된다고 믿고 있습니다.

영계는 아직 우리에겐 미지의 세계입니다. 그러나 영계의 비밀이 밝혀진다면 지상인 들에게는 혁명적 변화가 오게 될 것입니다. 교리적 차이나 이해타산에 따라 분열을 거듭해온 종교의 혼란을 수습할 뿐만 아니라 인간 각자의 생활 태도에 엄청난 변화를 가져오게 될 것입니다. 즉 많은 사람이 증거하듯이 지상생활이 영계의 삶을 위한 준비기간이라는 사실이 확인 된다면 세상에 이만한 구속력을 가진 것도 없을 것이기 때문입니다. 그렇기에 지금 우리에게 중요한 것은 생과 사, 혹은 사후세계의 시각이 다를 수도 있겠지만 죽음을 목전에 둔 사람은 물론 아직 지상의 삶

이 많이 남아 있는 사람까지도 모두 예외 없이 사후에 전개될 세
계에 대한 준비를 서둘러야 한다는 점입니다.

이제 사후세계에 대한 미스터리가 밝혀지고 있습니다. 그 세계
는 먼 곳에 있는 것이 아니라 여러 가지 증거를 통해 점점 우리
에게 다가오고 있습니다. 영통인들이나 사후보고서와 같은 영계
관련 서적들을 통해 그 실체가 드러나고 있습니다. 영계에서 수
많은 영통인들을 통해 계시를 보내오고 있습니다. 물론 이러한
현상은 어제 오늘의 이야기만은 아닙니다.

애벌레가 각고의 어려움을 통해 미지의 세계에 대한 두려움 속
에서 허물을 벗고 대자연의 품속에 안기듯이, 인간도 언젠가는
인간의 탈을 벗어던지고 시공을 초월하여 그곳으로 갈 수밖에 없
기 때문에 관심을 갖지 않을 수 없습니다. 그래서 우리는 죽음에
대한 강박관념에 휩싸일 것이 아니라 죽음 이후의 세계에 대한
상식, 그 세계의 원리, 영계의 삶, 영혼의 성장 원리 등등 연구를
하지 않으면 안 됩니다.

영계에 대한 공통적인 증언을 들어봅시다

사후세계에 대한 증언에는 몇 가지 공통점이 있습니다. 그 첫째
가 영계는 천리 법도, 원리원칙에 의해 움직인다는 것입니다. 물
론 정도正道나 정직과 같은 원리원칙이 인격의 잣대가 된다는 것
은 영계나 지상계나 모두 마찬가지입니다. 사람들이 갈등과 혼란
에 허덕이고 슬픔과 불행에 울고불고 하는 것은 천리법도가 무너

진 결과입니다. 우리는 우주나 인간의 육체원리에서 원리원칙의 극치를 보게 됩니다. 만일 영계가 있다고 한다면 그 세계는 이보다 더 원리 원칙이 적용되는 세계일 것입니다. 이 사실은 많은 영통인들이 증언하는 내용입니다. 우리가 그 세계에 적응하기 위해서는 지상에서 일탈된 삶을 살 것이 아니라 원리원칙에 충실한 삶을 살아야 한다는 것입니다.

둘째, 영계는 사랑의 세계입니다. 인간세계에서 사랑만큼 중요한 것이 없습니다. 남녀간의 사랑이든 부부간의 사랑이든 형제간의 사랑이든 이웃간의 사랑이든 하나님의 사랑이든지 사랑은 늘 강조돼 왔습니다. 성인들도 물론 사랑을 최고의 덕목으로 강조해 왔습니다. 그렇다면 영계에서는 어떨까요? 영계에서도 사랑은 영인들의 인격을 가늠하는 최고의 기준이 됩니다. 따라서 하나님을 지극히 사랑했던 사람은 하나님과 가까이 할 수 있을 테고, 나라와 세계를 사랑했던 사람은 그만한 수준에서 살 수 있겠지요. 남을 괴롭힌 사람, 자기만을 위해 산 사람은 사랑의 세계에서도 도저히 양심의 가책 때문에 살 수가 없다는 것입니다. 마치 눈에 병이 든 사람은 햇빛 찬란한 곳을 피하듯이 사랑에 병든 자는 천국을 피하는 것이지요. 결국 사랑이 넘치는 곳, 살맛나는 세상이 천국이라고 할 수 있습니다.

셋째, 영계는 자율적 통제가 이뤄지는 세계입니다. 지상인이 죽은 다음 자기 스스로 심판하고, 자신의 영적 기준에 맞춰, 거처를 찾아가게 됩니다. 지상에서 좋은 일을 한 사람은 영계에서도 좋

은 곳에 살 수밖에 없습니다.

　본래 인간은 지상생활에서 영혼을 성장 시킨 후에 영계에 가도록 돼 있습니다. 결국은 육신의 허물을 벗고, 보이지 않는 영적 에너지의 세계, 영혼의 세상에서 어느 곳으로 가느냐 하는 것은 육신생활을 통해 만들어진 영인체의 반응에 따라 결정되는 것이지요. 따라서 영계의 삶은 지상에서 자신의 영인체를 어떻게 잘 만들어 가느냐에 달려 있습니다. 예를 들면 욕심에 찌들려 살았거나, 늘 의심의 눈초리로 타인을 보는데 익숙해진 사람이라면 영계에서도 그 습관을 버리기가 어렵습니다. 세상에서 비뚤어진 성격을 바꾸는 것이 어려운 것처럼 잘못 형성된 영인체로서는 적응하기 어려운 곳이 영계입니다.

　영계에는 판사가 없습니다. 영계에서 자기 스스로가 살 곳을 찾아간다는 것입니다. 우리는 누구나 지상에서 한정된 삶을 살게 됩니다. 지상에 있는 동안에 인격의 성숙을 위해 온 정성을 쏟아야 합니다. 사람은 누구나 성장 과정을 거치게 됩니다. 성장은 육체의 성장을 따라서 영인체의 성장을 성숙시키는 데 의미가 있습니다. 즉 지상생활은 참인간으로 성숙시키기 위한 훈련기간이라고 보면 됩니다. 참인간으로 성숙될 때에 행복을 누릴 수 있는 것이요, 삶의 목적과 의미와 가치가 제대로 실현된다고 볼 수 있습니다. 이것은 지극히 단순한 논리요, 절대로 필요한 인생철학이기에 종교가 한결같이 추구해온 것이요, 성인들이나 위인들이 주장해온 것입니다. 우리가 조금만 삶의 의미를 생각해 봐도 삶의 최대 목표는 속사람과 겉 사람이 성숙하여 안팎으로 자유함과 평화로움과 행복한 인생을 누리는 것입니다. 그래서 지금은 너 나

할 것 없이 영계에 대한 교육을 해야 되고, 영계의 삶을 꾸미는
영인체의 성숙에 관한 내용을 준비해야 됩니다.

영계에 대한 준비를 올바로 해야 됩니다

영계는 지상생활을 통해 형성된 영혼(靈人體)이 생활하는 곳입니
다. 따라서 영계의 삶이 자유, 평화, 행복하려면 지상생활에서 육
신생활을 자유롭게 평화롭게 행복하게 양심의 가르침대로 천리의
원리를 따라서 살아야 되는 것입니다. 영계의 행복한 삶의 준비
와 영인체의 올바른 성장을 위한 몇 가지 원리를 알아보겠습니
다.

첫째, 인간과 자연의 조화, 즉 자연 순응적 삶을 잘 살아야 한
다는 것입니다.

모든 존재는 연체적, 공생체적 관계로 이루어져 있습니다. 그렇
기 때문에 서로 돕지 않을 경우 생존 자체가 어려운 것입니다.
우주는 주체와 대상이란 관계로 적은 것에서 큰 것으로, 하나의
유기적 관계로 공생적인 생명체로 구성되어 있습니다. 마치 인체
가 수백 조의 세포로 구성되어 있지만 한 유기체, 한 생명체, 한
목적체, 한 몸을 이루고 있는 것과 같습니다. 우주와 인간, 인간
과 인간, 이웃과 이웃, 국가와 국가, 하늘과 땅이 한 유기체요,
한 생명체라고 하는 원리에 순응하면 자유롭고, 평화롭고, 행복한
둥글둥글한 세상이 이루어지겠지요.

다시 말하면 자연의 순리대로, 자연의 이치대로 산다는 것은 요즘 말하는 생태주의적 삶을 말합니다. 생태주의는 천지 법도적 삶이요, 도덕·진리적 삶입니다.

최근 각 분야에서 생태주의가 크게 부각 되는 것은 마구잡이식 개발경쟁으로 자연환경의 훼손상태가 심각해진 것이 그 이유이기도 하지만 '지은 바 그대로', 즉 인간과 자연의 조화 없이는 인간의 생존 자체가 어렵다는 것을 깨닫기 시작했기 때문입니다. 환경 친화적 삶은 본래 지구상의 모든 존재는 서로 돕고 살게 돼 있는 천리법도 때문인 것입니다. 원리원칙에 충실한 삶을 살아야 된다는 것입니다. 자연의 이치와 법도에 박자 맞춰 사는 인생이 천리의 원칙에 순응하는 지극히 자연스러운 인생, 지극히 법도적인 인생, 지극히 순리적인 인생을 사는 것입니다. 자연 순응적 삶을 잘 살아야 영계에 가서도 자연스러운 평화의 인생, 행복한 인생, 걸림이 없는 자유로운 영혼의 인생을 살아갈 수 있겠지요.

둘째는 인간과 인간의 조화, 즉 상대방을 위한 삶을 살아야 한다는 것입니다

자연의 이치와 법도, 천리의 이치와 법도가 그대로 인간 세계에 적용되는 것이지요. 모든 존재가 서로간의 연체, 공생체, 한 생명체적 관계로 이뤄졌기 때문에 서로가 서로를 위하지 않으면 생존이나 공존이 어려운 것이지요. 종교에서 부르짖는 사랑, 자비, 인仁, 희생 봉사의 삶 등등도 같은 맥락에서 이해할 수 있는 것이지요.

참부모님 말씀의 핵이 '위하여 살라'는 위타주의爲他主義나 이타주
의利他主義는 자연의 이치주의요, 천리의 법도주의요, 생존과 공존
의 원리요, 평화와 행복의 원리요, 공생 공영 공의共生 共榮 共義주
의요, 더불어 행복을 노래하며 살 수 있는 평화의 원리인 것입니
다. 여기에 반대되는 것이 이기심이요, 타락성이요, 자기중심주의
입니다. 이러한 타락의 근성은 인간이 배우면 배울수록 따르면
따를수록 서로 간에 손해를 가져오게 됩니다.

민주주의의 근간이 되는 경쟁논리도 자기중심적이요, 이기심이
앞서기에 인간성을 말살하는 위험성이 있습니다.

이제 우리는 지상생활을 상대를 위하는 삶으로 아름다운 인생을
꾸밀 때 우리도 위함을 받는 수수授受의 삶으로 우리의 세상은 밝
고 빛나고 평화가 드넘치는 만끽의 세상이 되리라 믿습니다. 그
렇기에 우리는 위하는 삶을 매일매일 연구하고 찾아서 실행하는
슬기롭고 위대한 삶을 만들기에 혼신을 다 할 때 하늘과 땅이 우
주와 삼라만상이 역사와 인류가 찬미하는 인생이 되리라 믿습니
다. 지상생활에서 찬미하는 인생은 영계에서도 찬미하는 인생이
자동적으로 이루어지는 것이지요. 왜냐하면 지상생활의 연장선상
에서 영계의 생활이 펼쳐지니까요.

셋째는 인간 본연의 모습대로 살아야 한다는 것입니다

인간이 하나님에 의해 창조되었다면 창조목적대로 삶을 살아야
합니다. 원리에서 창조목적은 세 가지 큰 축복임을 명료하게 가
르쳐 주고 있습니다. 제1축복은 하나님의 자녀 된 신분을 갖추는

것으로서 진리의 완성 실체를 이루는 것이요, 제2축복은 참사랑의 완성실체를 이루는 것으로서 참부모의 사랑, 참부부의 사랑, 참형제의 사랑, 참자녀의 사랑을 체휼하고, 완성하는 것인즉 그 요람이 바로 참 가정인 것입니다. 그러한 참가정이 확대되어 참다운 사회, 국가, 세계, 천주를 이루는 것입니다.

제3축복은 참다운 인간이 만물을 사랑과 원리로 다스림으로 대조화의 원화원圓和苑의 동산, 기쁨과 행복이 만끽 된 평화의 이상 세계를 이루는 것입니다. 그러나 인간은 타락한 이후에 창조 본연의 삶을 제대로 살지 못했습니다. 지금도 우리가 살고 있는 지구는 갖은 갈등과 싸움과 질병과 불행으로 얼룩져 있고 몸살을 앓고 있습니다. 창조본연의 삶은 자연 순응적 삶이요, 상대를 위함으로 더불어 어울려 행복과 기쁨을 만끽하는 삶입니다. 행복의 극치를 지상생활에서 체득할 때 영계에서도 적응이 되는 것입니다.

영계의 실상이 점점 명료하게 드러나고 있습니다. 그동안 인간에게 신비롭고 복잡하기만 했던 영계의 내용이 원리를 통하여, 체험을 통하여, 간증을 통하여, 영계 메시지를 통하여 분명하고 틀림없는 사실로 증명되고 있기에 지상생활의 중요성을 절감하게 되는 것입니다.

누가 뭐라 해도 나의 속사람인 내 영인체는 나의 책임으로 성장시키고, 가꾸고, 빛의 실체로 만들어야 하는 것입니다. 이 시간 하늘의 법도와 이치, 자연의 이치와 법도, 인간의 조화 법도, 행

복과 평화의 원리, 보람과 가치의 원리를 소상히 알았으니 참사
랑을 중심하고, 원리와 박자 맞춰 보다 많이 위하여 살고, 보다
큰 것을 위하여 살고, 보다 행복한 삶을 추구하는 나날을 가꾸어
나가노라면 보람찬 인생이 만들어 지리라 믿습니다.

시간은 생명이요, 황금이요, 기회요, 유일무이唯一無二하답니다.
시간을 다투며 위함의 실적을 쌓아 갑시다.

개인을 위한 삶은 생존 중심의 1차원적 삶입니다. 여기서 자신
의 정체성을 올바로 정립한 터 위에서 2차원적 삶으로 옮겨가야
합니다. 즉 개인과 개인의 집합체인 사회적 삶, 공생체적 삶을 살
아가야 되는 것입니다. 이어서 3차원의 삶인 영적 세계와 조화를
이루는 입체적인 삶을 살아가야 되는 것입니다. 하늘과 땅, 영계
와 육계, 조상과 후손은 하나로 어우러져 살고 있는 입체적인 삶
의 한 마당입니다.

우리는 언제 영계로 이사를 갈지 모릅니다. 하늘이 언제 부르실
지 모릅니다. 인명재천人命在天이라 했으니 사람의 운명은 하늘에
있는 것입니다. 하늘이 오늘 저녁이라도 부르신다면 기뻐서 찬송
부르며 미련 없이 갈 수 있는 우리의 삶의 자리가 돼야 되겠지
요.

사랑하는 식구 여러분!

우리는 천일국 5년을 꾸미고 있습니다. 어떠한 영인체를 꾸미기
를 원하십니까? 하늘의 섭리와 한 박자를 맞추시며, 우리의 공동
소원인 천일국 창건에 지성을 다하여 하늘과 땅과 역사와 인류와
온 천주가 기뻐하여 찬양하므로, 우리도 기쁘고 행복한 뜻을 위

한 삶으로 최선을 다하셔야 될 줄 믿습니다. 영원히 기억될 섭리의 추억을 만들기 위해 연구하고 노력하고 혼신을 다 하십시다. 우리의 정성, 우리의 기도, 우리의 전도활동, 우리의 희생봉사는 영원한 우리의 유일무이한 재산입니다. 만고불변의 영생 보화가 충만한 한 해 되시기를 축원 드립니다.

자기 객관화 신앙

훈독말씀 : 습관성이 중요하다

오늘 우리는 사탄세계의 습관을 버리고, 하나님의 새로운 질서를 확립하자는 것입니다. 습관성을 타파한다는 것은 매우 힘든 일입니다. 지금까지 여러분이 사탄세계에서 자기 중심삼은 습관성을 지니고 살았는데, 그 습관성이 고착되었다는 것입니다. 그렇게 고착되어버린 그 습관성은 한국 사람들이 김치, 된장, 고추장을 먹는 것보다도 더 고질적입니다. 이것은 역사성을 지니고 있는 것입니다. 악마가 출발한 그날부터 뿌리가 박힌 습관성을 지니고 있는데, 이걸 어떻게 빼 버리느냐? 구덩이를 파고 뿌리까지 묻으려 해도, 묻을 수 없을 정도로 힘듭니다. 이거 심각한 문제입니다. 하늘나라에 가려면 하나님을 중심삼은 습관성을 지녀야 됩니다. (213-20)

비판을 받지 아니하려거든 비판하지 말라. 너희의 비판하는 그 비판으로 너희가 비판을 받을 것이요, 너희의 헤아리는 그 헤아림으로 너희가 헤아림을 받을 것이니라. 어찌하여 형제의 눈 속에 있는 티는 보고, 네 눈 속에 있는 들보는 깨닫지 못하느냐?

보라, 네 눈 속에 들보가 있는데 어찌하여 형제에게 말하기를 나
로 네 눈 속에 티를 빼게 하라 하겠느냐?

　외식外飾하는 자여 먼저 네 눈 속에서 들보를 빼어라, 그 후에야
밝히 보고 형제의 눈 속에서 티를 빼리라.(마태복음 : 7장 1절 - 5절)

자기 객관화 시각을 바르게 갖는 자세는 자기를 올바르게 판단케 됩니다

　《쿼어바디스》의 작가 센키어비치의 작품 중 〈검은 바위 속에 비
취는 빛〉이란 단편 소설의 줄거리에는 그 소설의 주인공 카미옹카
가 어두컴컴한 작업실의 낡은 침대 위에서 창밖을 멍하니 바라보다
가 놀라운 것을 경험합니다.

　창문 밖에서 강한 광채가 휘몰아 와서 작업실을 삽시간에 녹여
버리고, 그 순간 카미옹카는 허공에 뜨게 됩니다. 카미옹카는 시
원한 하늘에서 밑을 내려다 봅니다. 회벽의 낡은 집, 창가에 누워
있는 비참한 인간을 목격하게 됩니다. 입을 떡 벌린 시체! 그것
이 바로 자기라는 것을 알게 됩니다. 이것이 이 작품의 줄거리
내용입니다.

　이 작품이 암시하는 것은 작가가 자기의 모습을 객관화 시켜본
다는데 의미를 두고 있습니다. 지난 날 역사와 더불어 살아온 자
기의 모습과, 오늘의 현실 속에서의 자기 삶의 현주소, 그리고 미
래의 자기 모습을 동시에 바라보려는 것입니다.

　우리는 우리의 모습을 스스로가 객관화시켜서 바라볼 수 있을

때, 올바른 자아성찰이 될 수 있다고 생각합니다. 복귀섭리 역사가 나를 바라보는 역사적 객관, 세계에서 인류가 바라보는 나의 모습인 세계적인 객관, 부모님이, 형제자매가, 가족이 바라보는 가족적인 객관, 만물의 객관, 양심의 객관, 하나님께서 바라보시는 나의 모습인 하나님의 객관 등등으로 자기를 객관화시켜보면 자기의 위치와 역할, 삶의 방향, 올바른 자기 발견과 인생의 올바른 전열을 가다듬을 수 있다는 것입니다.

타락성에서 연유한 습관성의 가장 무서운 병폐는 크고 작은 이기주의입니다

하나님의 신성에서 연유된 습관성은 위하여 삶으로 기쁨이 만들어지고, 행복이 가꾸어지며, 보람이 꾸며지며, 화합과 평화를 노래하게 된다는 이타주의利他主義 또는 위타주의爲他主義 습관성으로 삶의 만족을 만들게 합니다.

그런데 타락성으로 연유된 습관성은 하늘의 원리를 배반하는 이기주의 습관성으로 갖가지 불협화음을 초래합니다. 많은 사람들이 남에 대해서는 아주 냉정하게 비판과 판단을 하면서도, 자기 자신에 대해서는 동정 과잉상태에 빠지기 쉬운 경향이 있습니다. 그래서 매사를 자기 주관적으로 해석하기가 일쑤고, '무엇이 옳으냐' 보다도 '무엇이 나에게 이로우냐'즉 자기이익을 앞세우고 합리화하는 데 급급하다보니 역사에도, 자기 인생사에도 많은 오점과 아픔을 남기는 어리석음이 있습니다.

그 대표적인 오점이 예수님 당시의 유대교 지도자들이 율법이란 안경을 끼고 예수님을 바라보고 판단하였기에 십자가형을 겪게 함으로 그 대가는 선민권 자격상실과 무서운 탕감을 치러야 하는 비극을 가져왔다는 역사적인 교훈을 깨닫게 됩니다. 그렇기에 예수님께서는 어찌하여 네가 형제의 눈 속에 있는 티는 보면서 네 눈 속의 들보는 깨닫지 못 하느냐고 질책하시는 것입니다.

우리들도 적든 크든 예수님의 질책을 받는 잘못은 없었나 자기를 성찰하는 여유와 기회를 갖는 지혜가 있었으면 바른 자기 발견의 기쁨을 얻을 수 있으리라 생각이 됩니다.

사람들은 자기는 무엇이나 잘할 수 있다고 호언장담은 잘하면서 그 호언장담에 비해서 자기 자신을 성찰하고, 고치고, 보충하고, 치료하고, 자기처방을 하는 데에는 대단히 서투른 것이 약점임을 알게 됩니다. 자기의 바른 발견, 자기의 바른 판단, 자기의 바른 자세, 자기의 바른 진단의 비결은 절대자이신 하나님의 눈길로 자신을 조명해 보는 것입니다. 그래야만 역사 속의 자기, 현실속의 자기, 삶 속의 자기를 올바르게 파악하고 올바른 인생을 꾸며갈 수 있다는 것입니다.

이제 우리는 섭리적 생명, 섭리적 존재로써 섭리적 인생을 알차게 꾸며가기 위해서는 하나님의 섭리 목적과 결실의 대역사적 역할 분담과 책임을 늠름히 수행하는 모습으로 종합적인 자기 객관화 시각을 갖고 살아야 되겠습니다.

자기 객관화의 시각은 인간이 인간다움으로 발전케 하는 좋
은 방법이 되는 것입니다

신앙의 연륜이 길고, 많고, 깊어지면서 타락의 찌꺼기가 하나둘
씩 정리돼 가면서 본연의 참된 자기의 모습이 진리와 박자를 맞
춰 사는 인격이 밝고 빛날 수록에 삶의 가치관이 변화 발전되어
가는데'어떻게 잘 사느냐'보다도 '무엇을 위해 살아야 되느냐'하는
삶의 관이 달라져 가는 것입니다.

인간은 누구나 소유욕구가 충족될 때 삶의 쾌감을 갖게 마련이
지만, 더 큰 삶의 쾌감과 기쁨은 비록 소유는 못해도 전체 모두
가 기뻐하는데 기여하여 공동과제가 성취되면 두고두고 보람을
느끼게 하는 쾌감 그 이상의 행복이 있는 것입니다.

상대방으로부터 인정받고, 존경받는 객관적 기쁨은 입체적인 행
복으로 이어지는 것입니다. 높고 깊은 신앙의 덕목은 한 알의 썩
어지는 밀알이 되는 것이라고 일깨워 주고 있습니다. 밀알은 썩
어지고 없어지는 것 같지만 더 많은 밀알이 약속된 쾌감이 있음
을 깨우쳐 주고 있는 것입니다.

미국의 신학자 폴 틸리히는 그의 저서 《존재에의 용기》에서 불
행의 근원에 대하여 고대, 중세, 현대적으로 표현을 했는데 고대
의 불행은 숙명과 죽음의 문제에서 왔고, 중세의 불행은 죄와 벌
의 문제에서 비롯되었으며, 현대인의 불행은 생의 무의미로부터
왔다고 했습니다. 생의 무의미는 남을 위해 사는 이타심에 반기
를 들고 자기 중심한 삶을 사는 데서 비롯된다는 것입니다.

인간의 위대성이 어디에 있을까요? 높은 직위인가요, 많은 지식에 있는가요, 아니면 많은 재산에 있는 것인가요? 그것은 높은 직위보다도, 많은 지식보다도, 많은 재산보다도, 얼마나 위하여 살았느냐가 위대함을 결정해 준다고 합니다. 하나님을 위하여, 천주를 위하여, 국가를 위하여, 종족과 이웃을 위하여, 산 만큼 인정과 존경과 기쁨이 이루어지게 되니만큼 위함의 높이와 넓이와 깊이가 인간다움의 미덕을 결정하게 된답니다.

자기 객관화의 삶은 정상적인 과정과 정도의 인생을 살게 한답니다

우리의 주위에는 돈을 벌기 위해, 직위를 차지하기 위해, 자기의 목적 달성을 위해, 수단과 방법을 가리지 않아서 비정상적인 수단 방법이 정상적인 것처럼 착각하게 만드는 경우가 많이 있습니다.

알렉산더 대왕의 일화를 들어 보겠습니다.

알렉산더가 어렸을 때, 유명한 철학자 〈아리스토텔레스〉에게서 3년간 교육을 받은 바 있습니다. 하루는 필립 공이 알렉산더를 데리고 전쟁터에 나갔습니다. 하루 종일 전투를 한 후, 언덕을 경계로 양군이 노숙하게 되었습니다. 그 때 한 보병이 임금의 막사에 들어와 필립 공을 깨웠습니다. 언덕 넘어 적들이 모두 피곤에 지쳐 잠들어 있으니, 지금 공격하면 승리할 수 있다고 했습니다. 필립 공이 못 들은 척하고 있을 때, 왕자 알렉산더가 일어나 큰 소리로 외쳤습니다.

“나는 승리를 도적질 하고 싶지 않습니다.”

“내일 아침 정정당당하게 싸워서 이기겠습니다.”

이 말을 들은 아버지 필립 공은 일어나서 알렉산더의 등을 두드리면서

“너는 과연 위대한 아들이다, 나는 일국의 왕이지만 너는 세계의 대왕이 될 것이다.”

라고 했다는 것입니다. 얼마나 멋있는 아버지와 아들인가요.

승리를 도적질 하지 않고 정정당당하게 싸워 승리하는 페어플레이 정신이 우리의 삶의 모든 영역에서 그야말로 객관적으로 존중되는 성숙한 사람들로 꾸며지는 성숙한 사회를 만들어 가는 주인공들이 돼야 되겠습니다.

혼자 달릴 때 박수가 터지는 것이 아니라 여럿이 함께 정상 궤도를 달리며 승부를 겨룰 때 박수와 찬양이 있게 되는 것입니다.

하나님의 자녀 된 우리 식구님들의 삶의 자리가 객관적으로 존경받고, 찬미 되는 그래서 영원히 빛나는 객관적 성공의 삶이되시기를 축원 드립니다. 감사합니다.

영생의 열매

훈독말씀 : 제일 중요한 것은 영생 문제

사람은 누구나 각자 자기 나름의 삶의 길을 바라서 생활을 하고 있습니다. '생활'이라고 하면 하루하루 사는 것을 말하고, '생애'라고 하면 일생의 삶, 일생을 두고 사는 것을 말합니다. 더 나아가 종교를 가진 사람들은 영생이라는 말을 쓰고 있습니다. 영생이라는 것은 일생이 아니요, 영원한 삶을 사는 것입니다. 영생을 하기 위해서는 생애 노정을 그 영생에 어떻게 연결시키느냐 하는 것이 중요한데, 그걸 해야 하는 것이 생애의 책임입니다. (197-186)

여러분들은 얼마나 살 것 같아요? 여러분의 생각에는 '아 내가 젊으니까 이제부터 적어도 사십 년, 오십 년은 산다. 그런 욕심을 다 갖고 있지요? 하나님한테 보증 받고 있어요? 여러분들은 될 수 있는 대로 짧게, 일 년 이내에 죽을 것으로 생각해야 합니다. 이 짧은 기간에 준비를 다해야 된다고 하는 관념을 갖고 살아야 합니다. 짧게 잡을수록 손해 안 본다는 것입니다. 그 기간에 참되게 준비하는 그 내용이 자기의 영원한 생명의 집을 짓는 겁니다. (102-122)

밤에 잠자리에 들어갈 때 벗어 놓은 신발을 다음 날 아침에 다시 신을 자신이 있는가? 아무리 바쁘다고 하여도 영생문제 이상 중요한 것은 세상에 없습니다. 떨어져 나가는 사람들이 있는 것은 이 세상에서 영생문제를 결정짓는다는 심각한 느낌이 그들에게 없기 때문입니다. 신앙길이라는 것이 지금 살고 있는 인생살이, 육신생활의 준비가 아니고 영원한 세계의 생활을 준비하는 것이 틀림없다는 신념만 가지게 되면 그건 내버려두어도 되는 것입니다.

사람은 시일이 가면 갈수록 40이 넘고, 50이 넘을수록 죽을 날이 가까워 오기 때문에, 영생개념이 심각해진다는 것입니다. 나이가 들수록 점점 심각해진다는 것입니다. 사랑이라는 것은 나이가 들수록 희박해지지만, 영생개념만 집어넣으면 나이가 많아질수록 점점 심각해지는 것입니다. 그렇기 때문에 종교 이념만이 앞으로 세계를 요리할 수 있는 것입니다. 사악한 환경, 혼란된 변화가 얼마나 빈번해요? 빈번히 변하는 환경을 뚫고 넘어가고, 어떤 곳에서 희비극이 부딪쳐 오더라도 영생 개념만 철저하면 모든 것이 문제가 안 되는 것입니다. (1992. 4. 15)

하나님이 사람을 어떠한 존재로 지었느냐? 하나님의 절대 유일의 가치가 될 수 있는 '사랑의 대상자'로 지었다는 것입니다. 이것은 놀라운 사실입니다.

요즘 인간의 한 생명의 가치가 얼마나 돼요? 몇 푼 돼요, 몇 푼? 하나님 앞에선 우주를 주고도 바꿀 수 없는 고귀한 가치, 사랑의 상대권을 갖추어 남자를 지었고 여자를 지었다는 놀라운 사

실, 그게 좋다는 것입니다.

우리 인간은 하나님이 지으신 창조적인 걸작품으로서 하나님을 닮아 났습니다. 하나님이 영원하시니 우리도 영원한 성품을 가지지 않으면 안 되겠기 때문에 우리 마음은 늙지 않는다 이겁니다. 그렇기 때문에 사람은 영생해야 되고, 영생해야 그 걸작품의 존재적 가치를 지닐 수 있다 이겁니다. (159-281)

하나님이 영생하시는 절대자라면 그분이 사랑할 수 있는 대상도 영생해야 합니다. 그래서 사람들은 자고로 영생하기를 바라는 것입니다. 이것을 확실히 알아야 하겠습니다. 그렇기 때문에 절대자인 하나님은 영생하는 가치를 지닌 사랑하는 아들딸을 찾지 않을 수 없다는 것입니다. 사랑하면 할수록 함께 있고 싶어 하는 것입니다. 사랑 때문에 인간을 지었다 할 때는 영원하신 하나님, 절대적인 하나님, 영생하는 하나님이기 때문에 사랑에 일치된 인간 자체는 영생을 갖는다는 것은 자연적인 논리입니다. 그렇기 때문에 영생하려면 그 참사랑권내에 살아야 합니다. (211-272)

영생, 나는 영생하는 사람입니다. 그 다음, 참사랑을 실천하는 사람입니다. 영생과 참사랑을 나는 여기에서 실천하는 사람이다 이겁니다. 내가 여기서 하는 모든 일들이 영생의 재료들이라는 것입니다. 영생을 훈련하고, 영생의 재료를 생산하는 것이 내가 하는 일이라고 생각하라는 것입니다.

여러분들에게 영생과 참사랑은 언제나 필요한 것입니다. 영원히 필요한 것입니다. 자기의 몸 마음의 완성이라는 것은 참사랑에

속함으로 근본적인 가능성이 있는 것입니다. 무한한 근본, 원인으로부터 과정, 그것으로부터 이상의 결실을 맺는 것은 사랑밖에 없습니다. 참사랑에 의해서, 참사랑을 중심하고 하나님도 영존하고 있습니다. 참사랑의 환경을 중심한 생활, 사랑의 실체권에서 사랑의 실체적 체휼을 하지 않으면 안 되는 것입니다.(218-134)

영생의 개념이 분명하면 모든 것이 문제가 안 되는 것입니다

창조주가 없는 창조는 있을 수 없고, 창조가 없는 존재도 있을 수 없습니다. 그 창조주가 창조한 존재 가운데 당신과 똑같은 속성으로 지은 존재가 인간이요, 그 신분을 자녀라고 하신 것입니다. 부모와 자식이란 관계가 우주의 근본이라 했습니다.
'생활'이란 하루를 사는 것을 말하고, '생애'란 일생을 사는 것을 말하는 것이며, '영생'이란 영원히 산다는 삶의 개념입니다. 그런데 자연세계 즉 보이는 유형실체세계에서는 영원히 산다는 개념이 없습니다. 봄, 여름, 가을, 겨울로 순환하면서 존재의 연속성은 있으되, 한 존재가 영생하는 것은 없는 것입니다. 그러므로 영생이란 개념은 영적인 개념이요, 무형의 실체적 존재로 이어지는 영원한 개념입니다. 하나님이 절대, 유일, 영원, 불변의 속성으로 계시는데 그 본연의 속성을 그대로 부여한 존재가 자녀의 신분으로 지어주신 인간인 것입니다. 인간에게 영인체가 있다고 하는 것은 '신비의 실체, 영생의 실체'를 부여 해 주신 것입니다. 이렇게 부여 받은 영인체가 사랑 이상을 완성한 실체가 되면 바로 하나님의 영원한 상대자가 되는 것인즉, 바로 하나님과 함께 부자

의 관계로 영원히 생을 누리게 되는 것입니다.

그러나 세상에 많은 사람들이 타락의 산물로 무지해서 영생의 실체인 영인체의 존재에 관해서 올바로 모르기 때문에 지상생활이 전부인 양 목을 걸고 생존경쟁, 생활경쟁에 온갖 정열을 투입합니다만, 정작 영원한 삶에 대해서는 너무나 소홀한 나머지 영생의 삶을 제대로 준비하지 못하여 영생으로 이어지는 죽음 앞에서 후회하고, 애통하고, 슬퍼하며 탄식하는 것입니다. 많은 종교인들은 영생을 추구합니다만, 영생이란 개념이 분명치 않아 많은 혼란에 빠지기도 합니다. 다시 말하면 통일원리에서 밝히고 있는 영인체와 육신의 관계를, 그리고 그 속성과 영인체 완성의 원리를 올바로 또 제대로 모르기 때문에 막연한 준비를 하고 있는 것입니다.

영생의 열매를 제대로 영글게 하는 지상생활이 삶의 핵심입니다

하루는 예수님과 제자들이 무화과나무 앞을 지나가는데, 배가 고파서 그 나무의 열매를 찾아보았습니다. 그런데 나무는 왕성하게 자랐는데 열매가 없었습니다. 예수님의 말씀이 열매 없는 나무는 소용이 없다고 저주하여 그 나무가 서서히 말라서 죽었다는 성경의 말씀이 있습니다.

그렇습니다. 나무는 열매가 있어야 그 가치가 있고, 번식이 가능하고, 만물의 주인인 인간이 필요할 때 사용하게 되는 것입니다.

나무와 열매와의 관계는 절대 불가분의 관계로 원인과 결과의 관계요, 과정과 결실의 관계입니다. 모든 열매는 많은 과정을 거쳐서 그 시간과 노력과 투입의 결실로 나타나는 것입니다.

나무에는 많은 구조와 속성이 있습니다. 뿌리, 줄기, 가지, 잎, 꽃 등등의 궁극적인 목적은 온전한 열매를 만드는 데 있습니다. 똑같은 원리로 사람들이 인생을 살아감에 많은 구조와 속성을 발휘합니다. 그 궁극적인 목적은 영생의 열매인 영인체를 온전하게 만드는데 있습니다. 벌레 먹은 열매는 가치가 삭감되고, 아쉬움뿐만 아니라 후회와 탄식이 따른다는 것입니다.

지상생활의 기간은 마치 나무의 봄, 여름, 가을 기간과 같은 것입니다. 겨울이 되면 열매는 주인의 창고로 가듯이 인생도 겨울과 같은 결실의 때가 되면 영인체의 알맹이의 정도에 따라서 영생의 질質과 양量, 위치, 단계 등이 연속선상에서 이어지는 것입니다. 그렇기에 지상생활의 핵심은 영생의 열매를 아름답고 빛나는 영인체로 가꾸는 데 있습니다.

하나님을 닮는 연단으로 영생의 열매를 온전하게 만들 수 있습니다

참부모님께서 하늘의 비밀을 밝혀 주시고, 영원한 하늘나라의 이모저모를 소상하게 가르쳐 주셨고, 참인생의 정도, 우주와의 관계, 육신과 영인체와의 관계, 하나님과 자녀인 인간의 관계 등등의 원리를 가르쳐 주시고 몸소 행하심으로 본을 보여 주셨습니다. 그 모든 말씀의 핵은 '하나님을 닮아라' 하시는 것입니다.

그렇다면 하나님을 닮는 비결은 바로 하나님의 대신자가 되는 것입니다. 하나님 심정의 대신자, 사랑의 대신자, 뜻의 대신자, 섭리의 대신자, 삶의 대신자가 되고자 몸부림을 경주할 때, 하나님의 열매로써 영생에 합당한 결실자가 될 수 있다는 것입니다. 이제는 성숙한 하나님의 대신자가 되어, 영원한 사랑의 파트너가 되고, 영생의 파트너가 되어 영원한 행복의 성공자가 되기 위해 하나님의 머리, 하나님의 가슴, 하나님의 손 발 된 삶을 알뜰살뜰 살아가는 나날의 생활 현장이 돼야 되겠습니다. 우리들의 삶의 자리가 영생의 열매를 온전히 영글게 하는 자리로 요리하고 운영하는 행복한 신앙의 삶이되시기를 축원 드립니다. 감사합니다.

원화圓和의 인생

훈독말씀 : 원환운동圓環運動

하나님은 무형이어서 일정한 모습은 없다. 그 대신 하나님은 어떤 모습으로도 나타날 수 있는 가능성으로 존재한다. 즉 하나님은 무형無形이며 무한형無限形으로서, 하나님을 물에 비유할 수 있다. 물에는 일정한 형이 없지만 사각의 용기에 넣으면 사각으로, 삼각의 용기에 넣으면 삼각으로, 둥근 용기에 넣으면 둥근 모습으로 나타난다. 용기에 따라 어떤 모양으로도 나타난다.

그러나 물의 대표적인 모양이 있다면 그것은 둥근 구형球形이다. 그것은 물방울이 구형인 것으로써 알 수 있다. 마찬가지로 하나님은 때로는 파도와 같은 모습으로, 때로는 바람의 모습으로, 때로는 천둥 번개의 모습으로, 때로는 불꽃의 모습으로도 나타난다. 그러나 하나님에게 대표적인 모양이 있다면 그것은 구형球形일 것이다. 그런 이미에서도 원상原相은 원형圓形 또는 구형球形으로 표시될 수 있을 것이다.

만물도 원상을 닮아서 모두 기본적인 형태는 구형을 이루고 있다. 원자나 지구, 달, 태양, 별, 많은 혹성 등은 모두 구형으로 되어 있다. 생물에 있어서도 식물의 씨나, 동물의 알은 기본적으

로 모두 구형이다. 그리고 만물의 운동이 원환운동이다. 그것은 바로 원상의 원화성圓和性을 닮은 때문이요, 또 원상 자체의 구형성球形性과 원형성圓形性을 닮은 때문이다.

주체와 대상이 주고받는 수수작용을 할 때, 원환운동이 벌어지는 것은 주체를 중심하고 돌게 됨으로 존재를 위한 번식, 창조, 조화, 발전, 통일의 힘이 발생하고 존속할 수 있기 때문이다.

예컨대 지구는 자전하면서 태양을 중심으로 공전하고, 전자도 자전하면서 원자핵을 중심으로 돌고 있다. 피조물에 있어서 자전운동과 공전운동이 동시에 벌어지는 것은 하나님의 내적 수수작용인 원화성과 외적 수수작용의 원화성을 닮고 있기 때문이다.

이 두 원화성이 양면의 수수작용으로 자전운동과 공전운동, 원형운동과 구형운동을 펼치면서 그 각도, 방향, 힘의 정도, 크기 등등이 변화무쌍한 조화를 이루며 평화의 이상을 펼치며 무한대의 행복으로 이어지는 것이다.(통일사상 205-207)

하나님의 원화성을 닮아서 창조함 받은 모든 피조물이 수수작용을 하며 존속하는 원리가 서로를 위하여 투입하면서 돌고 도는 원환운동으로 끝없는 순환을 통해서 신선하고 역동적인 생을 노래하게 합니다.

그러므로 위하여 사는 이타주의는 순환의 기본원리요, 발전과 보람을 창조하는 이치요, 끝없는 행복을 번창시키는 지름길 원리입니다.

사해는 지구상에서 가장 흥미로운 자연 경관 중 하나라고 합니다. 높은 미네랄 함유량으로 사해에서는 아무리 맥주병 같은 사람이라도 물 위에 둥둥 뜰 수 있습니다. 심지어는 물 위에 누워 신문을 읽을 수도 있습니다. 관광할 때 이 지역에서 버스가 꽤 오래 머물기 때문에 의심이 많거나 모험심이 강한 관광객은 사해에 몸을 직접 담가볼 수 있습니다. 문제는 물에서 나오면 아무도 곁으로 오지 않는다는 것입니다. 썩은 냄새가 진동을 하기 때문입니다. 이스라엘 요단강에서 물이 유입되는 사해는 물이 빠져나갈 통로가 없습니다. 그래서 처음 유입될 때만 해도 신선했던 물이 고인 상태에서 서서히 썩어간다는 것입니다. 보기에는 아름답고 연구가치는 높을지 몰라도, 사해의 물은 마실 수 없을 정도로 썩어 있습니다.

주지 않고 받기만 좋아하는 이기적인 사람들을 보면 사해와 같은 인생을 산다고 말할 수 있습니다. 받기만하고 주기를 게을리하는 삶을 현명한 삶이라고 고집하는 인생은 점차로 썩어서 악취를 풍기는 어리석음의 삶이라, 같이 있으면 재미도 없고 짜증만 나서 어울리고 싶지 않은 사람으로 변질되는 것입니다. 변질의 원인은 하나님의 복이 나에게 흘러들어 왔으면 자연스럽게 다른 사람들에게 흘러가야 되는 것인데 흘러가는 것이 없이 자기 욕심으로 가둬 놓으니까 변질되고, 썩고, 악취가 나고, 고립의 늪에서 허우적거리는 외톨이 인생이 되는 것입니다. 재미를 번창시키고, 기쁨을 더해가고, 복을 번창시키는 것은 씨를 뿌리듯 많은 마음밭에다 자꾸만 베풀고, 뿌리는데 신경을 쓰고, 연구를 해야 끝없

는 행복으로 이어지는 것입니다.

하나님은 물이 유입되기만 하는 저수지가 아니라, 끊임없이 흐르는 강 같은 인생의 원리로 우리를 창조하셨습니다. 물이 들어오고 나가는 것이 자연스럽게 진행될 때 즉 졸졸졸 흐르는 물, 살아서 움직이는 물, 산소가 잘 투입되고 활력이 넘치는 물은 신선한 생명의 양식이 되듯이, 주고받기를 원만하게 잘 진행되는 인생에는 늘 생동감 넘치는 보람만이 있을 뿐입니다. 흐르는 강 같은 인생이 되어야 합니다. 이것이 진정한 번영과 행복을 얻는 비결입니다.

이기주의 유혹에 빠지는 사람들은 생각을 자기 중심적으로, 자기 위주로, 자기 이익을 계산해서, 자기를 우선으로 해서 얘기합니다. '그런 게 내게 무슨 이익이 있어?, 어디 나를 좀 도와줄 사람이 없나?, 내 인생의 실타래를 풀어줄 사람이 어디 있지?, 누가 내 문제를 해결 해 주려나?' 등등의 생각과 말을 입버릇처럼 합니다. 그러한 생각과 말은 물이 들어오기만 하고 나가는 통로가 없어서 처음에는 배가 채워지고, 속이 채워지고, 욕심의 그릇이 채워져서 좋다고 할 수 있을지 모릅니다만, 자기도 모르게 우주의 순환법도에 어긋나서 점점 썩어지고, 악취가 나서 자기 스스로를 괴롭히는 결과를 가져옵니다.

이타주의 원리를 알고, 순환의 원리를 따라 주고받는 수수의 이치를 따라 사는 사람들의 생각은, 오늘은 누구에게 은혜를 베풀

수 있을까?, 어디 내가 도와 줄 사람은 없을까?, 누구를 격려해 주지? 누구의 기운을 북돋아 줄까? 등등을 생각하고 연구하게 됨으로 은혜에 은혜를 더하고, 기쁨이 기쁨으로 흐르게 되고, 행복의 물결이 끝없이 이어져서 보람이 만끽을 노래하는 풍요의 인생을 꾸미게 되는 것입니다.

풍요로운 신앙생활도 먼저 주는데 신경을 쓰고 위하는데 고심을 하노라면 돌아오는 것은 보장된 하나님의 응답의 법칙입니다. 그렇기에 참 부모님께서 가르쳐 주시고, 몸소 본을 보여주신 삶의 정수는 '주고 잊어버리는 생애노정'이셨습니다.

실로 주고서 잊어버린다고 하는 것은 그리 쉬운 게 아닙니다. 서운한 것, 억울한 것, 분한 것, 원통한 것, 괘씸한 것, 소외당한 것 등을 잊을 수 있는 인격이나 마음의 폭이 넓고 깊은 것은 참으로 복 받을 마음이요, 하나님께서 사랑을 해 주시지 않을 수 없는 참사랑의 화신체라고 할 수 있습니다. 참부모님 말씀 중에 치매가 걸려서 이득이 있다면 과거를 몽땅 잊어버리는 것이라고 하셨습니다.

어떤 식구는 지난 날의 불쾌한 기억을 낱낱이 꿰매며 억울함을 애기합니다만 쓸모가 별로 없습니다. 참부모님께서 본보여 주심 같이 참사랑의 되새김질로 다 소화를 해야 되고, 원수까지도 용서하고, 사랑해서 참관계를 이루어야 됨으로, 억울함을 통해서 하나님과 참부모님의 뼈에 사무친 억울한 심정을 체휼하는 계기로 요리하는 신앙의 슬기로움이 있어야 얻는 감격이 있을 수 있습니다. 그러자니 참사랑의 가슴앓이, 신앙의 가슴앓이, 인격의 가슴

앓이, 위함의 가슴앓이를 잊혀지고 사랑하게 되고 참관계를 이룰 때까지 계속적인 연단을 해야 된다는 것입니다. 그 연단은 하나 님의 한스러운 심정을 하나님과 주고받고, 참부모님과 주고받고, 형제와 주고받노라면 하나님의 가슴으로 승화되고 섭리의 아름다운 열매로 무르익어 새 에덴의 주인이 된다고 하셨습니다.

둥글둥글한 돌은 걸림이 없이 잘 굴러갑니다만 모가 난 돌은 부딪치고 막히고 상처가 많이 나게 마련입니다. 하나님의 속성을 닮은 원화의 인생에는 어디에서나 잘 어울리고, 화합을 하며 기쁨을 노래하는 삶을 영위할 수 있는 것은 바로 수수의 삶에 주고 잊는 삶을 통해 만유의 샘으로 계시는 하나님으로부터 무한한 사랑과 심정과 능력이 돌고도는 순환운동으로 계속적인 번창으로 진행되기 때문입니다.

우리의 마음이나 몸은 끝없이 활동을 하고 있습니다. 우리의 심장이나 혈관은 우리가 휴식을 취할 때도 활동을 합니다. 그런데 그 활동이 하나님의 목적과 방향을 따르게 되면 좋아라 해서 기쁨을 노래하는데, 사탄의 술수에 말려서 모순에 얽매이고 갈등과 혼란을 초래하면 마음도 몸도 지치고 피곤해서 맥을 풀리게 합니다. 그것이 바로 선의 실체대상으로 창조함 받은 하나님의 자녀 된 본성과 양심의 발로요, 그 양심에 순응하여 박자를 맞추면 참 원화의 인생, 선한 원화의 삶, 평화의 원화 인생을 만들어 가게 되는 것입니다.

어려울 수록에 더 많이 주면 더 많이 받음으로 그 어려움이 극
복되고 더 많은 행복을 이룰 수 있답니다. 우리가 종족의 메시아
일진대 참부모님 삶의 철학을 그대로 실천하여 계속 주는 데만
신경을 쓰고 받는 것은 신경을 쓰지 않는 연단을 계속하노라면
그 결과는 대승리의 영광을 찬양하는 원화의 종족메시아가 되고
도 남음이 있으리라 믿습니다. 감사합니다.

성자의 인생

훈독말씀 : 효자, 충신, 성인, 성자의 길로

가정에서 부모를 위하고 사랑하는 사람은 효자요, 나라를 위하고 사랑하는 사람은 애국자요, 세계를 위하고 사랑하는 사람은 성인입니다.

여러분은 세계와 우주를 위하는 성자가 되어야합니다. 그러려면 하나님과 같은 사랑을 가져야 합니다.

효자는 집안이 망하더라도 살아 있습니다. 그래서 효자비가 있고, 충신의 비가 있고, 성인의 비가 있는 것입니다.

성자는 성인과 다릅니다. 성자는 인간세계의 나라 법뿐만 아니라 하늘나라의 왕궁법까지 지킬 줄 아는 사람입니다. 따라서 효자의 길, 충신의 길, 성인의 길과 직통할 수 있는 것이 성자의 길입니다. 그것은 굵고 둘레가 크지만 그 핵의 흐름은 수직입니다. 인간이 어떻게 사느냐, 우리 인생 항로의 그 골자를 추린다면 효자가 가는 길, 충신이 가는 길, 성인이 가는 길, 성자가 가는 길의 근본이 있을 것입니다. 같이 있고 싶고, 같이 살고 싶어 하는 마음, 위아래를 막론하고 같이 있고 싶어 하고, 전후좌우 주야를 초월하고 생애를 넘어서 같이 살고 싶은 마음에 사무친 삶이 아

니겠느냐? 이러한 결론이 나오는 것입니다.

인간이 아무리 잘났다고 하더라도 사랑이 없을 때는 쓸모가 없습니다. 행복이라는 것 또한 무엇을 중심삼고 연결되느냐, 사랑입니다. 형제지간, 친구지간, 동포지간, 인류지간, 천지지간 등 이 모든 것의 사이를 연결시켜 줄 수 있는 매개체가 바로 사랑이라는 것입니다.

사랑은 누룩과 같은 것입니다. 우주를 만든 하나님은, 우주의 법도를 세운 하나님은 어떤 분이냐? 온 우주를 통해서 누구보다도 위해 사는 대표적인 자리에 선 분입니다. 그분이 하나님이다 이겁니다. 그렇기 때문에 그분을 만나려면 위해 살아야 된다는 것입니다. 그분은 지식의 대왕이지만 지식 가지고 하나님 앞에 오라고 하지 않습니다. 능력의 대왕이지만 능력 가지고 오라 하지 않습니다. 권력에 대한, 돈에 대한, 물질에 대한 주인이요 대왕이지만, 그것을 가지고 오라고 하지 않는다는 것입니다. 위해서 오면 전부가 올 수 있다고 하는 것입니다.

하나님이 인간 앞에 있는 것은 위해서 있는 것입니다. 그렇기 때문에 천년만년 하나님을 따라 가려고 한다는 겁니다. 위하는 천리의 우주의 존재세계 앞에 자기 스스로의 존재위치를 유지하기 위해서는 위하여 존재해야 합니다. 위하는데 있어서 동서양을 통할 수 있고 고금古今을 통할 수 있는 것입니다. 하나님은 예나 지금이나, 동양이나, 서양이나, 다 같은 사랑을 갖고 있기 때문에 동양 서양을 극복할 수 있고 과거, 현재, 미래를 극복할 수 있는

것입니다. 그건 뭐냐 하면 과거도 현재도 미래도 극복할 수 있으니 언제나 발전할 수 있다는 것입니다. 동서양을 극복하니 동서양을 통일할 수 있다 이겁니다. 이건 사랑에서만 가능한 것입니다. (187-89)

부모를 위하고 사랑하는 사람은 효자입니다

인간의 본질은 사랑입니다. 그 사랑이 다양하게 작용하면서 변화무쌍한 행복과 기쁨을 만들고, 삶의 보람을 안겨 줍니다. 그 사랑이 부모와 자녀 사이에 작용하면 효도라고 하는 가치를 만들고, 그 효는 영원한 인생의 덕목으로 남아지고 기념되고 찬양됩니다. 부모의 사랑과 자녀의 사랑이 어우러진 그 자리는 하나님이 임재하시는 자리요, 우주가 화답하는 자리요, 우리 모두가 찬양하는 자리가 되는 것입니다. 그래서 우주의 근본이 부자지관계父子之關係라고 했습니다. 부모와 자녀간의 사랑은 종적인 수직 사랑으로써, 만유의 모든 사랑의 축이 되고, 핵이 되는 근본 사랑인 것입니다. 부부의 사랑이나 형제의 사랑은 횡적인 수평 사랑이기에 입체적인 사랑이 아니라 평면적인 사랑이므로 원만한 사랑이라 할 수 없습니다. 그렇기에 자녀를 낳아 부모의 사랑과 자녀의 사랑이 이루어져야 입체적인 사랑의 자리가 되는 것이므로 가정이란 사랑의 원만한 보금자리가 되는 것입니다.

모든 존재는 원형운동과 구형운동을 하면서 존재하고, 발전하며 운행되는 것입니다. 사랑의 원. 구형운동이 입체적으로 운행되는 자리가 가정입니다. 그렇기에 가정은 작은 우주요, 곧 하나님의

사랑의 집입니다. 그러므로 부모를 하나님같이 위하고 모시어 사
랑을 실천하는 효의 덕목은 근원적 덕목이요, 가치이므로 영원한
행복의 뿌리가 되는 것입니다. 우리는 참부모와 참자녀의 관계로
서 참효자가 되어 영원한 효의 실체가 돼야 되겠습니다. 참효란,
절대 효를 말합니다. 우리의 참부모님께서 하나님 앞에 절대효의
표준을 세워 주셨습니다. 우리는 참부모님의 절대 효를 닮는데
효된 삶의 푯대로 세우고 하나 된 인생을 알차게 가꿔 가노라면
참효의 인생을 수놓아 가리라 믿습니다.

나라를 위하고 사랑하는 사람은 애국자입니다

효자가 가정에서 부모를 모시고 섬기듯이, 나라를 부모같이 위
하고 사랑하고 걱정하고 책임을 절감하며 나라의 과제를 붙잡고
몸부림을 경주하는 사람을 애국자라고 합니다. 역사상 우리 참부
모님보다 나라를 걱정하시고 나라의 운명을 책임지시고 나라를
위하여 희생하신 분이 얼마나 있을까요? 1970년대 아침엔 사탄의
앞잡이 김일성의 붉은 군대가 임진강만 얼면 남침한다고 호언장
담하던 때, 국력으로나 군사력으로나 뒤떨어져 있던 그 당시, 물
론 미국이 도와주고 있었지만 참부모님께서는 사랑하는 축복 가
정들을 애국의 산 제물로 복귀의 최일선으로 개척을 내보내시고
임진강이 얼지 않도록 나라사랑의 열정을 불태웠고, 1984년 위태
로운 국운을 책임지시고 미국에서 급히 귀국하셔서 전국적인 남
북통일 승공대회를 개최하실 때, 홍진 님을 희생의 제물로 바치
셨습니다. 급기야 냉전시대를 종결케 하시고 1919년 북한 호랑이

굴로 들어가서서 가인의 대표왕초를 자연굴복시키시는 쾌거를 이루시어, 이 나라의 운명을 몸소 책임지시어 새 화합의 통일역사로 새 하늘 새 땅을 열어주신 것입니다.

실로 우리 참부모님은 참애국의 도리와 책임을 다해 나가셨습니다. 우리들도 그 부모의 그 자녀로서 나라의 참다운 주인의식으로, 참애국의 도리와 사명을 다해야 되겠습니다. 이 나라를 하나님의 참사랑의 반석 위에 하나님의 원리로 다스려지는 하나님의 조국 천일국을 우리의 피 땀 눈물로 창건하겠다는 우리들의 지성과 노력은 하늘과 땅과 역사와 인류가 영원을 두고 찬양하겠지요. 우리의 피붙이 후손만대에게 물려줄 영원한 문화유산은 하나님의 나라, 참사랑의 왕국을 창건하여 자유롭고, 행복하고, 기쁨이 드넘치는 평화의 이상세계를 이루어 주는 것인즉 우리는 참효를 바탕으로 한, 참애국의 도리와 책임을 다하기에 혼신을 다해야 되겠습니다. 나라를 내 몸보다 더, 내 가족보다 더 사랑하는 마음에 박자 맞춰, 삶을 영위 할 때, 나라는 우리를 존경하고 찬양하며 영원히 기뻐하리라 믿습니다.

세계를 위하고 사랑하는 사람은 성인입니다

세계는 우리들의 삶의 한 터전입니다. 지구환경은 세계인들의 환경이요, 우리 모두의 '공동 삶터'입니다. 원래 에덴동산은 이 지구를 말합니다. 한 부모 아래 한 형제자매들로 꾸며졌어야 할 인류 대가족의 한 집과 같은 지구성이었습니다. 그리고 그 집에서 삶을 꾸미는 인류는 고도로 발달된 과학문명과 고도로 성장된 심

정과 인격과 사랑이 어우러진 평화의 동산이요, 서로를 위하여 희생하고 봉사하는 미덕으로 화합과 기쁨이 원화원圓和苑을 이룬 행복의 만끽동산이었습니다. 그러나 인간 조상이 실수하여 타락의 거짓사랑이 시기, 질투, 교만, 미움, 등 타락의 죄악세계를 이루어 갈등과 충돌과 혼란의 모순세계를 이루었기에 이기주의가 난무하여 갖가지 불행을 자초하고 있습니다. 이에 세계를 누구보다 사랑하시고 위하여 일생을 사랑의 십자가를 감내하시며 세계 인류를 한 가슴에 품으시고 갖가지 문제를 풀고, 정리하고, 청산하고, 화합의 한 마당을 만들어 주신 우리 참부모님을 모실적 마다 감동 그 자체임을 절감합니다.

민주주의는 형제주의임으로 형제가 서로 싸울 수 있습니다. 그러나 부모주의 인류 한 가족주의는 부모를 중심하고 화합하고 평화를 이루게 되는 것입니다. 그러므로 하나님주의 참가족주의 사상을 가슴에 품고 사는 참 부모님의 무리들은 세계 인류를 한 가족을 이상으로 하나 되므로 하나님의 한 가족 이루게 되는 것입니다.

천주를 위하고 사랑하는 사람은 성자입니다

성자는 두 법을 지킬 줄 알아야 된다고 하셨습니다. 세상의 나라 법과, 하늘의 법을 지켜야 성자의 인생이 된다는 것입니다. 그리고 성자의 길은 효자의 길, 충신의 길, 성인의 길이 직결된 길이요, 그 모든 길이 내포되어 있다고 했습니다. 실로, 하나님의 품속에 가정, 국가, 세계, 천주가 다 들어 있기에 하나님과 하나

되어 하늘 뜻대로 사는 인생은 하나님의 자녀 된 성자의 인생이
라 하겠습니다.

우리의 참부모님께서는 세상 앞에, 하늘 앞에, 두 법을 지키시
고 양방의 효, 충, 성인, 성자의 도리와 책임을 승리하셨습니다.
그래서 사탄도 탄복하고, 하나님도 탄복하시어 양방의 승리자가
되시었기에 완전승리를 이루신 것입니다. 그래서 하나님의 칭송
이 역사에 없는 감격, 감탄, 경탄, 찬사를 보내 온 것입니다. 우
리들도 가정맹세 2절을 뼛골에 새기면서 참 부모님을 닮는 성자
의 인생을 주워진 삶의 자리에서 가꾸어가야 되겠습니다. 성자의
인생을 승리하시는 식구님들 되시기를 축원 드리며 말씀을 맺겠
습니다.

그 부모의 그 자녀

훈독말씀 : 참된 자녀의 도리는 '효'

효자가 되려면 어떻게 되어야 하느냐? 언제나 부모의 마음 방향과 일치되어야 하는 것입니다. 효자의 길을 가는 사람은 부모와 동떨어진 행동을 하는 사람이 아닙니다. 부모가 동으로 가면 동으로 가야 되는 것이고, 부모가 서로 가면 서로 가야 되는 것입니다. 거기에는 이의가 없어야 하는 것입니다. 열 번 갔다가 열 번 돌아서라 하더라도 또 돌아서서 따라가야 되는 것입니다.

가정에서 '효도해라!'하는데 이것은 부모를 중심삼고 부모가 가야 할 사랑의 길에 동참자가 되라는 겁니다. 부모의 참된 사랑의 길에는 천륜이 따라 갑니다. 부모만 가는 것이 아니라 보이지 않는 종적인 천륜이 여기에 인연되어 함께 가는 것입니다. 때문에 부모와 하나 되라는 것은, 종적인 역사와 횡적인 역사의 심정 권을 이어서 가라는 것입니다. 이것이 부모 앞에 효도하라는 것입니다.

효자가 뭐냐? 효자는 부모의 슬픔을 대신 책임지기 위해 어려운 자리를 찾아가서 책임을 다함으로서 부모에게 기쁨을 드리는

사람입니다. 참된 부모는 어떤 부모냐? 자식을 영원무궁토록 사랑하기에 끝이 없는 부모입니다. 그러면 참된 자녀는 어떤 자녀냐? 참된 자녀는 참된 부모의 사랑 앞에 영원무궁토록 부모를 사랑하고 또 사랑이 넘칠 수 있는 사랑의 마음을 가진 자녀입니다. 그런 자리가 참된 효자의 자리입니다.

하나님이 자녀에게 바라는 것이 무엇이겠습니까? 돈 많이 번 백만장자가 되는 것입니까? 나라의 최고의 권력을 손에 쥔 대통령이 되는 겁니까? 하나님이 아들딸인 아담과 해와에게 바라신 것은 그들이 자라서 효자·충신·성인·성자가 되는 것이었습니다.

창세기 22장 1절에서 14절까지

그 일 후에 하나님이 아브라함을 시험하시려고 그를 부르시되 아브라함아 하시니 그가 가로되 내가 여기 있나이다. 여호와께서 가라사대 네 아들 네 사랑하는 독자 이삭을 데리고 모리아 땅으로 가서 내가 네게 지시하는 한 산 거기서 그를 번제로 드리라. 아브라함이 아침에 일찍이 일어나 나귀에 안장을 지우고 두 사환과 그 아들 이삭을 데리고 번제에 쓸 나무를 쪼개어 가지고 떠나 하나님이 자기에게 지시하시는 곳으로 가더니, 제 삼 일에 아브라함이 눈을 들어 그곳을 멀리 바라본지라.

이에 아브라함이 사환에게 이르되 '너희는 나귀와 함께 여기서 기다리라 내가 아이와 함께 저기 가서 경배하고 너희에게로 돌아오리라.' 하고, 아브라함이 이에 번제 나무를 취하여 그 아들 이

삭에게 지우고 자기는 불과 칼을 손에 들고 두 사람이 동행하더니, 이삭이 그 아비 아브라함에게 말하여 가로되 '내 아버지여.' 하니 그가 가로되 '내 아들아, 내가 여기 있노라,' 이삭이 가로되 불과 나무는 있거니와 번제할 어린양은 어디 있나이까?

아브라함이 가로되 아들아 번제할 어린양은 하나님이 자기를 위하여 친히 준비하시리라 하고, 두 사람이 함께 나아가서 하나님이 그에게 지시하신 곳에 이른지라. 이에 아브라함이 그곳에 단을 쌓고 나무를 벌여놓고 그 아들 이삭을 결박하여 단 나무 위에 놓고 손을 내밀어 칼을 잡고 그 아들을 잡으려 하더니, 여호와의 사자가 하늘에서부터 그를 불러 가라사대 '아브라함아! 아브라함아!' 하시는지라 아브라함이 가로되 '내가 여기 있나이다.' 하매, 사자가 가라사대 '그 아이에게 네 손을 대지 말라. 아무 일도 그에게 하지 말라. 네가 네 아들 독자라도 내게 아끼지 아니하였으니 내가 이제야 네가 하나님을 경외하는 줄을 아노라.' 아브라함이 눈을 들어 살펴본즉 한 숫양이 뒤에 있는데 뿔이 수풀에 걸렸는지라 아브라함이 가서 그 숫양을 가져다가 아들을 대신하여 번제로 드렸더라. 아브라함이 그 땅 이름을 여호와이레라 하였음으로 오늘까지 사람들이 이르기를 여호와의 산에서 준비되리라 하더라.

참다운 부모에 참다운 효자가 참다운 가정을 가꿉니다

본문 말씀에 참다운 부모는 하나님을 닮아서 하나님을 절대신앙, 절대사랑, 절대복종으로 모시고, 자녀를 사랑함에 절대사랑을

해야 되는 것이고, 절대 희생을 하며, 절대 불변의 신앙을 행함으로 본 된 삶을 통하여 하나님의 대신자 된 참부모의 모습을 생활로 나타내므로 자동적인 교육의 산실이 된다는 것입니다.

참다운 효자는 부모를 대하여 하나님을 존경하듯 절대 존경하고, 절대 신뢰하며, 부모의 방향과 부모의 마음과 부모의 뜻에 하나 된 삶으로 참다운 효도를 하게 되는 것입니다. 참효자는 선先부모를 후後 자기를 생각하는 것입니다. 우주의 이치와 법도가 원인과 결과의 인과론으로 부모가 있기에 자녀가 있는 것이기에, 자녀는 부모를 통한 참사랑의 투입체요, 부모의 연장체요, 참사랑의 실현체며, 참사랑 이상의 구현체인 것입니다. 그렇기에 자녀는 부모의 사랑과 생명과 핏줄로 이어진 대신 생명인 것입니다. 그러므로 자녀가 성장해서 인생에 철이 들고, 우주의 이치와 법도를 깨닫게 되면 부모에 대한 절대존경의 인격이 갖춰지는 것입니다.

하나님의 속성이 절대, 유일, 영원, 불변이므로 하나님의 자녀들도 부모의 속성을 이어받았기에 절대, 유일, 영원, 불변의 관계를 맺고 일심, 일체, 일념, 일화, 통일된 하늘의 삶을 영위하는 것입니다. 그러므로 참다운 부모는 먼저 하나님 앞에 참효자의 도리와 책임을 잘 수행해야, 참부모의 자격을 갖추게 되는 것입니다.

하나님은 무한대의 능력을 갖고 계시지만 아주 무능한 하나님이 되는 경우는 참소에 걸릴 때, 아무런 힘이 없다는 것입니다. 그 참소 중에서 자녀의 참소는 치명적이라는 것이지요. 왜 그럴까요? 핏줄로 이루어진 생명의 관계에 있기 때문입니다.

하늘 앞에, 자녀 앞에 떳떳한 부모는 정말 참부모가 되는 것이요, 부모 앞에 절대 존경하고, 절대 신앙으로 모시고 하나 되면 참자녀가 되는 것입니다. 요즈음 눈으로 귀로 도저히 보고, 들을 수 없는 패륜적인 사건들이 얼마나 많이 발생하고 있는가요. 이 모든 비극의 사건들은 참의 이치와 법도를 모르고, 부모와 자녀와의 관계 원리도 모르는 무지와 거짓 사랑의 사건들인 것입니다. 우리가 먼저 하나님 앞에 참된 자녀가 되고, 자녀 앞에 참된 부모가 되므로 무럭무럭 자라고 있는 자녀들이 이러한 천륜과 인륜의 전통을 따라 참자녀로 성장되어 완성에 이르게 될 것입니다.

아브라함의 절대복종과 이삭의 절대순종이 헌제를 성공케 했습니다

아브라함이 믿음의 조상이 된 것은 하나님의 부르심에 절대 복종했고, 하나님과 일심, 일체, 일념, 일화, 통일된 삶을 철두철미하게 살으신 바탕이 있었습니다. 하나님을 절대적으로 믿고, 절대적으로 순종하고, 복종하는 삶이셨기에 하나님의 명령에 모든 것을 초월하여 절대복종으로 이삭헌제에 순응하여 모리아산으로 갈 수 있었던 것입니다. 백 살에 얻은 아들이니 얼마나 소중했고, 얼마나 고귀했겠습니까만 하나님의 헌제 명령에 마음의 갈등이나 동요 없이 번제할 나무와 불과 칼을 준비해서 번제할 장소로 3일 길을 걸어갔던 것이지요. 약 75㎞를 걸으면서 잘못하면 걱정도 할 수 있고 가슴이 떨릴 수도 있고 하나님께 다시 물어볼 수도

있을 법한데 절대일념으로 절대복종으로 3일 길을 가서 두 사환은 모리아산 밑에 있으라하고 이삭에게 번제에 쓸 나무를 지우고, 아브라함은 불과 칼을 들고 번제 드릴 산으로 올라가는 것입니다. 이때 이삭이 아브라함 아버지에게 물어 봅니다. 다 준비가 되었는데 제물은 어디에 있느냐고? 그 답변은 하나님께서 다 준비를 하셨다고 즉 하나님으로 말미암아 번제의 계획이 준비되고 진행됨을 답으로 말씀을 해 주시니 하나님께 전적으로 복종하시는 아버지의 신앙과 절대적으로 하나 된 아버지 앞에 이삭도 하나님의 섭리에 절대 순종하고 아버지 아브라함의 절대 신앙에 하나 된 심정으로 산을 오르게 된 것입니다. 두 마음이 하나 된 자리엔 하나님이 맘대로 섭리하실 수가 있는 것입니다. 하나 된 몸마음, 하나 된 두 사람에게는 사탄이 틈탈 수가 없는 것입니다.

모든 것을 하나님으로 말미암아 동기와 과정이 진행되니 제단을 쌓고 이삭을 꽁꽁 묶어서 번제로 드리는 것도 아브라함의 마음을 뛰어 넘은 하나님의 마음으로, 이삭의 마음을 뛰어 넘은 하나님의 뜻으로 번제를 드리나니 사탄도 인정하고 하늘도 인정하여 성공한 번제의 기준과 내용이 되었기에 칼로 치려할 때, 황급히 아브라함을 부르시어 '이제야' 네가 하나님을 경외하고 독자를 기꺼이 번제하고자 하니 너의 절대복종에 이삭의 절대순종을 알았노라고 칼을 거두라고 하시며, 그 대신 수풀에 걸려 있는 수양으로 번제를 드리게 되었습니다. 정말인즉 하나님께 인정받는 신앙생활, 하늘이 맘껏 역사하실 수 있는 절대 사랑, 절대 신앙, 절대 복종이 어떠한 것인가를 일깨워 주는 교훈이 있습니다.

부모의 일거수일투족은 자녀에게 직결되는 생활 교과서입니다

가정은 삶의 보금자리, 인생교육의 보금자리, 인격형성의 보금자리, 사랑형성의 보금자리, 행복과 기쁨과 보람과 영생의 요람이 되는 것입니다. 자녀가 성장과정에서 부모의 신앙, 정성과 기도 생활, 언어, 행동, 생활 모습, 오관활동, 대화의 질, 화동과 평화, 부모의 관계, 사랑의 이모저모 등등 모든 일거수일투족이 자녀에게는 교육의 교재가 되는 것입니다.

이번 제43회 참만물의 날에 참부모님께서 3시간 동안 말씀해 주신 핵심 메시지는 하나님께서 우주와 인간을 창조하실 때, 절대 사랑, 절대 신앙, 절대복종의 심정과 정성과 일념으로 창조하셨기에, 피조물 된, 우주나 인간들도 하나님의 창조의 심정을 닮아서 절대 사랑을 해야 되고, 절대로 믿고 따르는 신앙을 해야 하며, 절대로 순응하는 복종의 삶을 살아갈 때, 하늘이 함께 하시고, 역사하시고, 하늘 것으로 인정받고, 영생의 가치로운 인생을 만들게 되는 것이라고 강조해 주셨습니다.

실인 즉, 우리가 하늘의 인생을 가꾸어감에 하나님과의 관계지수가 몇% 되는가를 종종 스스로 자기 성찰을 해 볼 때, 왜 그리 죄송함이 많은지 늘 회개하고 또 회개해도 부족함이 많은 것을 느낄 적마다 스스로를 원망도 해보고, 이렇게 살면 헛사는 게 아닌가 하고 자기 채찍을 하곤 합니다. 우리가 어두운 세상을 밝히고, 썩어지는 세상의 비극들을 치유하면서 하늘의 백성으로서 도리와 책임을 다하는 하늘의 인생을 만들어 가야 됨에, 세상인들

의 삶과 차별화 된 삶, 저들 앞에 본을 보여 줄 내용이 희박하다면, 우리의 자녀들이 부모를 존경하는 존경지수가 얼마나 될까? 걱정이 안 될 수가 없는 것을 확인 할 때마다 가슴이 철렁할 때가 있습니다.

정말인 즉, 우리의 양심 앞에, 자녀들 앞에 떳떳한 하늘 인생을 잘 만들어 영원히 후손만대 앞에 천국 삶의 문화로 물려준다면 인생 승리, 인생만세를 부를 수 있겠지요. 반면, 적당히 세상과 엇비슷하게 살게 되면 어떠한 답이 나올까 몇 번이고 생각을 해보게 됩니다. 우리의 피붙이 자녀가 질문하기를 하나님과 참부모님께서는 종족을 구원하라고 하셨는데 전도를 얼마나 하셨느냐고 물어보면 전도한 이모저모를 소상하게 들려주면 우리 엄마 아빠는 하나님의 분부하심을 훌륭하게 실천하시는 위대한 부모라고 자랑하겠지요. 위대한 부모의 품에서 위대한 신앙의 자녀가 성장되겠지요. 곰곰이 깊이깊이 이 말씀을 뼛골 깊이 새기시기를 바랍니다. 백문이불여일천이라고 했습니다. 백 번 들어도 한 번 실천하는 것만 못하다는 것입니다.

하나님과 동거 동락하는 삶을 꾸미면, 하나님 같은 부모에 하나님 같은 자녀가 되겠지요

원리가 가르치는 것은 생활신앙입니다. 하나님을 관념적으로 생각으로만 모시는 것이 아니라, 생활로 모시고 하나님의 심정과, 하나님의 소원과, 하나님의 목적이 나의 심정, 나의 소원, 나의

목적과 따로따로가 아니라 하나로서 믹서 된 삶을 꾸밀 때 개인의 목적 성취와 하늘의 목적 성취가 함께 이뤄지는 그래서 하늘과 땅과 역사와 인류와 만물이 함께 찬양하는 절대 하나 된 삶을 꾸미는 것이 하늘의 인생임을 다시 한 번 새기게 합니다.

우리는 누구나 365일 바쁩니다. 그 바쁜 시간을 쪼개서 하늘을 위하여 얼마를 효도의 시간으로 활용했느냐 하는 것은 각자의 생활신앙의 프로그램에 따라 다르다고 할 수 있습니다. 하루에 1분이라도 실천하는 것이 백 번 생각하는 것보다 백 번 듣는 것보다 훨씬 위대한 인생을 창조한다는 것을 명심케 됩니다.

실천하시는 삶의 자리에 무한한 능권이 함께하시기를 축원 드립니다. 감사합니다.

제2장 정성精誠의 삶

정성은 기적의 어머니

기도는 만능의 열쇠

초심부활初心復活의 참불씨

콩 심은 데 콩 나고, 팥 심은데 팥 난다

깊은 데로 가서 그물을 내려 고기를 잡아라

모심의 생활이 복의 근원입니다

공든 탑이 무너지랴

열린 감, 익은 감

무엇을 남길 것 인가요

우리는 은총의 깊은 바다에
신앙의 그물을 내려야 되겠습니다.

정성은 기적의 어머니

훈독말씀 : 참부모님의 하나님 섬기는 삶

마음을 다하고, 뜻을 다하고, 정성을 다하라는 말은 무슨 말이냐? 그것은 생명을 바치라는 말입니다. 그 이상은 무엇이 있어요? 마음을 다하라는 것은 생명을 내놓으라는 말입니다. 뜻을 다하라는 것도 생명을 내놓으라는 말입니다. 정성을 다하라는 것도 생명을 내 놓으라는 말입니다.

지성이면 감천이란 말이 있지요? 지성의 한계점, 내 마음의 끝이 어디이겠어요? 생명을 걸고 정성을 드리라는 것입니다. 목을 내놓고 죽을 각오를 하고 정성을 드리는 사람은 하나님이 모른다고 하실 수가 없다는 것입니다.(38-242)

밥을 먹으나 물을 마시나 앉으나 서나 누구를 대하나 부모님 앞에, 하늘 앞에 온 심정을 보일 수 있는 것으로 만점입니다. 지식이나 학식이 많아서 되는 것이 아닙니다. 하나님 앞에 '나 아무개 박사요!' 그러고 살겠습니까? 그것 필요 없습니다. 그렇기 때문에 하나님의 사랑을 내가 어떻게 인도할 수 있느냐? 단 하나의 길은 '지성이면 감천至誠感天' 이것 외에는 없습니다.(22-28)

여러분은 시의시대侍義時代 즉 모심의 생활을 하는 시대에 있어서 정확한 중심을 두고 나가야 됩니다. 하나님을 모시는 데에도 법도가 있습니다. 그 법도를 어길 때에는 하나님은 무척 노여워하십니다. 자식을 사랑하는 부모가 자식의 말 한마디에 가슴에 못이 박혔다 빠졌다 하는 것과 같이, 하나님도 인간을 사랑하시기 때문에 노여움이 많으신 분입니다. 자칫 잘못하면 하나님으로부터 노여움을 사게 됩니다. 그렇기 때문에 언제나 선생님도 선생님대로 하나님을 기쁘게 해드리려고 합니다. (17-287)

여러분도 여러분을 생각해 주는 사람을 찾아가지요? 하나님도 마찬 가지입니다. 그 하나님을 점령할 수 있는 길은 누구보다 하나님을 생각하고 하나님을 위해 봉헌하겠다고 하는 그 사람을 중심삼고 하나님은 찾아가는 것입니다. 선생님은 하나님 앞에 솜바지저고리가 다 젖도록 기도한 적이 몇 번인지 모르고, 칼을 가지고 뱃가죽을 찌르며 맹세한 적이 몇 번인지 모르며, 죽음의 고비를 넘기면서 마음을 굳게 다짐한 적이 몇 천만 번인지 모릅니다. (19-9)

한남동 공관 거실에 '지성감천至誠感天'이란 휘호가 한 중앙에 걸려 있습니다. 아침 훈독회에 참석하면 그 지성감천의 휘호가 우리에게 지성어린 신앙을 하느냐? 고 우리의 마음을 꿰뚫어 보듯이 우리의 눈과 마주칩니다.

지성이란 의미는 정성을 할 수 있는데까지 다하는 것을 말합니다. 감천이란, 하늘이 감동하심을 의미합니다. 그러니까 정성의 끝자리에서 하늘의 감동을 만난다는 것입니다. 하늘의 감동을 만나면

우리 인간의 차원을 넘어선 놀라움을 경험하게 되는 것입니다.

기적을 체험하신 집사님

제가 서대전교회에서 시무할 때, 신앙이 싱싱한 박 집사님이 계셨는데, 그 집사님의 직업은 비닐하우스 농업을 전업으로 하셨습니다. 대규모로 보통 비닐하우스 20동 농사를 짓는데, 딸기를 주로 많이 했습니다. 한번은 딸기 수확을 앞에 두고 남쪽에서부터 태풍이 올라오고 있었습니다. 뉴스는 태풍의 피해가 어마어마해서 비닐하우스 농가에 엄청난 타격을 주고 있다고 그야말로 캄캄한 소식이 전해 오는 것이었습니다. 그런데 박 집사는 평소에도 정성을 많이 드리시는데, 그 태풍 소식을 듣고, 하늘의 능력이 강한가? 태풍의 힘이 강한가? 를 시험이라도 하듯 하늘의 능력을 동원한다고 철야 정성을 그 비닐하우스를 붙들고 실시한 것입니다. 태풍의 뉴스를 접할 때 그 태풍의 힘보다 기도의 힘, 정성의 힘, 하늘을 감동시키는 지성이 더 강하면 되리라 믿고, 목숨을 걸고, 신앙의 운명을 걸고 정성을 드리었습니다. 그런데 참으로 믿기 어려운 기적이 이루어진 것입니다. 태풍이 휘몰아쳐서 그 비닐하우스 단지의 80여 동의 비닐하우스가 풍지박산이 되었는데 박 집사님 비닐하우스 20여 동은 태풍을 비웃기라도 하듯, 어쩌면 그렇게 한 동도 손실이 없이 태연하게 보라는 듯이 그대로 있는 것이었습니다. 그래서 지나는 사람들이 참으로 이상하다고 이구동성으로 한마디씩 하는 것이었습니다. 하늘이 도와서 태풍이 피해간 것이라고 세상 사람들이 증거하는 것이었습니다. 그러면

그렇지, 태풍도 양심이 있고, 이목구비가 있을진대 박 집사님의 정성에 감동되어서 지성의 비닐하우스는 칠 수도 없고, 함부로 대할 수 없는 하늘이 감동한 비닐하우스가 된 것이었습니다. 실로 정성은 기적의 어머니인 것을 보여 주었습니다. 그리하여 그 집사님 딸기 농사가 몇 배의 수익을 얻어서 하나님께 큰 효성을 드리게 되었습니다. 그래서 박 집사님의 호칭이 심정 집사, 정성 집사님이셨고, 늘 은혜에 취해서 생활 신앙을 하시는 싱싱한 신앙의 귀감이 되었습니다.

정성은 물 끓이는 원리와 같습니다

차가운 물을 뜨거운 물로 만들기 위해서는 불을 가해야 됩니다. 나무로 불을 가하든, 가스로 불을 가하든, 불을 계속 가하면 언젠가는 물이 끓습니다. 그릇의 크기가 다르고, 물의 양이 다르고, 불의 열량이 다르더라도 계속 불을 가하면 언젠가는 반드시 끓는다는 것입니다. 차가운 물이 뜨거운 물로 변화되는 것도 하나의 기적 현상입니다. 그러나 열을 가하였다가 가열 하지 않았다가 즉 때다 말다 하면 연료는 연료대로 소모되고, 시간은 시간대로 흘러가고, 노력은 노력대로 투입하였다 하더라도 물은 끓지 않고 허사가 되고 맙니다. 기적을 이루지도 못하고, 소기의 목적도 달성하지 못하는 아섭고 안타까운 어리석음으로 쓸쓸함을 맛보게 합니다. 그러므로 무엇을 하든지 초지일관의 끊임없는 노력의 실천이 뒷받침 될 때 성취의 감격과 보람과 기쁨을 얻을 수 있는 것입니다.

참부모님께서 자나 깨나 강조해 주시는 신앙의 핵심요소는 절대 신앙, 절대 사랑, 절대 복종이 하나님과 인간과 만물의 기본이라고 일깨워 주십니다. 그리고 하나님의 근본 속성은 절대, 유일, 영원, 불변이시므로 그 부모의 자식 된 인간의 속성도 절대적인 자녀, 영원한 자녀, 불변의 자녀, 유일한 자녀로써 부모와 자식이 둘이 아닌 하나로 삶을 영위해야 하늘의 인생 천국의 인생을 만들어 갈 수 있다고 하십니다. 실로 우리의 삶을 꾸밈에 있어서 가장 중요한 것은 역시 근면하고, 성실하여, 최선을 다하는 노력이 행·불행을 결정하는 열쇠라고 볼 수 있습니다. 우리 모두 이 시간 참 부모님께서 죽음의 고비를 수 천만번 넘으시면서도 하늘 대한 절대 맹세, 절대 충효를 절대 복종으로 승리하심같이 우리도 어떠한 비바람 속에서도 절대의 꿈나무를 늠름하게 가꾸는 신앙자로서 지성감천의 성공자가 되십시다.

정성 신앙은 많은 부가 가치를 안겨 줍니다

끓는 물은 다양하게 활용하므로 엄청난 부가 가치를 창출합니다. 1900년 7월 8일은 우리 조선 사람들이 엄청난 괴물을 보고 기절초풍을 한 날입니다. 무슨 사건이 일어난 날이었나요? 그것은 다른 것이 아니라 바로 끓는 물을 이용한 증기 기관차가 괴상한 괴음을 지르며 거대한 쇠구루마가 서대문역 에서 인천역까지 선로를 타고 달린 사건이었습니다. 그 서대문역이 그 후에 경성역으로, 그 다음에 다시 서울역으로 바뀌었지요. 바지저고리 입은 우리 조상들이 증기 기관차가 지날 때 입을 벌리고 다물 수가 없

었다고 합니다. 물이 끓으면 솥뚜껑이 춤을 춥니다. 그 춤추는 원리를 기관차에 활용하니까 그 거대한 쇠구루마가 사람이 10시간 걸어서 갈 곳을 한 시간이면 갈 수 있는 엄청난 부가효과를 만들어 주었던 것입니다.

신앙생활도 그렇습니다. 정성신앙을 하면 늘 하늘이 함께 해 주시는 삶이되어 은혜에 취해 매사가 기쁨으로 요리되는 생활이요, 늘 생산적이고 창의적인 사고가 발휘되며, 미래지향적인 진취적 삶이 끝없는 가능성을 유발하며, 세속적이고 부정적인 생각으로 손해 보지 않도록 분별력을 밝게 해 줍니다. 그리하여 빛 가운데 살게 해 주십니다.

어두운 삶은 죽은 삶이랍니다. 우리 모두 빛의 아들딸로서 어둠을 살라 버리고, 영광의 빛 가운데 살기 위하여 정성생활을 알뜰히 하시기를 바랍니다.

정성의 그릇에 빈틈이 없어야

물을 끓이기 위해서 물을 담은 그릇에 조그마한 구멍이나 갈라진 부분이 있으면 물이 새나가서 불도 꺼지게 만들고 언젠가는 그 물이 어디론가 사라지고 맙니다. 그렇게 되면 남는 것은 빈 그릇이요 허사가 되고 마는 것이지요. 그릇에 금이 있거나 구멍이 있는 것은 절대제품이 아닙니다. 정품은 바로 결함이 없는 절대적인 제품을 말합니다.

그렇습니다. 우리의 신앙의 그릇, 정성의 그릇, 인생의 그릇에 결함이 있다면 죽으라고 노력도 하고, 고생을 해도 결국은 인생

허탈이란 아픔을 가져온다는 것이지요.

1999년 3월 21일 참부모님께서 브라질 판타날 아메리카나 호텔 14호실에서 철천지원수 인간을 타락시킨 장본인 누시엘을 자연굴복시켰습니다. 누시엘 스스로가 모든 죄를 자복하고, 승복하여 하나님 품으로 돌아왔습니다. 그런데 역사를 지배해 왔던 사탄의 무리들은 누시엘에게 항의하며 승복하지 않고 끝까지 버티고 싸우겠다고 다짐을 했다는 것입니다. 그러니까 세계도처에 사탄의 잔당들과 졸개들이 우리에게 도전하고 우리를 방해하고 있는 것입니다. 사탄의 무리들은 우리의 신앙의 그릇에 정성의 그릇에 빵구가 나기를 바라며 날카로운 칼을 갖고 틈만 있으면 방해를 하는 것입니다. 그러니 정상적인 신앙의 그릇, 결함이 없는 신앙의 인생, 빈틈없는 생활의 신앙을 하는 것은 너무나 중요하고 우리가 알뜰하게 챙겨야할 책임 신앙입니다.

사랑하는 식구님 여러분!

우리의 양심은 우리에게 무엇이 부족하고 무엇을 보충해야 된다는 것을 잘 알고 있고, 알게 모르게 자기 채찍을 하고 있습니다. 양심을 스승 삼고 살면 매사가 형통하다고 하십니다.

인생의 그릇이 반듯하게 놓여야 만족합니다

섬마을 사람들은 가뭄을 가장 두려워한답니다. 왜냐 하니까 먹을 물이 모자라서 난리가 난답니다. 그래서 비가 오면 빗물을 받아먹으려고 있는 그릇을 모두 마당에다 진열을 해서 물을 받습니다. 그런데 그릇이 삐딱하게 놓여 있으면 기울은 만큼 물이 안

채워지니까 그 기울은 만큼은 채워지지 않는 불만의 분량으로 남아져 있는 것입니다.

우리의 양심과 본심은 우리의 마음이 충족하고 만족스러운 삶이 되기를 바라지요. 진실되고, 정의롭고, 행복하고, 그릇이 채워지고 부족함이 없는 삶이되기를 바랍니다.

사람마다 그릇의 크기, 모양, 용도는 다 다릅니다. 문제는 채우는 것이 중요한 것입니다. 그런데 반듯하지 못하면 만족을 이루기가 어렵다는 것입니다. 우리가 인생을 사노라면 별의별 일들이 벌어집니다. 그러나 호랑이에게 물리어 가도 정신을 차리라는 말이 있듯이 우리의 신분이 하나님의 자녀요, 천국의 백성이기에 중심이 분명하고, 하늘 대한 자세가 반듯해야 되고, 우리의 사고방식도 하늘에 합당해야 되고, 생활 하나하나가 온전하도록 온갖 지성을 다해야 되는 것이지요.

오늘 주신 생명의 메시지를 가슴 깊이 새기고, 솜바지저고리가 다 젖도록 기도하시고, 죽음의 고비고비에서도 절대 맹세하시며, 하나님을 위해, 뜻을 위해 전력투구하심같이 우리도 참부모님을 닮아 지성감천의 정성으로, 반듯하고, 빈틈이 없는 신앙으로 기적을 창출하며, 끝없는 부가가치를 챙기는 슬기로운 신앙의 삶이 되시기를 바랍니다. 참부모님의 소원이 우리 모두가 하나님의 대신자, 대변자, 대역자, 대사자가 되어 주기를 바라시고 계시오니 이 4대 역할을 다할 수 있는 자녀가 되게 해달라고 지성으로 기도하며 정성을 다하시기를 바라오며, 말씀을 맺겠습니다. 하나님의 은총이 늘 충만하시기를 축원 드립니다. 감사합니다.

기도는 만능의 열쇠

훈독말씀 : 기도생활은 밥 먹는 일보다 더 중요

밥 먹는 시간이 하루에 얼마나 되나요? 한 시간 반은 되지요? 하루에 평균 한 시간 반은 밥을 먹고 삽니다. 영적인 일은 밥 먹는 시간보다 더 많이 투입해야 된다는 겁니다. 그건 선생님이 지금까지 신앙생활을 하면서 알게 된 것입니다. (70-171)

기도는 반드시 이루어지는 것입니다. 기도함으로 힘을 받습니다. 기도함으로 앞으로 이 문제가 어떻게 벌어진다는 전망을 다 가르쳐 줍니다. '어떠한 일은 어떻게 하고, 어떤 일은 어떻게 하는 것이다.' 하고 가르쳐 줍니다. 그걸 알아야 큰일을 할 수 있습니다. 기도로서만이 그 길을 개척할 수 있는 것입니다.

기도가 밥 먹는 것보다 중요하다는 것을 알아야 됩니다. 우리들이 가야할 길은 어차피 헤쳐 나가야 할 길이요, 생활할수록 우리의 힘만 가지고는 불가능한 것을 느끼게 됩니다. 그렇기 때문에 신앙자는 기도를 하지 않으면 안 되는 것을 알아야 됩니다. (1975.5.5)

기도하십시오, 기도는 심정의 보급창고입니다. 시간이 없으면 하는 일을 통해서라도 기도할 수 있어야 합니다. 빨래를 하면서

도, 길을 가면서도 기도해야 합니다. 창고에 자꾸만 쌓여야 되는
것이지 비면 안 됩니다. 늘 기도하는 생활을 하지 않고는 뜻길을
못 갑니다. 여러분은 생활하는 데 있어서 돈 보다도 뜻을 먼저
생각해야 됩니다. (27-88)

신앙자는 보다 큰 것을 위해 공적인 기도를 해야 합니다. 세상
에서 인사를 하는 데도 법이 있듯이 기도할 때도 먼저는 하나님
을 위해서, 다음은 참부모님 가정을 위해서, 다음은 천주와 세계
를 위해서, 그 다음은 국가와 사회를 위하여, 다음은 교회와 가
정, 이웃과 나, 그리고 우리의 과제를 위해서, 질서 있게 기도를
해야 되는 것입니다. (14-65)

기도를 많이 하면 영적으로 밝아지고, 선악에 대한 분별력과 감
성이 예민해 집니다. 기도는 육신생활에 있어서 호흡과 같은 것
입니다. 기도는 어린아이가 아버지 앞에 부탁하는 순수한 심정으
로 기도해야 됩니다. (뜻길331-335)

기도는 영적인 호흡입니다

만약, 하나님께서 공기를 만들어 주시지 않았다면 우리의 생명
이 살아갈 수 있을까요? 아마도 하루는 그만두고 한 시간도 못
살 것입니다. 이토록 없어서는 안 될 절대 필요한 공기를 계속
마시고 살면서 그 공기를 만들어 주신 하나님께 그리고 공기에게
얼마나 감사하면서 숨을 쉬었는지를 곰곰이 생각해 보면 많은 미

안함을 느끼게 됩니다. 우리 함께 이 시간 그동안 못 다한 감사함을 묶어서 감사를 하십시다.

'하나님 우리를 위하여 공기를 만들어 주서서 감사합니다. 그리고 공기야, 정말 고마워, 사랑해 공기야!'

우리가 삶을 영위함에 있어서 호흡을 하므로 공기를 마시게 되고 공기를 마시므로 공기 속에 있는 산소가 체내에서 혈액을 운반해주는 역할을 하므로 혈액순환이 원만하게 진행되어 건강한 삶을 꾸미게 해 주는 것입니다.

기도는 영적인 호흡이라고 했습니다. 우리가 하나님의 자녀로서 섭리의 인생을 살아감에 있어서 기도생활은 영적인 숨을 쉬는 생활입니다. 숨이 멈추면 생명도 멈추듯이 기도가 멈추면 속사람의 삶이 시들시들해지고, 맥이 풀리고, 자기도 모르게 어둠이 깃듭니다. 호흡을 통하여 산소를 공급 받듯이 기도생활을 통하여 하나님의 사랑을 공급받아 늘 싱싱하고 튼튼한 활기에 넘치는 삶을 영위할 수 있을 때 살아 있는 신앙자라고 할 수 있습니다. 그렇기에 기도생활은 밥 먹는 일보다도 더 중요한 것임을 알 수 있습니다.

기도는 하나님과의 속삭임입니다

우리는 쉽게 생각하기를 하나님은 전지전능하시고 무소부재하시므로 우리가 말하지 않더라도, 우리의 소원, 우리의 사정, 우리의 목표를 다 아시기에 구태여 미주알고주알 기도를 꼭 해야 되느냐? 라고 생각할 수도 있을 겁니다. 그렇다면 무슨 재미가 있겠

어요? 행복이나 기쁨은 혼자서 이뤄지는 것이 아니라 반드시 상대적인 관계에서 성사되는 상대적인 명사인 것입니다. 그렇기에 기쁨의 실체대상으로 당신을 닮은 속삭임의 대상으로 당신과 똑같은 동질, 동요소, 동형으로 자식의 신분으로 인간을 창조하신 것입니다. 그렇기에 인간이 없는 하나님은 행복, 기쁨, 보람, 재미가 만들어질 수 없는 것이지요.

인간의 타락으로 실체 대상을 잃어버린 하나님은 그야말로 허공의 메아리가 되신 것입니다. 그러므로 복귀섭리의 골자가 '아버지의 마음을 자식에게로, 자식의 마음을 아버지에게로' 부모와 자식의 만남을 추구해 왔던 것입니다. 천신만고 끝에 아버지와 자식의 상봉이 예수를 통하여 이루어졌지만 뜻을 이루지 못하고 고난으로 막을 내렸습니다. 이제야……! 참 부모님을 통하여 하나님의 가슴속에 어리어 있는 한恨의 사연곡절을 알게 되었고, 가시밭길 피로 얼룩진 복귀역사의 곡절도 알았으며, 한 많은 복귀역사에 얽히고설킨 애환을 풀어오신 참 부모님의 노정 또한 피 땀 눈물로 얼룩진 노정이셨음을 알게 된 것입니다. 우리의 참 부모님께서는 하나님의 가슴속을 파고드는 기도를 솜바지저고리가 땀과 눈물로 다 젖도록 기도를 하셨다고 합니다.

실로 서로간의 관계에서 서로의 심정이 통할 때 감동과 감격이 몸, 맘으로 흐르게 됩니다. 서로간의 사정이 통할 때 눈물을 나누며 위로와 격려를 하고, 서로간의 뜻이 통할 때 두 주먹 불끈 쥐고 결단을 합니다. 이러한 것들은 서로의 속삭임으로 이루어지는

100

것입니다.

기도는 하나님과의 속삭임입니다. 기도는 참부모님과의 속삭임입니다.

기도는 역사와의 속삭임입니다.

기도는 인류와의 속삭임입니다.

기도는 만물과의 속삭임입니다.

기도는 너와 나와의 속삭임입니다.

우리는 끝없는 속삭임의 기도 생활로 하나님과 하나 되고, 형제와 하나 되어 늘 감격과 감동을 나누는 뜻의 형제자매가 되시기를 기원 드립니다.

기도는 능력의 통로입니다

하나님은 만유의 원천源泉이십니다. 사랑과 심정의 원천이시고, 힘과 능력의 원천이시며, 과학과 우주의 원천이십니다. 그러나 그 모든 능력은 상대를 통하여 나타나게 마련입니다. 그리고 그 상대는 두 말할 나위 없이 그 자식인 인간인 것입니다.

그리고 원리에서 밝혔듯이 하나님의 95%와 인간의 5%가 합해져서 능력의 역사가 나타나는 것입니다. 미국의 인공위성을 만드는 과학자들도 연구를 하다가 한계에 부닥치면 기도를 하였다고 합니다. 하나님의 자식 사랑은 무조건적이지만, 역사의 손길은 어떠한 조건을 통하여 이루어집니다. 그것이 바로 5%에 해당하는 기도의 정성입니다. 더 더욱이나 사탄이 있어서 참소를 하게 되면 하나님은 속수무책입니다. 그러므로 하나님의 능력을 주심

이나, 축복을 주심이나, 은총을 주시고자 할 때 가장 큰 걸림돌이
요, 장애요소는 바로 사탄의 참소인 것입니다. 그렇기에 사탄을
분립하고, 성별하는 정성의 기도는 하나님의 능력을 받을 수 있
는 통로를 만드는 길입니다.

성초 기도

말씀 선집 132권 104페이지에 성聖초에 관한 말씀이 있습니다.
초는 자체가 희생하여 빛을 발합니다. 불이 붙는 것은 초도 아니
요, 심지도 아닙니다. 초와 심지가 합하여 불을 붙여 빛을 발하는
것입니다. 마찬가지로 주체와 대상인 부부가 서로 희생할 때 빛
을 발한다는 것을 상징합니다. 거기에는 사탄이가 존재하지 못합
니다.

우리가 성초 기도를 하는 것은 뜻을 위하여 희생을 다짐하며,
어둠을 밝히는 빛의 실체가 되어 세상의 등불 된 생을 꾸미며,
초와 심지가 화합하여 빛을 만들 듯 부부가 그리고 형제자매가
합심하여 기도하므로 빛 가운데서 삶을 영위하는 하늘백성의 도
리를 다하자는 큰 뜻이 있습니다. 희생하는 자리는 빛의 자리요,
사탄이도 찬양하고, 하나님도 축복하는 자리가 되는 것입니다. 그
야말로 신앙의 미덕 중에 희생의 미덕이 최고의 덕목이겠지요.

기도는 반듯이 이루어집니다

부모는 자식의 애원에 귀 기울이게 되어 있습니다. 자식을 위한

부모이기 때문입니다. 그러나 사탄의 참소가 있으면 어쩔 수 없는 하나님이심을 우리는 알았습니다. 그러므로 참소 받을 요소가 있거들랑 그것을 없애는 기도와 정성과 노력이 먼저 있어야 됩니다. 참소의 요소는 미움, 시기, 질투, 무시, 불화, 불평, 불만, 불륜 등등 많이 있습니다. 이러한 요소는 쓸모 없는 요소요, 상극, 상충 요소로서, 싸움을 조장하는 요소입니다. 실 인즉 자기의 인생을 망치는 요소들입니다. 그렇기에 기도는 순수한 어린아이처럼 해야 된다고 했습니다.

충북교구 내에 어느 집사님이 남편이 뜻을 알고, 축복을 받고, 한 때는 은혜를 많이 받아서 감격 속에서 살았는데, 언제부터인가 불평불만의 사탄이 들어와서 매사를 부정적으로 보고, 불평불만하니 그 부인의 신앙에도 막대한 지장이 되고, 자녀들에게도 백해무익이라 참다못해서 하나님께 기도를 드렸답니다. 우리 남편 입을 좀 못 놀리게 해 달라고 간절히 기도를 하였답니다. 아 - 그랬더니 남편이 아파트 계단을 내려오다가 넘어졌는데 머리를 다쳐서 병원에 갔습니다. 그런데 다른 데는 멀쩡한데 뇌 속에 사지백체 오장육부를 통제하는 세포가 200억 개 정도 있는 중에서 입술을 통제하는 세포가 고장 나서 입술이 떨려서 말을 못하게 되었답니다. 그래가지고 이제는 온 가족이 통곡을 하고 본인이 통곡하면서 글씨로 쓰기를, 말을 하게 해 달라고, 이제 다시는 욕하지 않고, 불평불만 하지 않고, 뜻에 충실한 삶을 살겠노라고 회개를 하더라는 겁니다. 그래서 온 가족이 우리 집 가장을 용서하시고 말을 할 수 있게 해 달라고 합심하여 간절히 기도를 드리니까 침을 잘 놓는 의사를 알려 주셔서 침으로 치료하여 말을 하게

되었답니다.

참부모님께서 때가 되면 병 주고 약 줘서라도 일깨워 나가야 된다고 하셨습니다. 그런데 우리는 후천 시대를 살고 있습니다. 후천시대는 천지개벽 시대입니다. 천지개벽은 탕감혁명, 양심혁명, 심정혁명으로 과거의 습관성을 훌훌 털어버리고, 새 하늘 새 땅의 새사람으로 변화되어 천일국의 주인 된 삶을 꾸며서 만민이 존경하며 따라 올 수 있는 천국문화인 된 인생을 만들어 가는 것입니다. 그러므로 우리는 늘 깨어서 기도하기를 새 사람, 새 인생, 새 문화인의 삶을 살게 해달라고 간절히 간구해야 되겠습니다.

기도의 질서

우주는 질서를 따라서 운행되고 변화무쌍한 조화를 창출합니다. 하늘의 사랑과 능력이 임하시고, 행복과 기쁨과 은혜가 충만한 삶을 영위하는 초석 중의 초석인 기도생활을 운영함에 있어서 기도의 질서는 대단히 중요하겠지요. 그 순서가 첫째는 하나님의 심정과 소원과 목적을 헤아리고 느끼고 결심하는 기도를 드려야 되고, 다음은 참부모님과 가정을 위하여, 그리고 천주와 세계 섭리를 놓고 기도 드리며, 조국 창건, 천일국 창건을 위하여 종족메시아 사명완수를 위하여, 그리고 가정과 전도할 대상자를 위하여 끝으로 이달의 섭리적 과제를 위하여, 기도를 드리게 됩니다.

그리하므로 종적인 관계와 횡적인 관계가 어우러지는 입체적인 심정과 사랑의 공동체요, 섭리의 한 생명체 된 공감을 하면서 천

일국 주인 된 의식이 돈독해지고 샘솟는 은혜 속에 늘 싱싱한 하늘의 생을 가꾸게 되는 것입니다.

기도는 하나님의 거울과 양심의 거울 앞에서 자기 자신의 전반적인 삶을 조명하고, 자기를 성찰함으로 스스로를 완성으로 만들어가는 것입니다. 기도생활을 알뜰히 챙겨 나가면 늘 신선한 은혜 속에서 매사가 기쁨으로 피어납니다.

사랑하는 식구님 여러분!

밥 먹는 것보다 더 중요한 기도생활을 삶의 첫째로 삼으시사 은혜 충만한 삶의 자리가 되시기를 축원합니다. 감사합니다.

초심부활初心復活의 참불씨

훈독말씀 : 통일교회에 들어온 이래 최대의 기록을 내보자

주체와 대상이 완전히 주고받으면 번식이 벌어진다고 했지요? '예!' 주체는 여러분이 아닙니다. 하나님이십니다. 여러분은 직접 하나님과 통할 길이 없기 때문에 선생님이 다리를 놓아주고 있습니다. 그러므로 선생님이 지금 무엇을 하고 있고, 어떠한 사명을 지시하고 있는지를 알아 가지고, 언제나 그것을 중심삼고 상대적 입장에서 주고받는 자신을 확정짓게 될 때 하나님은 같이 하시는 것입니다.

나라를 사랑하는 사람들은 어떤 사람들이냐? 금후의 미래상에 대해 누구보다도 예감을 느껴 가지고 그 방향에 대책적인 터전을 만들어 놓는 사람이 애국자입니다. 그런 사람이 있으면 그 국가는 일어서는 것입니다. 그렇기 때문에 금후에 하늘이 가야할 길이 어떠한 길이냐 하는 것을 늘 생각하고, '저에게 하나님이 같이 하셔서 그 길을 가르쳐 주시옵소서' 해야 합니다. 그래가지고 선생님이 지금 뭘 하는지, 앞으로는 뭘 할 것인지, 알고 있어야 된다는 거예요. 그런 것을 알고 미리부터 준비하는 사람은 부모 앞

에 효자가 아닐 수 없고, 나라 앞에 충신이 아닐 수 없는 것입니다.

여러분이 그런 신앙적인 체휼관을 생활적인 환경에 어떻게 관계 맺게 하느냐 하는 것이 문제입니다. 관계는 인연을 통하지 않고는 맺어지지 않습니다. 그 인연은 선생님의 인연과 여러분의 인연을 통하지 않고는 맺어지지 않는다는 것을 여러분이 알아야 되겠습니다.

그러면 지금의 뜻이 뭐냐? 사람을 모으는 것입니다. 그렇지요? 나라를 건국하기 위한 국민을 모집하는 때인 것입니다. 하늘나라를 창건하기 위한 새로운 군사를 모집하는 때라는 것입니다. 그러니 얼마나 심각합니까? 그렇기 때문에 네 마음을 다하고, 뜻을 다하고, 성품을 다하라는 것입니다.

자, 이제 여러분이 돌아가면 말예요. 이제는 선생님이 걱정을 안 해도 될 만큼 하라는 것입니다. 나이 30을 넘어 40이 가까우면 이제는 믿어도 무방할 연령들이 아니예요? 안 그래요? 이제부터 선생님에게 걱정 안 끼치겠다고 하는 사람 손들어 보세요. 틀림없이 그래요? '예!' 이제부터 다시 휘발유 통에다 화약을 집어 넣어가지고, 불을 달아 놓아야 하겠다 하는 것이 선생님 생각입니다. 그렇게 되면 여러분이 불쌍하게 되는 거라구요. 그래서는 안 되겠으니까. 여러분이 이제야말로 통일교회 들어온 이래 최대의 기록을 세우겠다' 그것이 되도록 한번 실력을 발휘해 보자, 하는 결의를 갖고 돌아가 주기를 바랍니다. 알겠지요? '예!', "하겠어

요, 안 하겠어요?" "하겠습니다." 하겠다는 사람 손드세요. 내리세
요. (60-349)

본문 말씀은 1972년 8월 18일, 청평수련소에서 주신 말씀으로서
그 당시 일선을 향해 나가는 공직자들에게 최대의 기록을 세우라
고 당부하시는 말씀인데, 어쩌면 오늘 우리들이 훈독회를 시작하
는 새로운 시점에서 그동안 못다한 충忠과 효孝를 총망라해서 천
일국 창건의 주역으로서 최고의 실적을 세워야 할 때라고 말씀해
주시고 계시는 것입니다.

오늘, 우리는 이러한 당부의 말씀을 귀담아 들으면서, 우리가
뜻 앞에 부름 받고, 하늘의 비밀을 알고, 뜻을 알고, 천국의 청사
진을 가슴에 담고, 참부모님을 모시고,
"뜻을 위해 태어난 몸, 뜻을 위해 살다가, 뜻을 위해 바치리라."
눈물로 맹세하고, 성가 맹세를 부르고 또 부르며 괴로우나 즐거
우나 감사로 탕감길을 개척하며 뜨거운 신앙길을 걸어왔고, 하늘
의 부름을 받은 소명의 불길은 그야말로 세상의 등불이었지요,
무서움이 없고, 두려움이 없고, 떨림이 없는 하늘의 용사였습니
다. 마냥 기쁘고, 마냥 즐겁고, 신바람에 취해서 이리 뛰고 저리
뛰고 했습니다. 그런데 오늘의 우리들 모습은 어떠한지 자기성찰,
자기를 재조명해보는 슬기가 있어야 되겠습니다.

참부모님께서는 세계로, 천주로, 온 인류를 끌어안으시고 촌음
을 다투시며, 하늘 섭리의 프로그램에 맞춰 끝없는 사랑과 용서
를 베푸시며, 승리 승리의 대 행진을 해 나오셨습니다.

그리하여 급기야는 천일국 창건의 기치를 내걸고, 본격적인 천

일국 창건성업에 손발을 걷어 부치고 하나님의 선 주권 국가를 제일 먼저 선민으로 선택 받은 삼천리금수강산에 세우시고자 총력전을 전개하시는 것입니다. 여기에 박자를 맞춰 나가야 할 우리 축복가정들이 정말인즉 새로운 부활의 참다운 불씨를 되살려서 불을 붙여 나가야 할 때인 것을 절감하게 됩니다.

뜻의 불씨를 다시 찾아서 불을 지펴야 되겠습니다

글방에서 스승과 제자가 화롯가에 둘러앉아서 도란도란 얘기를 합니다. 세상이 왜 이리 흉흉해졌느냐? 왜 세상에 거짓이 난무하느냐? 이런저런 생각들을 주거니 받거니 하는데 스승이 제자에게 왜 방이 썰렁하냐? 화롯불이 다 꺼진 거냐? 불이 있는지 없는지 뒤져보라고 하시는 것입니다. 인두를 가지고 이리저리 뒤져봐도 불이 안 보여서 스승께 '불이 다 죽었습니다.' 하니, 스승이 '그래, 그러면 내가 한번 찾아보자,' 하시고 화롯불이 어디 있나 하고 자세하게 뒤적거리시더니 작은 불씨 하나를 찾아서 제자에게 보이시며 '이건 불이 아니고 뭐냐?' 하시는 것입니다.

우리들의 신앙의 화로에 불이 제대로 지펴져서 방안이 훈훈하면 사랑방의 구실을 제대로 할 수 있는 것입니다. 많은 사람들이 사랑이 그리워서 사랑방에 몰려와서 사랑을 나누고, 사랑을 만들고, 사랑의 불길이 가슴마다 타오르니 서로가 은혜에 넘쳐 기쁨에 기쁨을 더하면서 행복을 노래하며 천국의 삶을 누리게 되는 것이지요.

그런데 신앙의 화로에 사랑의 불이 꺼지게 되면 냉냉하고 썰렁해서 싸늘한 가슴에 풍요를 애기하기란 괴로움에 가까운 것이지요. 그러나 우리들의 신앙화로에는 분명 사랑의 불씨가 숨어 있다는 것입니다. 제자처럼 대충 성의도 없이 불씨를 찾으려고 하면 불씨는 찾아지지 않습니다. 스승처럼 정성스럽고 진실되게, 좀 더 진지하게 불씨를 찾으면 찾을 수 있다는 것입니다. 그 불씨가 바로 초심初心의 불씨인 것입니다.

초심으로 돌아가는 슬기로움이 필요합니다

우리는 누구나 감동적인 소명의 심정을 간직하고 있습니다. 거짓의 운명에서 태어나서 한 줌의 흙만도 못한 인생을 살다가 참 인생을 알았을 때, 그리고 참생명과 참사랑과 참혈통의 주인을 모시게 되었을 때, 오마하신 재림의 주님을 맞이한 기쁨은 천하를 주고도 바꿀 수 없는 감동 그 자체였습니다. 저는 그때 그 감격을 되새기노라면 잔잔한 감동이 설레이는 가슴을 만들어 주며, 새 힘이 솟곤 합니다.

참고로 저의 초심의 심정과 감동을 간략하게 간증해 드리겠습니다. 여러 식구님들도 초심의 심정을 되살리시며 부활의 불씨를 다시 살리시기 바랍니다.

저는 입교 당시, 음성 외갓집에서 낮에는 일을 하고, 밤에는 학교를 다니는 주경야독의 인생을 살 때였습니다. 그러면서 장로교회를 다니는데 낮에는 일하느라 교회를 못가고, 새벽기도회에 냉수목욕을 하면서 다녔습니다. 정말로 하늘의 역사가 컸습니다. 저

녁에 학교 갔다 오면 밤 11시가 되고, 저녁 먹고 숙제를 하다보면 보통 1시에 자는데 새벽 4시면 정확하게 깨어서 냉수목욕하고 교회를 가게 했습니다. 그러니까 잠은 평균 3시간밖에 못 자는데 새벽기도는 철저하게 참석했습니다. 그래서 그 교회에서는 저를 장차 목사로 키우겠다고 당회에서 결의를 하였답니다. 그리고 학교에서는 공부를 제일 잘 하니까 학교의 명예를 걸고 청주고에 특차로 보내서 서울대학교에 갈 수 있도록 한다고 학교에서도 희망을 걸고 있었습니다. 그리고 집에서는 장차 한의사가 되면 돈을 갈퀴로 긁어모을 수 있다고 믿고 있었습니다. 한약방에서 일을 했으니까요.

그러던 어느 날, 원리강의 안내 쪽지를 받고 저도 모르게 끌리어서 참석을 했습니다. 원리를 듣고 웬지 모르게 기쁘고 새로운 세상을 맞이한 감격에 밤잠을 설치고, 그래서 청주의 7일수련회에 참석을 했지요(1964.12월). 7일 수련을 받고 180도로 바뀌어서 모든 것을 뒤로하고, 뜻길을 출발했던 것입니다. 12명의 수련생이 헌신을 결심하고 걸어서 임지로 갔습니다. 복귀의 보따리 메고 음성에 도착해서 장로교회를 졸업하고, 외갓집 한약방 일을 그만하고, 청주고등학교 가는 것을 뒤로하고, 정말이지 뜻에 미쳐서 자전거에 마이크와 배터리를 싣고 노방전도를 시작했던 것입니다. 그 때 음성이 발칵 뒤집혔습니다. 아까운 사람 버렸다고 장로교회에서, 학교에서, 친척집에서, 고향에서, 핍박의 화살이 날라왔습니다만, 늠름하게 일편단심으로 오늘까지 절대불변 초지일관으로 헌신 공직의 길을 걸어 왔습니다.

사랑하는 식구님 여러분! 하나님이 우리를 찾아오신 복귀의 심정이나 복귀의 수고를 알면 알수록 우리의 가슴은 벅찬 감동으로 가득 채워집니다. 그리고 참부모님께서 우리를 양육해주신 손길을 느끼면 느낄수록 송구스러운 심정을 헤아리게 됩니다. 이제 우리는 정말 초심의 참불씨를 되지피는 슬기와 용기를 발휘해야 되겠습니다.

정말 진지하게 우리의 마음속 깊이 있는 사랑의 불씨를 찾아서 살려야 되겠습니다.

불씨는 불을 붙일 대상이 있어야 됩니다

아무리 작은 불이라 해도 그 불에다 종이를 붙이면 불길이 일어납니다. 우리의 가슴속에 살아 있는 작은 사랑의 불이 상대를 만나면 붙게 마련입니다. 그 초심의 불씨로 우선 내가 불을 붙이고, 그 다음엔 부부가, 그 다음엔 가족에게, 그 다음엔 친척들에게, 그러다 보면 그 불길이 이웃으로 동료들에게로 친구들에게로 번져나가게 마련입니다. 본문 말씀에 주체와 대상이 완전히 주고받으면 번식이 벌어진다고 했습니다.

그 주체가 바로 하나님과 참부모님이라고 하셨습니다. 그렇습니다. 우리들의 첫신앙, 첫사랑, 첫심정, 첫은혜가 불붙었던 것은 하나님과 참부모님께 전적으로 맡기고 간절함에 사무쳐서 하나된 상태가 되었을 때 놀라운 역사가 만들어졌습니다. 하나님이 바로 참사랑의 발전소요, 참부모님이 참사랑의 송전소 역할을 하시므로 하나 되기에 힘쓰고 사무치면 심정의 불, 사랑의 불, 뜻에

사무치는 열정은 활활 타오르게 되리라 믿습니다. 이제 우리는 섭리의 운명을 판가름해야 할 결정적인 시대를 맞이했고, 생사의 결단으로 절대 승리를 해야 될 숙명과제가 훈독회를 통한 천일국 완성에 있습니다.

섭리의 끝가지에서 꽃이 피고, 열매가 맺습니다

섭리나무의 뿌리는 하나님이요, 그 밑둥은 참부모님이요, 줄기와 가지는 교회요, 끝가지가 바로 훈독회입니다. 이제는 교회가 심정문화교육센터로서 교육을 하는 장소요, 문화를 만드는 교육장인데 교육받을 사람을 만나고 인연 맺는 장소는 훈독회 모임 장소입니다. 그래서 끝가지에서 꽃이 피고, 열매가 맺듯이 이제 섭리의 결실이 이루어지는 곳은 훈독회 하는 곳입니다. 뿌리에서 영양분을 공급해주고 줄기나 가지는 영양분을 전달해주고 끝가지에서 결실의 역사를 만드는 것입니다.

뿌리와 줄기 가지와 끝가지 모두는 둘이 아닌 하나요, 같은 목적을 달성하기 위한 공동생명체요, 하나로 어우러지는 한 유기체로서의 섭리 생명체입니다. 그러므로 희로애락이 같고, 그 삶의 값이 같습니다. 그러므로 우리는 하나님의 한 몸이요, 섭리의 한 몸이요, 참부모님의 지체로서의 사랑과 심정의 공유체요, 하나님과 참부모님과 동위권, 동등권, 동참권이 공유되는 하나님의 참자녀 된 축복가정이라는 공동 숙명체인 것입니다. 이것이 우리의 영원한 정체성이요, 새 하늘과 새 땅을 창조하는 천일국의 참주인이라 하겠습니다.

사랑하는 참 형제자매 여러분!

우리는 분명 참혈통을 이어받은 하늘의 족속들입니다. 우리는 사탄과 짝하여 세속의 물결에 허덕이는 죄악의 족속들을 하늘의 참족속으로 인도해야 할 '구세의 사명'이 있음을 잊어서는 안 되겠지요. 참부모님의 분신 된, 대신자로서의 성숙한 축복가정의 사명과 책임을 멋지게 완수하기 위하여 훈독회에 참사랑의 불, 참말씀의 불을 붙여 가십시다. 감사합니다.

콩 심은데 콩 나고, 팥 심은데 팥 난다

훈독말씀 : 생명을 심어야 생명이 나오는 것

지금 때는 교체하는 때입니다. 여기에는 서양사람, 동양사람이 없습니다. 흑인, 백인이 없다구요. 학, 박사도 마찬가지입니다. 사람이 살아남기 위해서는 하루에 세끼 밥을 먹듯이, 생명의 근원되는 말씀을 먹는 훈련이 하나님을 찾아가는 가까운 길입니다. 콩을 심으면 콩이 나오고, 팥을 심으면 팥이 나오는 것과 마찬가지로 생명을 심어야 생명이 나오는 것입니다. 역사를 통해 가지고 심어진 생명의 씨가 가을이 되어 수확하려면 하나님의 복귀섭리가 끝날 때까지 계속적으로 투입하고 노력해야 됩니다. 그걸 찾기 위해서는 계속적으로 박자를 맞춰야할 운명에 서 있기 때문에 거기에 기도라는 방법, 정성이라는 방법, 수양이라는 방법이 필요한 것입니다.

하나님이 이 세계를 움직여 나왔던 그 곡선이 얼마나 높고 크겠나 생각 해 보라구요. 그렇게는 못 하더라도 흉내를 내야 됩니다. 자, 이렇게 따라 가다 죽는다고 하면, 모세의 사체라든가 야곱의 사체를 가지고 싸우는 것과 마찬가지로 죽더라도 이 길을 따라

가려다 죽으면 하늘 편에 가는 것입니다. 여러분이 자기 나라에서 죽는 게 행복하겠어요. 이방 나라에서 객사하는 것이 행복하겠어요? 자기 나라를 구하고, 세계를 구해 가지고 자기 나라에 애국정신을 심어 주다가 죽으면 그 나라의 위대한 성인이 되는 것입니다.

이렇게 볼 때 여러분은 몇 점짜리냐 이거예요. 몇 점짜리인지 여러분은 잘 압니다. 다 잘 안다구요. 다 알지요? 선생님이 영계에 가 앉았다 하면 여러분이 선생님의 정면에서 아버지! 하고 뛰어올 수 있겠어요? 얼굴을 옆으로 하고 뛰어올 것 같아요, 정면으로 하고 뛰어올 것 같아요, 숙이고 뛰어올 것 같아요?

선생님도 하나님 앞에 마찬가지라구요. 선생님은 그 때가 오기 전에, 때 이상의 것을 언제나 더 해 나왔지 명령 받고 하지 않았습니다. 내 갈 길을 아니까 명령 받지 않고 다 해나온 것입니다. 이러니까 하나님이 나를 찾아와 가지고, 내 길을 대비해 주시는 것입니다. 하나님이 찾아 온다구요.

흐르는 물은 반드시 바다에 들어가는 것입니다. 바다에 들어가면 짠물이 있다는 걸 모른 다구요. 색깔은 같습니다. 그렇지만 맛은 다르다는 것입니다. 단물과 바다의 짠물은 그 맛이 다르다구요. 그 차이를 어떻게 극복할 것이냐? 단물이 나는 단물이니까 짠물과 섞일 수 없다고 할 수 있어요? 단물은 바다에 들어가자마자 짠물이 되어버리는 것입니다. 그와 마찬가지라는 것입니다. 그렇지 않고는 그 세계에서 자동 추방되는 것이라구요. 큰일 난다구요. 선생님이 그런 걸 알았기 때문에 죽을 각오를 하고 나선

것입니다. (245-307)

우리는 섭리의 새 봄을 맞아서 참씨앗도 뿌리고, 말씀을 삼천리 방방곡곡에 울려 퍼지도록 하는 훈독 국민화를 해야 천일국이 창건되는 기틀이 된다는 우리의 현실 과제를 분명하게 가슴 깊이 새기었습니다. 오늘의 메시지는 마치 농부가 콩을 심으면 콩이 나오고, 팥을 심으면 팥이 난다는 평범한 진리를 일깨워 주십니다.

아담 가정에서 심은 씨앗과 우리가 심어야 할 씨앗

인류 최초의 가정에서 심은 씨앗은 죄의 씨앗이요, 전쟁의 씨앗이었습니다. 하나님께서 가장 정성을 드려서 핵심으로 창조해주신 사랑의 궁전을 누시엘이 도적질해 가서 거짓의 왕궁으로 만들었습니다. 현대적인 용어로 말하면 최초의 성폭행을 한 것입니다. '성 폭행의 씨앗'을 심어 놓았기에 세상 끝날의 말세현상이 바람난 사회를 만들어 놓았습니다. 1년에 성폭행으로 말미암아 불행한 임신을 낙태하는 '복중 살인 행위'가 백만건에 이른다고 하니 사회 악 중의 악이요, 세상이 자멸돼 가는 비극의 현상입니다.

2005년 23일자 신문을 보니 스와핑 족속이 독버섯처럼 번지고 있어 사랑의 윤리가 짓밟히고, 상처에 상처를 더해서 시궁창으로 전락하는 성문화가 나라를 망치는 망국병으로 세상을 위협하고 있습니다. 성폭행의 사례는 상식을 넘어서 인간이기를 포기한 현상들이 너무나 많아서 에이즈가 발생하고, 수많은 사람들을 죽음

의 구렁텅이로 몰아가고 있습니다.

에이즈의 예방은 너무나 간단하고 쉽습니다. 성윤리만 바로잡으면 해결되는 병인데 자기 파멸을 알면서도, 자기 가정의 비극을 알면서도, 죽음의 늪 속에서 허덕이는 현상은 사망의 뿌리를 해결하지 못하기 때문입니다. 그 사망의 뿌리가 거짓사랑, 거짓생명, 거짓혈통의 원천이요, 원죄의 시원인 성범죄에 있는 것입니다. 성문화가 썩으면 세상이 부패되고, 뿌리 째 흔들리는 혼란의 사회가 되므로 도덕, 윤리, 가치가 상실되어 금수의 세상으로 전락하는 것입니다. 그야말로 개 돼지만도 못한 세상으로 곤두박질하게 되는 것입니다. 이 모든 슬픔의 현상은 죄의 씨앗에서 비롯된 것입니다.

이제는 참씨앗을 심지 않으면 안 될 급박한 정황이 우리 앞에 놓여 있습니다. 누가 참씨앗을 심을 수 있겠습니까? 오늘날 우리 사회에는 많은 종교, 교육, 정치, 문화가 있습니다만 참씨앗을 아는 자, 소유한 자가 없습니다.

우리만이 하나님, 참부모님으로부터 참사랑, 참생명, 참혈통을 상속받은 참씨앗을 소유한 자들입니다.

세상에는 나름대로 잘났다는 자들이 많이 있습니다만 그 본질을 따져보면, 그 근원을 찾아보면 거짓된 부모로부터 유래된 죄악의 후손이기에 거짓의 정도는 다를지라도 그 뿌리는 죄라는 것을 부정할 수 없습니다. 그러므로 죄의 운명 속에서 태어난 모든 사람은 참 부모를 만나야 참씨앗을 얻을 수 있는 것입니다. 세상 끝날에 하늘이 주시는 복음 중의 복음의 메시지는 참부모, 참가정

118

의 원리입니다. 참부모 종교가 마지막 섭리의 결실 종교요, 참가
정 원리가 천국의 청사진입니다.

구약시대는 종의 종교요, 신약시대는 양자의 종교요, 성약시대
는 부모의 종교로서 시대를 따라서 발전되어 왔습니다. 그러므로
참부모, 참가정 종교는 섭리의 때를 따라서 나올 수밖에 없는 섭
리의 결실 종교요, 결실 원리입니다. 그러므로 참부모는 인류의
참부모요, 참가정은 인류 모두가 이루어야할 절대과제입니다.

이제 우리는 참씨앗을 상속 받은 자들로서 만민의 가슴 밭에 참
씨앗을 심는 사명을 충실히 수행해야 하겠습니다. 입을 도구 삼
아서 끝없이 축복의 메시지를 전해야 되겠습니다. 우리가 입을
다물고 있으면 하늘도, 땅도, 만민도 답답해서 죽을 지경에 이르
게 됩니다. 우리가 입을 열어 참씨앗을 심는 축복의 메시지를 전
하면 하늘과 땅과 만민이 새 생명을 얻고, 기쁨과 환희의 춤을
추게 될 것입니다. 이제 우리는 참씨앗을 섭리의 새 봄에 만민의
가슴 밭에 마음껏 심는 사역을 다해야 되겠습니다.

아담 가정에서 가인이 아벨을 살해하므로 전쟁의 씨앗을 심었기
에 인류 역사는 전쟁의 피비린내로 얼룩져 왔습니다. 지금도 세
계 도처에서 크고 작은 전쟁이 인류의 평화를 위협하고 있습니
다. 어찌하면 좋겠습니까? 이제 우리는 인류의 가슴 밭에 평화의
씨앗을 심어야 할 섭리적 직무가 있습니다. 그 평화의 씨앗은 바
로 참사랑입니다. 참사랑은 하나님의 원천적 사랑입니다. 그러므
로 우리는 하나님 주의 참사랑을 만민에게 가르쳐줘야 될 거룩한
직무를 부여 받았습니다. 이 직무를 아름답게 수행해야 할 교육

사역에 지성을 다해야 되겠습니다. 그러므로 우리의 거룩한 봉사는 교육봉사입니다. 무지를 깨워서 참평화의 길로 안내하는 것은 영원한 행복을 보장해 주는 것이기에 이보다 더 큰 봉사가 없습니다.

이제 우리는 우리 안에 갈등과 혼란을 조장하는 거짓사랑을 청산하고 자유와 행복과 평화의 참씨앗인 참사랑을 만인의 가슴 밭에 밤낮으로 심고 가꾸는 천일국 주인이요, 일꾼 된 사역을 훌륭하게 수행해 나가야 되겠습니다. 그리하여 인격이 짓밟히는 사회악, 빗나간 성문화를 바로잡고, 갈등과 투쟁의 고리를 끊고, 평화의 왕국을 가꾸어 가는 '참사랑 문화의 세계'로 모두를 안내해 나가야 되겠습니다.

선善을 심으면 선善이 나게 마련입니다

미국의 역사에 재미있는 통계가 있습니다. 독립 200년을 총정리해 보면서 여러 가지 분야에 원인과 결과를 통계로 답을 도출해 내면서 교훈을 얻고자 한 노력이 있습니다. 그 가운데는 영국의 청교도들이 신앙의 자유를 찾아 1960년에 메이풀라우어 호Mayflower 號를 타고 아메리카 대륙으로 이주를 했는데, 그 청교도 일단을 필그림화더즈Pilgrim Fathers라고 합니다. 도착한 후에 그들이 맺은 민주적인 사회계약을 그 배의 이름을 따서 메이플라우어 콤팩트 Mayflower Compact라고 합니다. 그들이 새로운 천지를 찾아서 개척정신으로 새 역사를 만드는 데 그 순서가 하나님을 모시는 교회를 먼저 세우고, 교육을 위한 학교를 세우고, 삶의 터전인 집을

짓고, 그리고 나서 민주주의 역사를 시작했습니다. 그들 가운데 두 부류의 인생을 비교해서 200년 후의 결과를 통계수치로 인과응보因果應報의 교훈을 준 것이 있습니다.

한 사람은 '에드워-드'란 사람인데 신앙이 투철한 교육자였습니다. 그런데 그의 자손 600여 명을 통계로 내 본 결과; 목사 선교사가 100명, 변호사 100명, 대학 교수 78명, 재판관 30명, 부통령 상원의원 등 관리가 83명, 문인 작가 60명, 의사 60명, 육해군 장교 70명, 철도 은행 지배인 15명 등으로 나타났습니다. 한편 '아다요-크'란 사람은 신앙이 미약하고 요정업을 했습니다. 역시 부인 5명에게서 태어난 후손 1000여 명을 조사해 보니까, 거지가 310명, 전과자가 130명, 절도 상습범이 60명, 살인범이 7명, 창녀 성병환자 440명, 상인이 60명 등으로 나타났습니다.

똑같은 배를 타고, 똑같이 도착해서 똑같이 인생을 시작했는데 200년이 지나서 후손들이 살아 온 신분을 보면서 원인과 결과, 인과응보, 콩 심은 데 콩 나고, 팥 심은데 팥 나는 순수한 이치를 똑바로 깨닫게 해 줍니다.

인생은 핏줄을 따라서 계속 이어집니다. 오늘 우리가 삶의 시간을 통해서 똑같은 이목구비로 인생을 꾸미어 감에 신앙적 인생인가, 비신앙적 인생인가? 교육적 인생인가, 비교육적 인생인가? 참인생인가, 거짓 인생인가? 올바른 인생인가, 그릇된 인생인가? 진실된 인생인가, 비진실된 인생인가? 훈독 인생인가, 안 훈독 인생인가? 등등의 질문을 자나 깨나, 앉으나 서나, 오나가나, 스스로의 양심에게 '질의응답'하는 삶이 알뜰해야 되겠습니다. 그래

서 참부모님께서 알으켜 주신 'O'와 'X'로 자기 점검의 삶, 자기 채점의 삶을 매일매일 차곡차곡 쌓아가노라면 우리들의 후손들은 참다운 인생의 아름다운 삶으로 답을 해 주겠지요. 오늘 우리들의 작은 선의 행함이 내일의 커다란 선善과 의義의 원인이요, 씨앗이 되고 있다는 사실을 실감하면서 그 나라와 그 의를 성취하기 위하여 최선을 다해야 되겠습니다.

우리는 이상적인 세상을 만들어 가는 원인적 인생입니다

우리는 누구입니까? 우리는 모래알같이 많은 사람 가운데서 선택받은 참 부모님의 무리들입니다. 하나님의 육천 년 기나긴 섭리 세월의 피땀 눈물이 응결된 실체요, 새 말씀으로 빚어진 새 인격체들이고, 참사랑으로 용해된 기쁨의 실체들이며, 영원한 환희와 영광의 나라에 참조상들입니다. 그렇기에 우리의 삶 하나하나가 너무나 고귀하고 소중한 것이기에 우리들로 말미암아 인류의 소원인 이상세계가 만들어져 가고 있는 것입니다.

그러므로 우리의 땀방울 하나하나에 역사와 인류가 내포되어 있고, 우리의 손길 하나하나에 오늘과 내일의 운명이 걸려 있습니다. 이제 우리는 죄악에 얽매여 삶의 의미를 상실한 무의미한 인생, 경제적 노예 같은 인생, 행복을 찾아 허덕이는 인생, 가치의 혼돈 속에서 그냥 될 대로 되라는 인생, 썩어지는 물결에 떠밀려 가는 인생들을 구제해야 될 특별 사명을 자각하고 참길잡이로서, 참스승으로서, 참치유자로서, 참다운 가교 역할을 다하는 참축복 가정 된 직분을 다해야 되겠습니다.

이런 말이 있습니다. 꿩을 잡는 것이 매라고 합니다. 내가 매라고 멋있는 날개를 뽐내도 꿩을 못 잡으면 매의 가치가 없습니다. 우리가 축복 가정으로서 세상 사람들을 축복 가정 만들어야 축복 가정의 가치와 행복이 있는 것입니다. 그러 하온즉 이제는 눈에 불을 켜고 전도의 열정을 발휘해야 되겠습니다. 전도는 지극히 거룩한 참생명의 창조 사역입니다. 우리에게 주워진 삶의 자리가 재창조의 전당으로 활용하시기 바랍니다. 그 자리에 무한한 기쁨의 보람이 충만 하시기를 축원합니다. 감사합니다.

깊은 데로 가서 그물을 내려 고기를 잡아라

훈독말씀 : 누가복음 5장 1절에서 11절까지

무리가 옹위擁圍하여 하나님의 말씀을 들을 때 예수는 게네사렛 호숫가에 서서 호숫가에 두 배가 있는 것을 보시니 어부들이 배에서 나와서 그물을 씻는지라.

예수께서 한 배에 오르시니 그 배는 시몬의 배라 육지에서 조금 떼기를 청하시고 앉으사 배에서 무리를 가르치시더니 말씀을 마치시고 시몬에게 이르시되, 깊은 데로 가서 그물을 내려 고기를 잡으라. 시몬이 대답하여 가로되, '선생이여, 우리들이 밤이 맞도록 수고를 하였으되 얻은 것이 없지마는 말씀에 의지하여 내가 그물을 내리리이다.' 하고, 그리한 즉 잡힌 고기가 심히 많아 그물이 찢어지는지라.

이에 다른 배에 있는 동무를 손짓하여 와서 도와 달라 하니 저희가 와서 두 배에 채우매 잠기게 되었더라. 시몬 베드로가 이를 보고 예수의 무릎아래 엎드려 가로되, '주여, 나를 떠나소서. 나는 죄인이로소이다.' 하니, 이는 자기와 함께 있는 모든 사람이 고기 잡힌 것으로 인하여 놀라고, 세베대의 아들로서 시몬의 동

업자인 야고보와 요한도 놀랐음이라. 예수께서 시몬에게 일러 가라사대 '무서워 말라, 이제 후로는 네가 사람을 취하리라.' 하시니 저희가 배들을 육지에 대고 모든 것을 버려두고 예수를 좇으니라.

예수님께서 하나님 나라의 말씀을 전하시는 전도 초기에 게네사렛 호숫가를 찾아 가시게 되었는데, 베드로, 야고보, 요한 등이 밤새껏 고기를 잡고 배에서 내려 피곤한 모습으로 그물을 씻고 있었습니다. 예수께서 가까이 가셔서 시몬 베드로에게 말씀하시기를 '깊은 데로 가서 그물을 내려 고기를 잡으라.' 하시니, 시몬이 대답하기를 '선생이여, 우리들이 밤이 맞도록 수고를 하였으되 얻은 것이 없지마는 말씀에 의지하여 그물을 내리리이다.' 하고 과연 깊은 데로 가서 그물을 내리니 뜻밖에 잡힌 고기가 심히 많아 그물이 찢어질 지경이 되었습니다. 그는 다른 동료들을 급히 불러서 고기를 두 배에 채우매 배에 고기가 가득하게 되었습니다.

베드로가 이를 보고 예수님의 무릎아래 엎드려 말하기를, '주여 나를 떠나소서 나는 죄인이로소이다.' 라고 하니 예수님께서 말씀하시기를 '무서워 말라, 이제 후로는 네가 사람을 낚는 어부가 되리라.'고 하였다는 것이 오늘 본문의 내용입니다.

베드로가 예수님의 말씀을 따라 깊은 데로 가서 그물을 내릴 때 많은 고기를 잡을 수 있었던 것처럼 우리들의 신앙생활도 좀더 깊은 데로 가서 그물을 내릴 때 많은 영육간의 수확을 얻을 수

있다는 깊은 깨달음을 얻게 해 줍니다. 베드로는 실로 이 경험을 통하여 신앙의 길에 들어서게 되었고, 예수님의 발아래 엎드리는 새로운 변화를 가지게 되었으며, 죄인으로서의 자신에 대한 새로운 인식과 아울러 고기를 낚는 어부에서 사람을 낚는 어부에로의 놀라운 내적 변화를 가져오게 된 것입니다. 이제 오늘 우리도 깊은 데로 가서 그물을 내려 고기를 잡으라는 말씀을 깊이 음미하며 베드로의 새로운 깨달음을 우리의 새로운 깨달음으로 생각해 보는 메시지가 되기를 바라게 됩니다.

첫째로 순종의 깊은 데로 신앙의 그물을 내려야 되겠습니다

시몬베드로는 깊은 데로 가서 그물을 내려 고기를 잡으라고 하신 예수님 앞에서 '선생이여, 우리들이 밤이 맞도록 수고를 하였으되 얻은 것이 없지마는 말씀에 의지하여 내가 그물을 내리 리이다.' 라고 그대로 순종하므로 가능과 기적의 축복을 받을 수 있었던 것입니다.

성경에는 순종에 대한 교훈이 많이 있습니다. 사무엘상 15장 22절엔 순종이 제사보다 났다고 하였고, 사도행전 5장 32절에는 순종하는 자에게 성령을 주신다고 하였으며, 히브리서 13장 17절에는 너희를 인도하는 자에게 순종하고 복종하라고 하였습니다. 무릇 순종보다 귀한 신앙인의 품성은 없으며, 순종의 행위 이상 큰 덕은 없는 것입니다.

하나님 창조의 사역이 절대 복종의 심정으로 한 치의 빈틈도 없이 지으심같이 재창조의 복귀섭리도 절대복종의 심정으로 일구월

심 절대불변의 절대 신앙으로 절대순종의 도리를 따라서 섭리의 성취여부가 결정되어 온 복귀의 섭리 역사였습니다.

우리 신앙의 향상을 방해하는 큰 병은 불순종이란 병입니다. 순종이 없는 생활은 곧 거역하는 생활로써 거기에는 은혜와 번영과 그리고 축복의 향상이 성립할 수 없는 것입니다. 순종 할줄 모르는 자는 언제까지도 그 신앙이 자라지 못하고 제자리걸음을 할 수밖에 없는 것입니다. 우리의 신앙이 성장되고 알차게 영글기를 원한다면 뜻의 성취를 위한 제반 사항에, 세상을 재창조하는 복귀섭리의 제반 과제에, 하나님과 참부모님의 소원 성취, 목적 달성을 위한 전체, 전반 사항을 순종의 아름다운 미덕으로 일심, 일념, 일체, 일화, 통일된 섭리적인 삶을 영위 하고자 혼신을 다할 때 빛나고 향내 나는 하늘의 인생이 가꿔질 것입니다. 실로 참부모님께서 우리에게 본보여 주시며 성취해 나가시는 섭리의 삶은 절대충효로 일관된 삶이셨습니다. 비가 오나 바람이 부나 사탄의 핍박의 칼바람이 휘몰아쳐도 감옥에서 모진 고문을 받으시고 피를 토하시면서도 절대복종의 충효 삶을 사시었기에, 하늘도 감동되고 사탄도 감동되어 섭리의 과제가 해결되고 하나님의 기반이 점점 더 확대되어 왔던 것입니다.

본문의 베드로의 경우, 그물을 내리는 일은 이미 밤새도록 되풀이한 일이었고 몸은 지칠 대로 지쳐 있었습니다. 더군다나 어부로써의 경험이 풍부한 그의 판단으로써는 새롭게 그물을 내려봤자 헛수고에 그칠 것이 뻔한 일이었습니다. 허지만 베드로는 주님의 말씀에 무조건 순종하였던 것이니 여기에 베드로가 축복을 받게 된 중요한 요인과 비결이 있었던 것입니다. 그러므로 그는

바다의 깊은 데서 많은 수확을 얻었다기보다 순수한 마음을 바탕으로 한 순종의 깊은 신앙으로 많은 축복의 수확을 가져올 수 있었던 것입니다. 오늘 우리는 베드로보다 더 낳은 절대순종의 절대 신앙으로 불순종의 격랑을 헤치고, 순종의 깊은 데로 신앙의 그물을 내리므로 말미암아 영육간에 많은 축복을 수확할 수 있기를 축원 드립니다.

둘째 우리는 겸손의 깊은 데로 그물을 내려야 하겠습니다

본문 5장 8절에 베드로가 예수님의 무릎에 엎드려 '주여 나를 떠나소서, 나는 죄인이로소이다'라고 고하였으니 겸손의 골짜기로 깊이 내려간 그의 낮아진 모습을 볼 수 있습니다. 성경 잠언서 16장 18정에 '교만은 패망의 선봉이요, 거만한 마음은 넘어짐의 앞잡이니라.' 고 하였습니다. 베드로 전서 5장 5절에는 '하나님이 교만한 자는 대적하시되, 겸손한 자들에게는 은혜를 주시느니라.' 고 하였습니다.

무릇 교만처럼 신앙을 방해하는 요소가 없을 것입니다. 독일의 극작가 럿싱은 '모든 위대한 사람은 겸손하다.' 라고 하였거니와 교만한 마음에는 큰마음 또한 좋은 마음을 가진 자가 많지 않습니다. 겸손의 골짜기에서만 고매한 하나님의 모습을 닮을 수 있고, 겸손의 극치에서 신앙의 극치를 이룰 수 있는 것입니다. 베드로의 경우 그가 낮선 길손 앞에서 자기의 인간적 방편을 고집했다면 그냥 고기잡이 인생으로 남았을 것입니다.

그러나 그가 예수님의 발아래 엎드려 '주님, 저는 죄인입니다.

제게서 떠나 주옵소서.' 라고 말할 때, '무서워 말라, 이제 후에는 사람을 취하리라.' 는 놀라운 주님의 소명을 받았던 것입니다. 교만은 멸망의 선봉이라 했으니, 사울은 교만하다가 왕위를 잃었고, 느보갓네살은 교만하다가 7년 동안이나 광야에 나아가 짐승 노릇을 하였으며, 아그립바는 교만하다가 벌레에 먹혀 죽었던 것입니다.

겸손의 결여는 보충하기가 매우 어렵습니다. 겸손이 없으면 아름다운 것도, 우아한 것도, 재미나는 것도 다 실증이 나는 것입니다. 결국 교만한 마음의 소유자는 하나님에게서 뿐만 아니라 사람에게도 마침내는 버림을 받고 마는 것입니다. 우리의 마음속에 이처럼 끈질기게 자리 잡고 있는 교만을 버리기 위해서는 겸손의 깊은 바다로 내려가 신앙의 그물을 쳐야 되는 것입니다. 교만이 있으면 인권을 유린하기 쉽습니다. 천일국의 법에 '인권유린을 하지 말라.' 는 천법天法이 있습니다.

마태복음 11장 29절에 예수님이 친히 말씀 하시기를 '나는 온유하고 겸손하니 네 멍에를 메고 나를 배우라.' 고 하셨고, 잠언 29절 23절엔 '사람이 교만하면 낮아지게 되겠고, 마음이 겸손하면 영예를 얻으리라.' 고 하셨습니다. 성 어거스틴은 말하기를 '신앙의 덕은 첫째도 겸손, 둘째도 겸손, 셋째도 겸손'이라고 하셨습니다. 베드로는 어부로서의 자기의 고기잡는 기술, 풍부한 경험, 바다에 대한 전문 지식을 다 버리고 겸손히 주님의 부르심에 응답하므로 사람을 낚는 어부로 축복을 받을 수 있었던 것입니다. 우리들의 마음 한 구석에 도사리고 있는 교만의 마음이 있다면 과

감히 다 버리고 겸손의 깊은 바다에 신앙의 그물을 던지는 슬기가 있어야 되겠습니다.

셋째로 우리는 말씀의 깊은 바다에 그물을 내려야 되겠습니다

본문 5절에 베드로는 말씀에 의지하여 그물을 깊은 데로 던지게 된 것입니다. 말씀의 깊은 바다에서 내 영혼의 영원한 양식을 발굴하여 섭취하면 우리는 늘 활기찬 하늘의 삶을 영위해 나갈 수 있는 것입니다. 말씀을 읽고, 듣고, 익히고, 느낄 때 우리의 신앙은 날로 무럭무럭 활기찬 성장을 할 수 있는 것입니다. 말씀은 창조의 원자재요, 능력의 자원이며 생명의 양식이기에 몸을 관리하기 위하여 몸의 양식을 잘 섭취하듯이 영의 인생을 잘 관리하기 위하여 말씀을 원만하게 섭취해야 되는 것입니다. 욥은 '하나님의 말씀을 음식보다 중하게 여겼노라.' 라고 하였고, '에레미야는 내가 주의 말씀을 먹었기에 기쁨과 즐거움이 있었노라.' 고 하였으며, 시편119편에 주의 말씀이 내입의 꿀보다도 더 달다고 하였습니다. 우리는 참부모님의 말씀을 읽고, 새기고 느낄 적마다 심오한 하늘의 심정과 참다운 인생의 가치를 터득하며 끝없는 감사를 머금게 됩니다. 말씀은 삶의 원동력이요, 극복의 원동력이 되는 것입니다. 신앙생활의 어려움을, 현실의 고난을, 갖가지의 십자가 감내를, 바로 말씀의 능력으로 극복하게 되는 것입니다. 말씀은 천국생활의 청사진이요, 길잡이입니다. 우리가 말씀으로 하나 되어 말씀의 가정을 꾸밀 때 매사가 예방되고, 극복 되고, 형통되는 것입니다. 말씀은 인격의 제반 요소, 속성, 뼈대를 만들

게 되므로 말씀으로 사는 삶은 인격완성의 지름길을 사는 것입니다.

끝으로 우리는 은총의 깊은 바다에 신앙의 그물을 내려야 되겠습니다

베드로는 주님의 말씀을 순종으로 응답함으로써 고기 잡는 어부에서 사람을 낚는 어부가 되는 놀라운 은혜를 받게 되었습니다. 하나님께서 그 자녀인 인간에게 주시는 복을 다 받을 수 있기를 바랄 때 인간이 해야 할 책임은 하나님께 절대복종하라는 것입니다. 하나님의 은총이 임하시는 자리는 사탄의 참소가 없는 자리입니다. 사탄의 참소가 있을 수 없는 신앙의 항목은 절대사랑, 절대복종, 절대신앙의 자리입니다.

하나님의 제1속성이 절대성이기 때문입니다. 오늘날 갖가지 주의, 갖가지 이념, 갖가지 가치관이 갈등과 혼란을 초래하는 것은 절대적인 근본주의, 절대적인 이념, 절대적인 가치관이 없어서 이기주의가 난무하고 주의 주장이 난무하여 대혼란을 야기하고 있는 것입니다. 그러므로 궁극의 최고 최상의 주의와 가치관은 절대자이신 하나님, 인류의 부모 되시는 하나님, 우주의 근원자이신 하나님 주의로 시작해서 하나님의 이상이 실현되는 지상천국, 천상천국을 이루어 모두가 기뻐하는, 모두가 만족하는, 한 몸과 같은 공생·공영·공의의 세상을 만드는 데 있습니다. 그러자니 우리들의 기초신앙의 밑바탕에 하나님의 순수한 신성이 탄탄하게 자리 잡고 있어야 합니다.

오늘 우리들에게 주신 말씀을 깊이 되새기며 순종의 깊은 바다, 겸손의 깊은 바다, 말씀의 깊은 바다, 은총의 깊은 바다에 신앙의 그물을 내리고 영의 삶이나, 육의 삶이 날로 성장 되고, 발전되어 한 점 부끄러움이 없고, 한 점 후회함이 없는 하늘의 인생을 알뜰살뜰 꾸미시는 식구님들의 삶의 자리가 되시기를 축원 드립니다. 감사합니다.

모심의 생활이 복의 근원입니다

훈독말씀 : 여러분은 영계에 있는 영인들에게 절대로 질 수 없습니다.

여러분이 참부모를 사랑 한다면 절대로 질 수 없습니다. 만일 여러분들이 영인들에게 '나는 참부모를 이토록 사랑하는데, 여러분 영인들은 무엇을 했소?' 하면서 그들을 참소할 수 있다면, 여러분이 제일가는 부자가 될 것입니다.

만일 참부모를 서로 사랑하겠다고 식구들 간에 싸움이 벌어지게 되면 하나님이 그 싸움을 보시고 뭐라고 하겠습니까? 그렇게 싸우다가 만일에 하나가 죽게 되면 하나님이 어떻게 심판하시겠습니까? 하나님이 그들을 교수대로 끌고 가실 것 같습니까? 의심할 것도 없이 하나님은 그 두 사람을 불러서 그들을 참부모를 사랑하는 모델로 세우시고, 다른 사람들에게도 그들이 참부모를 사랑하기 위해서 싸웠던 것처럼 참부모를 사랑하라고 하실 것입니다. 이것이 바로 기준입니다.

즉, 하나님과 영인, 모든 사람들은 참부모를 주시해야 한다는 것입니다. 이제 우리는 우리 생활 가운 데서 이것을 생각해야 합니다. 선생님이 하는 말이 사실이라면 그 문제가 중요합니다. 여

러분은 그 기준에서 얼마나 동떨어져 있습니까? 지금부터라도 우리는 이것을 위해 기도해야 되겠습니다.

참부모를 따르는 모든 사람들은 눈물 없이는 갈 수 없습니다. 우리는 위해서 살아야 됩니다. 그리고 비록 우리가 최선을 다한다 하더라도 우리는 하늘에 대해서 죄송한 마음을 가져야 합니다.

여러분이 참부모의 심정적인 내용을 얼마나 알고 있습니까? 또, 혈통문제, 인격문제, 말씀의 문제, 생활의 문제, 그리고 국가관, 세계관, 천주관이 참부모와 얼마나 하나 되어 있습니까? 이것은 여러분이 진정한 의미에서 하나님의 참아들딸들이 될 수 있느냐 하는 문제를 결정짓는 모체가 되는 것입니다. 여러분 자체만 가지고는 불안하기 때문에 어떻게 여러분을 참부모와 연결시키느냐 하는 것이 문제입니다. 근원이 없으면 안 됩니다. 즉, 그 핵심이 없어가지고는 안 된다는 것입니다. (28-249)

신약 말씀 : 마태복음 22장 34절에서 40절까지

예수께서 사도개인들로 대답할 수 없게 하셨다함을 바리새인들이 듣고 모였는데, 그 중에 한 율법사가 예수를 시험하여 묻되 '선생님이여, 율법 중에 어느 계명이 크나이까?' 예수께서 가라사대 '네 마음을 다하고, 목숨을 다하고, 뜻을 다하여 주 너의 하나님을 사랑하라.' 하셨으니 이것이 크고 첫째 되는 계명이요, 둘째는 그와 같으니 네 이웃을 네 몸과 같이 사랑하라 하셨으니 이

두 계명이 온 율법과 선지자의 강령이니라.

뜻길 말씀 : 심정心情

심정으로 빚지면 그 때부터 말려든다. 하늘이 보게 될 때 동정하지 않을 수 없는 자리에 서야 한다. 나 하나 희생시켜 전체를 살리겠다는 마음으로 하늘을 대하라.

무서운 사람은 하늘을 품고 참는 사람이다.

하나님이 찾아오신 마음의 터를 인계 받아 나가자. 하나님은 거짓으로 찾아오시는 것이 아니라 뼈중의 뼈요, 살중의 살로, 골수중의 골수의 심정을 갖고 찾아오신다. 나의 피 살에도 이런 심정이 사무쳐 있어야 한다. 이런 원칙적인 기준에 부합되지 않는 식구는 많을수록 혼란을 일으킨다.

심정을 떠나서는 생명이 없다. 심정의 골짜기의 길은 고통스럽고 처참한 길이다. 심정의 골짜기는 파고들면 들수록 눈물이요, 또 자기는 없어진다.

선생님이 여러분을 대함은 일의 성패의 문제로서가 아니고 그 심정적 동기가 어떠한가를 보고 대한다. 즉, 자기중심이냐, 하나님 중심이냐가 중요하다. 심정적 기준이 하나님이 세운 것과 같으면 문제는 다 해결된다.

지식의 스승을 요구하기보다 심정의 스승을 요구하라

구약시대의 신앙은 율법에 매인 신앙이었습니다.

그 대표적인 예가 성경 출애굽기 21장 23절에 있는 법으로써, '생명은 생명으로, 눈은 눈으로, 이는 이로, 손은 손으로, 발은 발로, 데운 것은 데움으로, 상하게 한 것은 상함으로, 때린 것은 때림으로 갚을지니라. 또 28절에 소가 남자나 여자를 받아서 죽이면 그 소는 반드시 돌로 때려죽일 것이요, 그 고기는 먹지 말 것이니라.'하는 대목입니다.

지금도 이 율법을 삶의 법으로 적용하여 공개처형을 하는데 도적질한 사람은 손목이나 발을 자르고, 음란한 사람은 목을 자르곤 합니다. 그래서 중동지역에 가 보면 다리가 잘린 사람, 손목이 잘린 사람을 많이 볼 수 있다고 합니다.

하나님과 율법의 사람들과의 관계는 종의 종 관계이므로 종을 취급하듯 법으로 다스리며 율법에 얽매인 신앙을 하게 된 것입니다. 사랑이나 용서는 생각도 못했던 시대였지요. 그렇기에 하나님을 사랑하고 이웃을 사랑하는 것이 최고의 계명이라고 설파했을 때, 그 깊은 뜻을 알 수가 없었고, 율법에 어긋난다고, 하나님을 모독한다고 핍박하고 반대하여 급기야는 하늘의 독생자로 오신 예수님을 십자가의 길로 가게 한 그 장본인들이 율법주의자들이었습니다. 그들의 무지에 대한 탕감은 끔찍하리만큼 무서운 고난이었습니다.

유대인 조상들의 무지한 실수로 말미암아 그의 후손들이 비참하게 걸인의 신세로 몰리고 쫓기고, 600만 명씩이나 학살의 비극을 겪었음에도 그때 자기들의 조상들이 하늘의 섭리를 거슬려 천신만고 끝에 하늘의 독생자로 오신 구세주를 구세주로 알아 모시지 못한 무지의 어리석음을 지금도 깨닫지 못하고 있으니 고정관념이나 고착관념을 벗는다는 것이 얼마나 어려운 과제인가를 알 듯합니다. 자기중심주의 인생은 늘 막히고, 담이 생기고, 상충이 일어나고, 불화를 초래합니다. 그렇기에 뜻길 말씀에 나자가 붙은 것은 사탄의 도구가 된다고 하시는 것입니다. 개인주의는 사탄주의요, 이타주의는 하나님주의입니다. 하나님의 창조 이상은 서로가 위하여 희생함으로 평화를 이루는 원리입니다.

신약시대의 신앙은 믿음으로 새로운 주인을 고대하는 기다리는 신앙입니다

예수님의 마지막 메시지는 '나는 신랑이요, 너희는 신부니라.'고 말씀하시고 어린양 잔치를 하러 다시 오신다는 예언이었습니다.

신약신앙은 양자의 신앙입니다. 양자는 상속권이 없습니다. 주님이 다시 오셔서 어린양 잔치를 하고, 가정을 꾸미고 친자녀를 낳고, 그 참가정에 접붙이는 섭리를 통하여 비로소 참생명의 반열에 동참케 되는 것입니다. 그렇기에 기독교 성도가 아무리 많아도 모두가 접목의 절차를 밟기 위해서 준비하고 있는 예비 신앙, 준비 신앙, 기다리는 신앙을 하고 있는 것입니다. 그 기다림

이 2000년을 넘었습니다. 그 기다리는 신앙은 비단 기독교뿐만이 아니라 모든 종교가 재림 사상을 갖고 있어서 끝날이 되면 새 하늘, 새 땅의 새 주인이 오신다고 학수고대하고 있습니다.

그런데 2000년 전 유대교인들이 실수한 그 실수를 2000년 후인 오늘의 신앙인들도 아집과, 고집과, 고루함과, 자기주의에 얽매여 새 시대의 새 말씀에 귀를 기울이지 않고, 자기신앙에 고착되어 하늘의 새 섭리를 외면하고 있습니다. 참으로 걱정스러운 신앙의 자세라 하겠습니다.

전환시대의 신앙은 새 것을 갈구하는 신앙입니다. 과거지향적인 신앙이 아니라 미래지향적인 신앙이 밝아오는 태양을 맞이할 수 있는 것입니다. 끝날이 되었으면 하늘의 새 음성을 들을 수 있는 새 귀를 준비해야 되는 것이지요.

성약시대의 신앙은 주님을 맞이하여 주님을 모시고 천국 삶을 사는 것입니다

성약신앙은 생활이 곧 신앙이고, 신앙이 곧 생활이 되는 생활 속의 신앙인 것입니다. 다시 말하면 구약의 율법과 신약의 믿음이 삶 속에서 용해되어 천국의 삶으로 피어나는 것입니다. 그리고 그 중심에 하나님의 참사랑이 자리 잡고, 수직적인 질서를 따라 위로는 하나님과 참부모님과 부모를 모시고, 아래로는 자녀들의 질서를 갖추고, 수평적 질서로는 부부와 형제자매들이 어우러져 참사랑의 대조화가 평화의 한마당을 이루어 각양각색의 사랑

이 오묘하고 기묘한 기쁨과 행복을 노래하는 원형의 가정에 구형의 가정을 꾸미노니, 끝없는 아름다움의 향기가 생산되는 인생의 요람을 이루는 것입니다. 그 원동력이 참사랑이고, 그 참사랑은 하나님으로부터 참부모님을 통하여 임하게 되는 것이지요. 그렇기에 하나님과 참부모님을 잘 모시는 삶의 터가 돼야 늘 참사랑이 임재하고 기쁨에 기쁨을 더하고, 행복에 행복을 더하고, 평화에 평화를 더하고, 보람에 보람을 더하고, 빛에 빛을 더하며, 영광에 영광을 더하는 천국의 삶이 영위 되는 것입니다. 그러므로 모심의 생활이 복福의 근원根源이 되는 것이지요.

1965년에 음성교회에서 총무를 하면서 지역장님을 모시는 생활을 하는데, 그 때는 셋방교회에다가 식구는 한두 명에 불과 했고 헌신하는 식구는 저 혼자였습니다. 그러니 제가 볼펜장사 해서 교회 집세 내고, 지역장님을 잘 모시기 위해 매일같이 사업을 하면서 원리공부를 했습니다. 그 때는 원리강론이 없었고 원리해설이 있었습니다. 한 손에는 원리 공부하는 손 노트를 갖고, 한 손에는 사업가방을 들고 동네방네를 샅샅이 뒤지며 집집마다 방문해서 구걸, 반 사업 반으로 흑사탕비누, 볼펜, 연필 등을 팔았습니다. 그때 진천에도 와서 집집마다 다녔는데 여기계신 진천 식구님들 집에도 갔을 텐데 팔아줬는지 그 당시의 인생 필름을 되돌려 보면 알 수 있겠지요.

그 때, 그 시절, 개척의 열정이 하늘을 찌를 듯 했었지요. 그러한 은총 속에서 원리해설을 거의 다 외웠었습니다. 그러니까 원리공부와 사업을 같이 병행했던 것이지요.

세월은 흘러 40년 전의 간증의 일단을 하고 있습니다. 그런데 지역장님의 구두가 다 닳아서 보기에 너무나 마음이 아파 늘 걱정을 하고 있었는데, 충청도 촌사람이 용기를 내서 서울로 사업을 갔는데, 남대문 시장에 구두 가게가 있는데 싸게 팔더라고요. 그래서 지역장님 구두를 한 켤레 사서 가방에 넣고 사업을 하다가 내려오는 길에 잡상인으로 붙잡혀서 유치장엘 가게 된 것입니다. 즉결 재판에서 벌금 아니면 구류인데 돈을 못 내니까 구류를 1주일 살게 되어서 난생 처음 창살 속에 갇히는 경험을 하게 됐습니다. 그래도 참부모님 홍남감옥을 체험한다는 신앙이 앞서니 감동뿐이었지요.

처음 뜻길을 출발하면서 1년간 총무하면서 지역장님을 모시고 교회 살림을 책임졌던 헌신경험은 제가 뜻의 인생, 섭리의 인생을 살아오는데 탄탄한 복의 근원이 됐습니다. 모심의 경험이 크든 작든, 많든 적든, 길든 짧든 정말이지 고귀한 복의 밑거름이 되고, 참인생의 든든한 바탕이 되는 것은 하나님이 아시고, 참 부모님이 인정해 주시고, 역사가 기뻐하고, 인류가 존경할 내용들이기에 거룩하고 아름다운 축복의 추억이 되는 것입니다.

지금은 전자사회, 전자인생을 산다고 합니다

컴퓨터를 공부하면서 인생의 기록, 삶의 기록에 대해서 새삼 생각하게 되었습니다. 그 엄청난 데이터가 마법사를 활용해서 클릭만 하면 순식간에 종합된 결과가 산출되고 답이 나옵니다. 참부모님의 말씀에 인간에게는 대형 컴퓨터가 있어서 삶의 이모저모

가 낱낱이 기록된다고 가르쳐 주셨습니다.

그렇습니다. 인생은 기록입니다. 무엇을 기록하면 행복할까? 하는 명제가 우리를 슬기롭게 살아야 된다고 일깨워 주십니다.

사람은 누구나 지상의 한 세상을 살고, 정해 놓은 하늘나라로 가게 돼 있습니다. 어떤 이는 백 년을 살다 가고, 어떤 이는 50년을 살다 가고, 그 기간은 각자의 사람마다 다 다릅니다만 간다는 것만은 틀림없는 사실입니다. 그렇다면 어떠한 기록을 갖고 갈 것인가요? 하나님을 위한 것들, 참부모님을 모신 내용들, 목자를 모신 내용들, 뜻을 위한 충효의 내용들, 섭리의 주인 된 역할들, 희생하고 봉사한 내용들, 이웃을 사랑한 내용들, 내 종족을 복귀하고 축복시키기 위하여 몸부림친 내용들, 정성 드린 내용들, 기도드린 내용들, 식구들을 내 몸같이 섬긴 내용들, 이 갖가지의 참인생의 항목들을 클릭만 하면 즉시 그 답이 나오는 것입니다. 변명도 필요 없고, 항변도 필요 없습니다.

우리를 참생명으로 낳아 주시고, 참인생을 살 수 있도록 하늘의 원리를 소상히 가르쳐 주시고, 참부모님께서 삶의 모델로 본보여 주셨으니 참부모님의 인생관, 역사관, 세계관, 우주관, 천주관, 가치관을 닮아서 하나 되어 살면 만사가 형통되겠지요. 이 모든 것의 성취는 모심의 생활이 지름길입니다. 모심으로 하나 되고, 모심으로 사랑 받고, 모심으로 능력 받고, 모심으로 닮는 은총을 얻게 됩니다. 이 메시지와 더불어 크신 축복이 함께하시기를 기원 드립니다. 감사합니다.

공든 탑이 무너지랴

훈독말씀 : 지성감천至誠感天

마음을 다하고, 뜻을 다하고, 정성을 다하라는 말은 무슨 말이냐? 그것은 생명을 바치라는 말입니다. 그 이상은 무엇이 있어요? 마음을 다하라는 것은 생명을 내놓으라는 말입니다. 뜻을 다하라는 것도, 정성을 다하라는 것도, 생명을 내놓으라는 말입니다. 지성이면 감천이라는 말이 있지요? 지성의 한계점, 내 마음의 끝이 어디겠어요? 생명을 걸고 정성을 드리라는 겁니다. 목을 내놓고, 죽을 각오를 하고, 정성을 드리는 사람은 하나님이 모른다고 하실 수가 없다는 것입니다.

생명을 내놓는 데는 억지로 내놓는 것이 아니라, 미칠 듯이 좋아하면서 내놓으라는 것입니다. 생명을 내놓을 바에는 울면서 내놓는 것을 하나님이 원하시겠어요, 아니면 좋아서 미칠 것 같고, 죽어도 좋다고 하면서 춤을 추면서 내놓는 것을 좋아하시겠어요? 어떤 겁니까? 선생님이 마루바닥에 엎드려 기도할 때는 눈물이 마르지 않았습니다. 무릎에 굳은살이 생길 정도였습니다. 하나님을 위하여 공을 들여야 합니다. 하나님이 그리워서 미치리만큼 사무친 경지에까지 들어가야 된다는 것입니다.

142

여러분, 여기에 다이야몬드 광鑛이 있다고 합시다. 자기만 아는 그런 곳이 있으면 어떻게 하겠어요? 그것을 위해서 자기 가정도 팔아야 될 경우가 생길 것입니다. 부인을 팔아 수많은 가정을 구한다면, 그건 죄가 아닙니다. 자식을 팔아 나라의 수많은 아들딸을 구한다면 그것 또한 죄가 아닙니다. 그러나 자기 욕심을 채우기 위해 팔아서는 안 됩니다. 그 광산이 나라와 민족을 살릴 수 있는 길이요, 세계만방의 인간들을 살릴 수 있는 길이라 할 때는 부인과 자식을 팔았다고 해서 역사 앞에 죄가 되는 것이 아닙니다. 나라를 살리기 위해, 세계를 살리기 위해, 부인이나 자식을 파는 것은 안 될 것 같지만 오히려 세계가 찬양할 수 있는 보화의 근원이 깃들 수 있는 것입니다.(21-314)

선생님의 일생 모토는 '하나님의 대변인'이었습니다. 오늘부터는 여러분이 대변인이 되어 주기를 부탁합니다. 그리고 하나님의 대역자代役者가 되고, 하나님의 대신 존재가 되고, 나아가서는 하나님의 대사자代死者가 되어 주기를 바랍니다.

불평하면 안 된다는 것입니다. 불만을 가지면 안 된다는 것입니다. 자기를 생각해서는 안 된다는 것입니다. 하나님을 생각하면서 '내가 불평하면 부모님이 얼마나 아플까? 그분의 사정을 내가 알고, 그분의 전통을 이어 받을 수 있는 한 순간이 내 앞에 찾아들어 오면, 그것을 이어 받고 '그분을 따라 가면서 그분을 위로하겠다.'하는 마음을 가져야 합니다. 그러면서 눈물짓는 그 자리에 하늘이 같이 하는 겁니다. 틀림없습니다. 하나님을 위해 울고, 부모님을 위해 울어야 됩니다. 이것이 통일교회 제단이요, 통일교회의

모심의 생활이라는 걸 여러분이 알아야 되겠습니다. (114-281)

지금은 섭리역사상 최고최상의 엄청난 역사가 진행되고 있는 때
입니다. 하나님의 왕권을 찾아 세우시고, 하나님의 몸 되신 실체
로, 참부모님께서 평화의 왕으로 자리매김하신 터 위에서 시간과
공간에 하나님의 거룩하신 왕궁을 짓고, 하나님 참부모님께서 만
왕의 왕의 궁전에 입주하시고, 왕위에 오르시는 입궁잔치야말로,
천상천하에 유일무이한 잔치 중의 잔치요, 찬미 중의 찬미요, 영
광 중의 영광을 드높이는 천주적인 향연이 준비되고 있습니다.
우리 축복가정들은 그 준비의 주역이요, 영광의 주인이요, 참 부
모님을 직접 모시고 만왕의 왕위에 오르실 수 있는 터전을 닦아
드리는 천일국의 주인이라는 자부와 긍지를 갖게 되었으니 그 무
엇에 비길 수 없는 영광의 기회를 갖게 되는 것입니다. 이에 우
리의 마음자세, 신앙자세, 생활자세를 가다듬고, 지극정성으로 아
름다운 제물 된 심정으로 준비의 주인이 돼야 되겠습니다.

생명을 다하는 정성의 자리에 하나님의 능력이 나타나신답니다

타락인간의 한결같은 소원은 잃어버린 하나님을 되찾고, 사랑의
부모, 생명의 부모, 핏줄의 부모 되시는 본래의 참부모님의 참자
녀가 되는 것입니다. 그리고 창조하심의 이상을 실현하여, 자유와
행복과 기쁨이 만끽된 평화의 이상 왕국을 이루고, 하나님과 더
불어 심정공동체로 영원한 기쁨을 노래하며 사는 것입니다.

그런데 타락의 운명에서 태어나, 타락의 환경에서 성장한 우리들이 타락의 속성을 다 벗고, 창조하심의 본성 그대로의 모습을 가꾸고 다듬는 데는, 어려운 애로사항들이 한두 가지가 아닙니다. 그렇기에 신앙의 연단이 절대 필요한 것이고, 그 연단의 초점이 하나님을 닮는 것이고, 그 이전에 타락의 요소를 청산 짓는 탕감의 성공적 삶을 꾸며야 되는 것입니다. 그러자니 생명을 걸고 타락의 고비를 넘어야 되고, 생명을 다해서 하나님을 사랑해야 되는 것입니다. 하나님의 속성 중에 핵심적인 속성이 참 사랑입니다. 그 참사랑이 우리의 몸과 마음, 삶의 자리에 임하시면 죽음을 넘어서는 용기와 공의에 사무치는 하늘의 새 힘이 발동되는 것입니다. 거짓으로 얼룩진 여타의 모든 요소를 극복하면서 새 생명의 새 기쁨을 창조하는 능력이 나타나는 것입니다. 그 자리는 절대일치의 자리입니다.

하나님은 절대적인 하나님이십니다. 그러니까 100%의 참으로 계시는 참의 주인이시기에 100% 믿고, 100% 사모하고, 100%로 모시고, 100%로 좋아하고, 마음을 다하고, 뜻을 다하고, 정성을 다하고, 생명을 다하여 지성을 드리는 그 자리에 하나님이 임하시고 동거 동락하시고, 만사가 형통되는 감격 찬 인생이 만들어진다는 것입니다. 어느 누가, 아니 어느 양심이, 어느 본심이, 참사랑의 속성은 90%쯤 소유하고, 거짓 된 사탄의 속성은 10%쯤 갖고 있어도 괜찮겠다고 하는 양심이 있겠습니까? 하나님의 속성을 95% 소유하고, 사탄의 속성을 5%쯤 갖고 있어도 괜찮겠다고 하는 본심이 있겠습니까? 아니 하나님의 속성을 99% 갖고 있으니 사탄의 거짓속성이야 1%쯤 갖고 있는 것이 문제가 되겠느냐

고 하는 사람이 있을까요? 본심의 요구, 양심의 요구, 참 인생의 요구는 한결같이 만족의 경지, 만끽의 자리, 선의 충족, 참의 충족, 양심 충족의 100% 삶을 요구하여 끝없이 100%를 추구하고 있는 것입니다. 조상들이 협조하는 자리는 어떠한 자리일까요?

조상들도 마찬가지입니다. 하늘의 주파수가 일치한 자리에 공명과 반응과 역사가 일어나는 것입니다. 우리의 능력은 지극히 작은 것이지만 하늘의 역사로 이루어지는 능력은 상상을 초월하는 감격이 있습니다. 모든 섭리의 과제와 하늘이 바라시는 과제를 성취하는 데는 하늘이 역사하실 수 있는 신앙의 기틀, 생명을 다하는 정성이 먼저 갖춰져야 된다는 사실을 명심하게 됩니다. 정성은 기적의 어머니라고 했고, 공든 탑은 무너지지 않는다고 했습니다.

섭리의 다이야몬드를 잘 챙기는 슬기가 있어야 된다고 일깨워 주십니다

서울대학교 광산학과를 졸업한 광산 전문가들은 망치 하나를 갖고 광석을 찾아 산을 헤맨다고 합니다. 그러다가 금이 붙은 돌멩이를 발견하면 온 정력을 투입하고, 온 지식을 동원하고, 온 재산을 다 바쳐서 금을 캔다는 것입니다. 보석이란 변하지 않는 빛깔과, 안과 밖이 동일하며, 그 가치가 높아서 보석이라고 합니다.

우리가 일생을 살아감에 보석 같은 인생을 가꾸기를 바라는 것 또한 양심의 한결같은 갈망이겠습니다. 참부모님 말씀에 하나님이 창조한 우주에는 다이야몬드 별이 있다고 하시면서, 그곳을

갈 수 있는 속사람은 다이아몬드 같이 흠이 없고, 티가 없고, 빛나는 영인체를 소유한 자라야 가서 보고, 느끼고, 황홀에 빠져 볼 수 있다고 하십니다. 우리의 일생은 하나님과 참 부모님과 뜻과 섭리의 과제를 성취하는 가운데 섭리적인 다이아몬드 같은 가치가 가꾸어 지고, 영그는 행복이 있고, 보람이 있고, 영화가 있게 된다는 것입니다. 그러하자니 순수한 다이아몬드 즉 티가 없고, 흠이 없고, 제 빛을 다 발휘하는 다이아몬드를 소유하는 '다이아몬드 신앙생활'을 바라는 것입니다. 우리가 뜻의 인생, 섭리의 인생을 살아가면서 많은 섭리의 과업을 성취하여 나가는 과정에서 순수한 다이아몬드 같은 신앙, 순금 같은 신앙이 요구되는 것은 우리를 우리답게 빚어 만드시는 하나님의 애정이요, 사랑이시겠지요.

하나님의 섭리 프로그램을 한 치의 오차도 없이 절대적으로 이루어 나가시는데, 우리를 동참시켜 섭리적인생의 가치와 축복을 주시고자 하시는데, 만에 하나라도 티가 있고, 흠이 있는 모습이 된다면 두고두고 후회하게 되고, 그것을 지우고 없애기 위해서는 탕감의 아픔을 거쳐야 되는 고통이 따른다는 것을 신앙의 교훈으로 확실히 알아야 됨을 일깨워 주고 계십니다. 그렇기에 신앙생활에서 불평불만은 영인체를 병들게 하고 죽이는 사약이라고 합니다. 그러니 늘 성별되고, 분별된 신앙을 알뜰히 하는 지혜가 앞서야 되겠습니다.

하나님의 3대 역할을 다하는 참자녀가 되기를 바라십니다

첫째는 하나님의 대변자가 되어 주기를 바라십니다. 하나님의 입이 되어 하나님의 뜻을 알려주고, 하나님의 청사진을 알려 주고, 하나님의 심정을 알려 주고, 하나님의 원리, 섭리, 사연곡절, 하나님의 말 못하시는 한을 풀어 주는 대변인이 되어주기를 바라십니다.

둘째는 대역자가 되어 주기를 바라십니다. 하나님의 몸, 하나님의 실체가 되어 하나님 대신 동하고 정하는 하나님의 사지백체 오장육부가 되어 주기를 바라십니다.

셋째는 하나님 대신 죽을 수 있는 대사자代死者가 되어 주기를 바라십니다. 정말이지 이 3대 역할을 다하고자 몸부림을 경주하노라면 천추만대에 길이 빛날 효자중의 효자, 충신 중의 충신, 성인 중의 성인, 성자 중의 성자되어 가정맹세 2절을 다 이루어 드리는 천일국의 주인다운 주인이 되고도 남음이 있겠지요.

부디 생명을 다하는 정성으로, 다이아몬드 신앙생활을 가꾸어 영원히 빛나는 성자의 인생을 성공하는 식구님들 되시기를 축원드립니다. 감사합니다.

열린 감, 익은 감

훈독말씀 : 영인체와 육신의 관계

인간의 영인체와 육신의 관계를 놓고 볼 때, 보다 더 중요한 것은 육신이 아니라 영인체라는 것입니다. 육신은 한 100년쯤 버티다 간다고 하지만 영인체는 시간과 공간권을 초월하여 영생하는 것입니다. 제아무리 지상계에서 호의호식하며 잘 사는 사람이라도 결국은 죽는 것입니다. 그러므로 영적인 기준과 육적인 기준을 잘 조화시켜 영육이 합한 완성실체를 이루어 살다가 가야 합니다. 현상세계요, 유한세계인 지상계의 삶에서 육신을 터로 하여 영인체를 완성시켜야 하는 책임이 있다는 말입니다.

그런데 영인체의 완성은 자동적으로 오는 것이 아닙니다. 반드시 참사랑의 실천을 통해서 몸과 마음이 완전 일체가 된 삶의 터 위에서라야 완숙한 영인체가 결과 맺어지는 것입니다. 여러분, 가을이 되어 창고에 들어가는 잘 익은 과일이 되기 위해서는 봄과 여름이라는 과정을 거치면서 자연계가 제공해 주는 영양소와 주인의 자상한 보살핌이 절대로 필요합니다. 게으르고 무식한 주인을 만난 과수원의 과일은 각종 질병과 악천후에 시달려 익지도 못한 채 벌레 먹은 과일로 분류되고 말 것입니다. 과일은 과일이

지만 다 같은 과일이 아닙니다. 모든 과일이 다 시장에 내어다가 팔 수 있는 완성품이 될 수 없다는 것입니다.

나무 위에서 완숙된 과일은 자동적으로 주인의 창고에 들어갑니다. 마찬가지로 인간의 영인체는 나무와 같은 입장인 지상계의 삶에서 완성을 보아야만 자동적으로 무형세계인 영계의 천국에 들어가는 것입니다. 다시 말해서 인간은 육신을 쓰고 사는 지상계의 삶에서 완숙한 삶, 즉 이 땅에서 천국을 이루어 즐기며 살다가 가야 자동적으로 천상천국에 입성하게 된다는 것입니다.

지상계에 사는 동안 여러분의 일거수일투족은 하늘 공법을 기준으로 하여 하나도 빠짐없이 여러분의 영인체에 기록이 되는 것입니다. 따라서 영계에 들어가는 여러분은 육계에서의 삶을 백퍼센트 수록한 영인체의 모습입니다. 잘 익은 선한 삶이었는지, 벌레 먹고 썩은 악한 삶이었는지는 여러분의 영인체에 적나라하게 나타난다는 것입니다. 하나님이 여러분의 심판주가 아니라 여러분 스스로가 자신의 심판관이 된다는 뜻입니다.

이런 엄청나고 무서운 천리를 안다면 어찌 감히 지상계의 삶을 온갖 사탄의 유혹에 빠져 이기적이고 쾌락만을 쫓는 패덕의 삶으로 끝낼 수 있겠습니까?
여러분의 영인체에 상처를 입히고 흠집을 내는 일은 목숨을 걸고 삼가야 할 것입니다. 천국행과 지옥행이 오늘 이 시간 여러분의 생각과 언행에서 결정지어진다는 사실을 확실히 명심하시기

바랍니다. 그런데 영인체 자체가 참사랑의 삶을 주도하고 실천할 수 있는 것이 아닙니다. 여러분의 영인체는 반드시 몸과 마음의 원활한 수수작용으로 전개되는 육신의 삶을 터로 한, 참사랑의 삶을 통해서라야 성장하고, 완숙하고, 완성되는 것입니다.

그러나 여러분 속에서는 겉사람과 속사람이 끊임없이 갈등하며 싸우고 있음을 부정할 수 없을 것입니다. 얼마나 더 싸움을 계속 하시겠습니까? 10년입니까? 100년입니까?

우주의 모든 존재는 엄연한 질서가 있습니다. 하나님께서는 우리 인간을 그렇게 불완전한 상태로 창조하시지 않았다는 것입니다. 겉사람 된 육신의 유혹을 과감히 떨쳐 버리고 속사람 된 양심의 길을 따라 인생 승리를 달성해야 할 것이 여러분의 인간된 의무요, 책임이라는 것을 알아야 할 것입니다. 이와 같은 생을 사는 사람들에게는 천운도 함께 해주는 것이며 영인체의 완성도 볼 수 있는 것입니다.(평화 메시지)

가을의 희喜와 비悲

오곡백과가 풍요를 찬미하며, 금빛에 은빛의 바람결이 신비의 산하로 수놓는 가을의 정취는 마냥 부풀은 가슴을 억제하기 힘든 정경입니다.

그런데 결실의 계절 가을에는 당연히 보람의 웃음꽃이 활짝 피고 기쁨이 가득한 것이 정상인데, 어찌된 일인지 웃음은 사라지고 근심이 가득한 슬픔의 얼굴을 대하노라면 보는 사람도 서글퍼

집니다. 가을의 길목에 펼쳐지는 정경 가운데 감나무를 바라보면 참으로 탐스럽고 그 색깔이 유난히도 가을의 때깔을 자랑합니다. 어떻게 저렇게 가지가지마다 주렁주렁 동그란 열매가 진노랑으로 뽐내며 보람을 찬미하는 것일까? 정말이지 하나님의 작품은 완벽한 멋 그 자체인 것을 절감하게 됩니다. 주인도 지나가는 구경꾼도 모두가 흐뭇한 정경에 박수를 보내며 감탄을 보내게 됩니다. 완숙한 열매의 찬미는 하나님의 찬미와 직통하는 것입니다.

그러나 한 가지 구석에 열린 감이 제 때, 영양분을 섭취 못 했는지, 벌레가 침범해서 영양분을 다 빼앗아 갔는지, 그 가지가 뿌리와의 관계에서 영양공급 통로가 차단되었는지, 감이 열리기는 열렸는데 쭈그렁 모습으로 매달려 있으니 주인도, 지나는 사람들도, 열린 감 자체도 안타깝고 서글퍼서 쓰디쓴 가슴을 쓸어내려야 되는 것입니다. 그러니까 열렸다고 다 감이 되는 것이 아니라 익은 감이 감의 제 모습인 것을 우리들 인생의 교훈으로 말해주고 있습니다.

재활원을 방문하고 깨달은 흑黑과 백白

하루에 참사랑을 세 번씩만 실행하면 마음의 주름살이 펴지고, 마음의 활력이 생동하고, 마음이 반짝반짝 빛나고, 사는 재미가 솔솔 넘쳐 후회함이 없고, 그야말로 행복과 기쁨이 충만한 삶의 자리가 된다고 합니다.

저도 언젠가부터 느낀 바가 있어서 제 생일을 기념해서 고아원, 장애인, 재활원 등을 찾아가 참사랑을 실행하였습니다. 언젠가 재

활원을 방문해서 지체아들과 함께 시간을 보냈는데 참으로 마음
도 아프고, 너무나 안쓰러워 속눈물이 가슴을 적시는 것이었습니
다. 그때 일반 상식의 원리를 깨달으면서 어머니 복중에서의 짧
은 기간의 잘못됨이 일생을 부자연스러운 인생으로 살아가게 된
다는 절감과, 육신을 쓰고 있는 동안의 기간에 육신 속에서 만들
어 지고, 가꿔지고, 다듬어 지고, 성장하고 있는 속사람인 영인체
에 관하여 더 깊이, 더 넓게, 더 높이, 더 심각하게 생각을 해보
게 했습니다.

지금 이 시간에도 우리의 몸속에서는 영원히 천년만년 살아가야
할 속사람인 영인체가 만들어지고 있는 것입니다. 양심의 지도를
받아 천도를 따라서 참사랑으로 잘 영그는 완숙한 속사람의 속성
이 제대로 갖춰지는 나날의 삶이 돼야 될 것입니다. 어느 누구도
양심을 속일 수는 없기 때문입니다. 너무나 정확한 인생 컴퓨터
가 삶의 내용을 낱낱이 기록하고 있다는 원리를 생명보다 더 소
중히 명심해야 된다고 하십니다.

성聖과 속俗의 갈등을 넘어 참사랑으로 살아야 된다고 합니다

성경 말씀에 사랑할 사람을 사랑하는 것은 누구나 할 수 있는
것이라 하면서 사랑할 수 없는 사람을 사랑하는 것이 진짜 사랑
이라고 하십니다. 속세의 많은 사람들은 서로가 사랑하며 친밀하
게 살고 있습니다만 종교적 사랑인 참사랑을 행하는 데는 한계에
부닥칩니다.

모든 종교는 원수를 사랑하는 것이 참사랑이라고 가르치고 있습니다. 즉, 사랑할 수 없는 사람을 사랑하는 것이 진정한 신의 사랑이라고 하는 것입니다. 그래서 종교와 속세의 갈등 속에서 고민하고, 자기 한계를 넘기 위해서 많은 인격 연단, 베풀기 연단, 참사랑 연단을 하는 것입니다.

참부모님의 생활철학은 가인을 더 사랑하지 않고는 역사에 얽히고설킨 갈등문제를 풀 수 없다하시며, 숱한 가슴앓이의 고통을 감내하시며 가인권을 더 사랑하시기 위해서 일생을 희생, 봉사, 헌신해 오셨습니다. 몸과 마음의 통일이 안 되고서는 하나님의 사랑이 생산되지 않기에 참사랑, 즉 하나님의 사랑으로 몸과 마음을 통일하여 참사랑을 유발해서 원수를 사랑하는 뜨거움이 솟아나는 하나님의 화신체가 돼야 된다는 것입니다.

우리가 하나님과 참부모님으로 하여금 길리움 받아 온 참자녀라고 하는 신분을 갖고 있습니다만, 정말이지 가인에게 인정받는 나 자신이 되었는지는 스스로 자문자답해 봐야 될 것 같습니다. 그리고 성과 속의 갈등을 넘어 선 삶을 꾸미고 있는지, 그리고 겉사람의 유혹을 원리와 참사랑으로 잘 주관하고 있는지, 양심의 원대로 하늘의 인생을 알뜰히 가꾸고 있는지를 스스로 자문자답해 보는 지혜가 있어야 되겠습니다.

또한 지상에서 참사랑의 완숙한 영인체를 갖추어서 영계를 가야 걸림이 없고, 막힘이 없고, 무한한 자유의 삶을 누릴 수 있다는 것과 그러한 속사람을 만드는 것이 지상 인생의 의무요, 책임이

라는 사실을 새삼 명심하게 됩니다. 그러므로 하루가 천년보다 더 귀한 지상의 나날을 하나님과 참부모님과 참사랑으로 하나 되어 사는 가운데 알찬 열매가 영그는 승리의 삶이되시기를 축원드립니다. 늘 열린 감, 익은 감을 되새겨 보시기 바랍니다. 감사합니다.

무엇을 남길 것 인가요

훈독말씀 : 통일교인들은 세상 사람들과 다릅니다. 우리는 뜻을 중심삼고 죽음 후의 세계, 즉 미래에 대해 확신을 갖고 있으며, 이것을 세포로 직접 체감하고 있습니다.

지금까지 이 세계를 거쳐 간 수많은 인간들이나, 역사상에 뜻을 품고 왔다 간 수많은 성인현철들은 인간이 어디서 왔다가 어디로 가느냐 하는 문제를 놓고 필생 전력을 다해 노력했지만 그 해결점을 찾지 못하고 갔습니다.

선생님은 이 세상에서 오래 살고 싶은 생각은 없습니다. 그러나 단 한 가지, 내가 가고 난 뒤에 나와 같은 마음을 가지고 아버지 앞에 효도하고 그 뜻을 염려할 수 있는 사람이 없는 것을 생각할 때, 불쌍하신 하나님이 염려되는 것입니다. 그 외에는 미련이 없습니다.

살고자 하는 마음에는 한계가 없습니다. 100만 년을 살더라도 한계가 없다는 것입니다. 백발이 된 할머니에게 물어봐도 마찬가지라는 것입니다. 여러분들도 20년을 넘게 살았지만, 뜻 없이 오래만 살면 뭘 합니까? 나라면 나라 앞에 플러스 되고, 역사면 역

사 앞에 플러스 되게 살아야 합니다. 선을 남기기 위해서, 보다 나은 그 무엇을 남기기 위해서 삶이 필요한 것이지, 그저 먹기만 하는 기생충같이 살아서는 안 됩니다.

나는 매일같이 차를 타고 왕래하면서 기도를 합니다. 수많은 사람들이 차를 타고 다니겠지만 이 서울의 어디든지 차를 타고 다닐 때에는 반드시 이 길을 지켜 주시옵소서! 하고 기도하고 가는 것입니다. 새로운 뜻을 위해 그렇게 가는 것입니다. 그렇지 않으면 가는 길을 사탄이 막아선다는 것입니다. 선생님은 그렇게 살고 있습니다.

여러분은 통일교회를 앎으로 말미암아 자기 자신의 인생길이 어떻게 되었다는 것을 알았습니다. 선생님이 요전에 통일교회를 믿다가 떨어져 나갔던 어떤 사람으로부터 비장한 보고를 들었습니다. 이 길은 어차피 가야할 길이기 때문에 할 수 없이 돌아왔다면서 다시 받아 주겠느냐는 것입니다. 뜻을 중심삼고 볼 때, 여기에는 대답할 수 없는 내용이 있다는 것입니다. 세상을 다 다녀보고, 별짓을 다해보았지만, 갈 데가 없어서 다시 돌아 왔다는 것입니다.

그러나 지금에라도 다시 돌아 온 것은 다행이지만 그가 가는 길에는 수난이 있다는 것입니다. 과거에 어렵다고 했던 그 이상의 어려움이 있을 텐데 어떻게 그것을 넘을 것이냐는 것입니다. 거기에 대한 책임을 질 수 있겠는지 스스로 생각해보고, 자문해보라는 것입니다. 그 책임을 질 수 있겠다면 나는 열 번이라도 용서해 줄 수 있는 아량을 갖고 있습니다. 그렇지만 책임을 질 수

없는데도 용서해주게 되면 그에게 이중적인 죄를 짓게 하는 것이
됩니다. 그래서 나는 대답을 못하고 묵묵히 있기만 했습니다. 무
슨 말인지 이해하겠어요? 예, 나갈 때에는 서서 나갔지만 나갔다
가 다시 들어 올 때는 그럴 수 없다는 것입니다. (33-7)

신약말씀 : 그런 즉 너희가 먹든지 마시든지 무엇을 하든지 다
하나님의 영광을 위하여 하라. 유대인에게나 헬라인에게나 하나
님의 교회에나 거치는 자가 되지 말고, 나와 같이 모든 일에 모
든 사람을 기쁘게 하여, 나의 유익을 구치 아니하고 많은 사람의
유익을 구하여 저희로 구원을 얻게 하라. (고전 10장 31절-33절)

거쳐 가는 자가 되지 말아야 되겠습니다

많은 사람들이 즐겨 부르는 대중가요 중에 김석야 씨가 작사하
고, 김호길 씨가 작곡하여, 최희준 씨가 노래한 하숙생이란 노래
가 있습니다.
"인생은 나그네 길
어디서 왔다가 어디로 가는가
구름이 흘러가듯 떠돌다 가는 길에……."
라는 가사로 시작되는 노래입니다.
정말 인생은 이 세상을 떠돌다 가면 다 끝나는 것인가요? 그냥
세상을 거쳐 가는 인생인가요? 인생길을 살아가면서 물어 보고,
또 되 물어보고, 늘 자문자답해보는 인생길이랍니다.

한번은 미국에서 국제회의가 있어서 멕시코에서 뉴욕으로 갔습니다. 3일간의 회의를 마치고 다시 임지인 멕시코로 와야 되는데, 비행기 삯이 너무나 아까운거예요. 개척지에서 비행기 티켓 값을 만들려면 많은 휜드레징을 해야 하고, 그림을 팔아서 교통비를 만드는 것이 그리 쉽지 않습니다. 그래서 뉴욕에 있는 한국 식구들에게 부탁을 해서 쓸만한 옷가지를 불우이웃돕기 하는 차원에서 모아달라고 했더니 큰 가방으로 두 가방을 모아 줬습니다. 그래서 그 옷가지를 소중한 선물로 갖고 공항에 왔는데 무게를 달아보니 초과가 되는 겁니다. 할 수 없이 가방 하나를 사 가지고 공항 바닥에서 그 옷들을 펴 놓고 무게를 조정해서 가려는데 또 초과 된 것은 못 가지고 간다는 것입니다. 그때 내가 멕시코 선교사라고 신분을 밝히고 불우이웃 돕는 옷가지라고 도와 달라고 사정을 하니 통과를 시켜줘서 멕시코에 무사히 갖고 갔습니다.

그 옷가지들을 펴 놓고 큰 선물 잔치를 했습니다. 저는 선교사의 심정으로 뉴욕의 일정 속에 국제회의도 하고, 식구들 선물도 챙기는 일석이조의 기쁨을 얻게 된 것입니다. 뉴욕을 그냥 거쳐 온 것이 아니고 심정과 사랑과 보람을 추억으로 간직케 했습니다. 정말이지 잊을 수 없는 행복의 추억이었습니다.

인생은 시간과 공간과 함께 삶이 진행됩니다. 나날의 삶 속에 무엇인가를 남길 수 있는 보람의 시간이요, 공간이라면 거쳐 가는 자가 아니라 남기고 가는 자가 되겠지요. 무엇을 남길 것인가는 우리 인생을 인생답게 살아갈 수 있는 위대한 명제가 되는 것입니다. 아무 의미 없이 바람 부는 대로 세상 풍파에 쓸려서 살

아간다면 양심과 본심이 얼마나 허전하다고 할까요? 우리 인간들에게는 하나님의 자녀라고 하는 속성이 있음으로 부모의 소원에 자녀의 소원이 어우러져 하늘의 참인생을 살아야 된다고 보이지 않는 명령이 삶 속에 흐르고 있는 것입니다.

뜻 없이 오래 살면 무엇하느냐고 하십니다

본문에 참부모님 말씀이 나라와 역사 앞에 플러스 되는 삶을 살아야 된다고 하십니다. 우리가 나그네 같은 인생에 허덕이다가 원리를 알고 뜻을 알았을 때, 그리고 참부모님을 만나고 모셨을 때, 너무나 감동되고 감격해서 밤도 낮같이 지새우며 찬송과 화동과 기쁨에 취하여 새 인생을 노래했고, 뜻을 위해 살기를 맹세하며, 하늘의 인생을 꾸미고자 몸부림쳐 왔습니다. 그런데 하늘의 기대에 못 미치는 안타까움이 있어서 하늘도 우리도 아쉬움에 가슴을 때리는 아픔이 있는 것입니다.

우리는 하늘에 속한 인생이요, 참부모님의 참축복가정이기에 뜻 앞에, 섭리 앞에 플러스 되는 인생을 만들어야 되는 것이지요. 그렇다면 플러스 되는 삶은 어떤 삶인가요? 자녀를 잃어버린 부모에게 자녀를 찾아주는 일만큼 부모를 기쁘게 해 드리는 일은 없을 것입니다. 하나님께 영원한 영광을 돌려 드리는 것은 하나님의 자녀를 찾아 드리는 것입니다.

참사랑, 참생명, 참혈통을 이웃으로, 종족으로, 민족과 저 북녘까지, 아니 전 인류에게 전수해 주는 축복의 대역사를 우리들의

지성으로 전개해 나가야 되는 것입니다. 참부모님을 모시는 대회나 집회에 하늘의 백성이 구름 떼같이, 앞을 다투어 모여야 되는데……. 우리들의 정성 부족으로 하늘 백성을 많이 재창조하지 못한 죄송함과 송구스러움이 많은 것입니다.

우리는 참부모님을 직접 모시고 같은 시대, 같은 시간권, 같은 공간권, 같은 나라에서 삶을 꾸몄다는 것이 얼마나 놀라운 전무후무한 일이겠습니까만 자랑할 일, 보고할 일, 추억 될 일, 플러스 된 일이 얼마인가를 따져보지 않을 수 없는 것입니다.
다시 한번 뜻 없이 오래 살면 무엇하느냐 라고 하시는 말씀을 곰곰이 가슴 깊이 되새겨보는 자아 성찰을 하시면서 소중한 결심이 뼛골 깊이 담겨지시기를 바랍니다.

섭리적 결실기, 황금기에 무엇인가를 남기는 인생을 가꿔가야 되겠습니다

1964년, 이스라엘과 아랍 간에 6일 전쟁이 벌어 졌을 때, 미국에서 유학하던 이스라엘 학생들이 전쟁에 참여하기 위하여 귀국길에 올랐습니다. 공항에서 한 기자가 질문을 했습니다. 전쟁이 나서 위험한데 왜 귀국을 하느냐고. 그 학생의 대답이 먼 훗날에 나의 후손들이 아랍과 전쟁할 때, 할아버지는 어디에 계셨느냐고 묻는다면 나는 뭐라고 대답할 수 있겠느냐고 반문을 하였답니다.
그렇습니다. 우리의 후손들은 우리가 참부모님과 같은 시대에 살면서 직접 모시고 섭리의 결실기를 어떻게 살으셨느냐고 자동

적으로 물어보게 마련입니다. 그때 후손들에게 들려 줄 경험담이 있어야 되겠지요. 의를 위한 핍박은 영광의 밑거름이 되고, 참인생의 교훈이요, 영원한 촉진의 원동력이 되는 것입니다.

선배 가정들의 간증을 듣노라면 자기도 모르게 감동의 눈물이 가슴을 적십니다. 인지상정인지라 사람은 누구나 감성을 갖고 있고, 희로애락은 공유되는 법이라, 한 하나님의 한 자녀로써, 한 참부모님의 한 자녀로써 공동목적을 위해서 희생하고 봉사한 내용을 듣노라면 가슴이 동하고 정하여, 감격도 하고, 사도 하고, 존경도 하고, 찬양도 하게 되는 것입니다. 정말이지 우리들의 크고 작은 충성들은 역사적이요, 섭리적이기에 옛날 예수님의 제자들의 행적이 '사도행전'에 기록 되어 역사의 밑거름이 되었듯이, 천일국 창건 대열에 동참한 식구들의 행적은 '식구행전'에 기록될 역사적인 자료가 되는 것입니다.

그리고 오늘의 하루는 미래에 천년과 비할 수 없는 시간적 가치가 있기에 우리들의 아름다운 효孝와 충忠과 성誠은 영원한 가치가 있는 것입니다.

성서 본문에 '많은 사람의 유익을 구하여 저희로 구원을 얻게 하라.'고 하셨습니다.

이 소중한 때를 그냥 거치는 자가 되지 말고 영광의 발자취를 남기려는 지극정성으로 남을 위하여, 사회를 위하여, 나라와 민족을 위하여, 충성과 효성과 정성의 삶을 알차게 만들어 가야 되겠습니다.

지금은 모든 축복가정들이 참부모님의 천명을 받들어 훈독회를 성장시켜 훈독가정교회를 성공시키는 데 있습니다. 하늘의 뜻을, 하늘의 축복을, 이웃으로 전수하는 훈독회의 활성화를 섭리적 운명을 걸고 반드시 성공하기 위하여 지성을 다해야 할 때입니다.

우리는 사람을 사랑함으로 하나님을 사랑하고, 사람을 사랑함으로 뜻을 사랑하고, 사람을 사랑함으로 섭리를 사랑하고, 사람을 사랑으로 복귀하여 하늘 백성을 만드는데 '삶의 핵심가치'로 삼고, 자나 깨나, 앉으나 서나, 오나 가나, 매사를 핵심가치로 귀결되는 하늘의 인생을 만들어 가는 신바람이 생동하는 삶의 자리를 우리의 피, 땀, 눈물로 만들어 가야 되겠습니다.

신바람은 하나님 바람입니다. 하나님의 뜻과 하나님의 사정과 하나님의 소원과 목적으로 하나 된 자리는 신바람이 생동하는 자리가 되는 것입니다. 그 신바람의 눈동자는 참사랑입니다. 바로 태풍의 눈과 같은 것입니다. 그리고 참사랑을 위하여 몸부림칠 때 발동합니다.

오늘 우리에게 내려 주신 메시지를 가슴 깊이 아로새기고, 거쳐 가는 자가 되지 말고, 무엇인가 남기고 가는 삶의 현장을 애정을 갖고 참사랑으로 개척해 나가는 훈독회 현장이 되시기를 축원합니다. 감사합니다.

제3장 보람(價値)의 삶

씨를 많이 뿌려 놓으면 많이 나고,
자라서 많은 결실을 얻는 것입니다.

행함에 행복이 있음

훈독말씀 : 여호와를 경외하고 그 도를 행하라

이스라엘아 네 하나님 여호와께서 네게 요구하시는 것이 무엇이냐 곧 네 하나님 여호와를 경외하여 그 모든 도를 행하고 그를 사랑하며 마음을 다하고 성품을 다하여 네 하나님 여호와를 섬기고 내가 오늘날 네 행복을 위하여 네게 명하는 여호와의 명령과 규례를 지킬 것이 아니냐.(신명기 10장 12-13)

나더러 주여 주여 하는 자마다 천국에 다 들어갈 것이 아니요 다만 하늘에 계신 내 아버지의 뜻대로 행하는 자라야 들어가리라.(마태복음 7장 21절)

나의 계명을 가지고 지키는 자라야 나를 사랑 하는 자니 나를 사랑 하는 자는 내 아버지께 사랑을 받을 것이요, 나도 그를 사랑하여 그에게 나를 나타내리라.(요한복음 14장 21절)

동일한 환경과 실력을 가지고서 이기는 비결은 많이 움직이는 것이다.

하나님은 명령해 주기를 기다리는 심정 위에 운행하신다. 하나님은 인간이 원하지도 않고 생각지도 않는 것에 대하여서는 간섭

하지 않는다. 시간을 주관할 줄 아는 자가 큰 자다. 시간은 모든 것을 갖다 주기도 하고, 빼앗아 가기도 한다. 시간을 주관할 줄 아는 자는 인생을 지배할 줄 아는 자다.

어리석은 사람은 때를 알고도 실천하지 않는다. 올바른 생각을 많이 하고, 실천을 많이 하면 남보다 앞서게 된다. 생각만 하다가 망한 사람은 많지만 실천하다가 망한 사람은 없다. 맹세를 하지 말고 실천하라.(뜻길 실천 장에서)

한 왕이 훌륭한 현자를 불러서 물었습니다.

"어떻게 사는 것이 훌륭하게 사는 것입니까?"

현자가 대답 했습니다.

"나쁜 짓은 하지 말고, 착한 일만 하는 겁니다."

왕이 피식 웃으면서 말했습니다.

"아니, 그렇게 쉬운 걸 누가 모릅니까?"

그때 현자도 웃으며 대답했습니다.

"예, 그렇습니다. 세 살 먹은 아이도 다 아는 거지만 팔십 살 먹은 노인도 실제로 지키기는 힘든 거랍니다."

중요한 것은 지식이 아니라 실천입니다. 행복의 길에는 왕도가 따로 없습니다. 아무리 힘들고 어려워도 누구나 아는 그 일들을 실천하는 거기에 행복이 있습니다.

말씀은 매주 많이 들으셨으면서도 삶의 변화가 없고 얻는 행복이 없다면 그것은 말씀이 잘못된 것이 아니라 들은 말씀을 실천하지 않았기 때문일 뿐입니다.

옛 우화에 보면 이런 이야기가 있습니다.

새끼 곰이 엄마 곰에게 물었습니다.

"엄마, 앞으로 갈 때는 어느 발을 먼저 내딛어야 돼요?"

말 같지도 않은 말에 엄마 곰은 대답도 하지 않았습니다. 아기 곰이 계속해서 졸라 대면서 물었습니다.

"엄마~~~, 앞으로 갈 때는 어느 발을 먼저 내 딛어야 돼요?"

귀찮아진 엄마 곰이 대답했습니다.

"임마, 입 다물고 그냥 걸어!"

요즘 사람들은 논쟁을 아주 잘 합니다. 무엇이 옳으냐? 그르냐? 말만 하면서 실천하는 데는 아주 인색합니다. 이 사람은 이것이 잘못됐고, 저 교회는 그것이 문제이고, 목사님은 뭐가 어떻고, 장로님들은 뭐가 문제이고……. 남들 비평은 아주 잘 합니다. 그런데 정작 자신은 아무 일도 하지 않으려 합니다. 대안이 없는 비평이나, 행함이 없는 비평은 쓸모없는 공론이요, 자기 허탈만 가져옵니다. 도리어 실천의 큰 장애물이 될 수 있습니다.

사도행전은 행함의 책입니다

성경 사도행전을 'Acts'라 합니다. 행동, 활동이란 뜻입니다. 사도행전은 1장부터 120문도가 한 마음, 한 뜻이 되어 애쓰며 부르짖는 열정 어린 기도와 전적인 헌신으로 시작됩니다.

하나님은 헌신하는 성도들에게 성령으로 응답하셨습니다. 하나님도 가만히 계시지 않고 행동하셨습니다. 성령의 능력을 체험한 사도들은 성령의 본질과 그 역사에 대해 토론이나 비평을 하지

않았습니다. 논문을 발표하지도 않았습니다. 그들은 성령을 받자마자 그냥 일어나 나가서 외쳤습니다. 베드로와 제자들이 나아가 외치자 3천 명이 일어나 구원을 받았습니다. Acts, 행동, 역사, 이것이 바로 사도행전의 사건들입니다. 사도행전은 행함의 책입니다. 믿음이 살아있는 사람들의 활동과 그 승리의 기록들입니다.

믿음은 산을 옮기는 능력이 있습니다. 하지만 행동하지 않는 믿음은 아무 능력이 없습니다. 기도하지 않는데 어떻게 응답을 받겠습니까? 말씀을 전하지 않고 어떻게 하늘의 천일국 백성을 만들어 낼 수 있습니까? 사랑하지 않고 어떻게 사랑 받기를 기대합니까? 섬기지 않고 어떻게 섬김을 받습니까? 오직 실천하는 믿음만이 기적을 만들 수 있습니다. "하나님을 알고 뜻을 아는 것을 자랑하지 말고, 실천을 행함을 자랑하는 우리가 되게 하소서."

영어 속담에 'No Sweat, No Crown' 라는 말이 있습니다. 땀을 흘리지 않고는 면류관은 없다는 말입니다. 재산을 벌지 않았다면 그것을 사용할 권리가 없듯이, 행복을 벌지 않았다면 우리는 행복을 사용할 권리가 없다는 것이지요. 돈을 벌지도 않고 어떻게 돈을 쓸수 있겠습니까? 돈을 번 사람만이 그 돈을 쓸 수 있습니다.

행복도 마찬가지입니다. 행복을 위해 노력한 사람만이 그 행복을 누리고 살 수 있다는 것입니다. 행복은 노력의 대가입니다. 음악의 성자라 불리는 베토벤이 살던 집을 방문한 사람들이 한결같이 놀라는 사실이 하나 있다고 합니다. 베토벤이 치던 피아노의 건반들이 모두다 움푹 패여 있다는 것입니다. 얼마나 쳤으면 피아노 건반들이 그렇게 움푹 패였겠느냐 하는 것입니다. 그래서

그 건반을 보면서 관광객들은 한결같이 말한답니다. 악성樂聖 베토벤도 이렇게 열심히 연습했단 말인가? 위대한 사람은 그냥 저절로 만들어진 것이 아닙니다.

게으름뱅이가 행복하게 사는 것을 보았습니까? 행복하게 지내는 사람은 모두가 열심히 노력하는 사람들입니다. 행복은 노력의 결과로 주어지는 것이기 때문입니다.

작은 실천이 세상을 바꿉니다

1998년 8월, 워싱턴 포스트지의 두 페이지에걸쳐 게재된 '세계에서 가장 경이로운 스물 두 살의 젊은이'라는 기사에서 극찬을 받은 미국 교포 '대니 서'라는 2세가 있습니다. 그는 요즈음 미국의 정상급 명사로 대접을 받고 있습니다. 그는 고등학교 다닐 때 170명 중에서 169등을 했답니다. 대학은 문 앞에도 못 갔습니다. 그런데 그는 어린 시절부터 남달리 자연을 사랑하고 불우이웃돕기에 열심이었습니다. '대니 서'는 열 두 살 되던 해 생일을 축하하러 온 친구들을 설득하여 '지구 2000년'이라는 환경보호 단체를 결성해서 마을의 숲을 개발 하려는 것을 막는 캠페인을 벌이면서 환경운동을 시작했는데, 오래지 않아 회원 26,000명을 자랑하는 미국 최대의 환경보호 단체로 발전했답니다. 그래서 1995년도에는 한 평생 헌신 봉사한 사업가들에게 주는 최고의 영예와 권위를 자랑하는 '알베르트 슈바이처 인간 존엄상'을 수상했고, 같은 해에 케이즈가 선정한 '올해의 젊은이상'을 받았으며, 1996년에는 '미국에서 가장 영향력 있는 십대상'을 받았답니다. 이 청년이 미국에

서 베스트셀러로 아주 잘 팔리는 책을 한 권 썼는데, 그 책의 요
지는 아주 간단합니다. 엄청난 일을 꿈꾸는 것이 아니라 작은 일
이라도 구체적으로 실천하는 것이 중요하다는 내용이었습니다.

그는 그 책의 제목을《작은 실천이 세상을 바꾼다》라고 지었습
니다. 이 청년은 '작은 실천'으로 세상을 변화시킬 수 있는 세 가
지 원칙을 소개하고 있습니다.
첫째, 다른 사람이 성취한 것에 대해 감동을 받으라는 것입니
다.
둘째, 모든 정보를 스펀지처럼 빨아들이고 활용해야 한다는 것
입니다.
셋째, '실천'이 핵심입니다.
물론 가장 어려운 것이 이 세 번째 원칙이지만 이것을 행할 때
에만 기적이 일어난다는 것입니다. 그리고 그 기적은 하루 15분
의 작은 실천으로도 가능하다는 것입니다. '하루 15분 실천'이 기
적을 만드는 지름길이라는 메시지는 몇 백 번이라도 되새겨봐야
할, 행복한 삶을 만드는 핵심이라고 생각됩니다.

신앙은 행함으로 응답을 받습니다

신앙은 배우는 것이요, 땀을 흘리며 섬기는 것입니다. 그래서
행함이 없는 신앙은 죽은 신앙이라고 합니다. 찬송이 없는 찬양
은 찬양이 아니고, 입을 움직이지 않는 전도는 전도가 아니며, 나
의 땀방울이 들어가지 않는 헌신은 헌신이 아니지요, 사랑이 담

기지 않는 헌신이나, 봉사가 없고, 가슴을 찢지 않는 회개가 없듯이, 신앙은 온 몸과 맘을 다 투입해서 전인적으로 위하여 행할 때 하나님의 응답이 나타난다는 것입니다.

참사랑은 실천이요, 행함입니다. 우리 현진 님께서 강조하시는 것이 "True Love in Action"입니다. 참사랑은 개념입니다. 실천 속에서 참사랑이 참사랑됩니다.

참사랑의 실천 중의 실천이, 참사랑과 참생명과 참혈통을 접목해 주는 전도의 행함입니다. 실인 즉 슬픔과 고통의 굴레에서 죽지 못해 사는 괴로운 사람들에게 참행복의 길잡이가 되어 주고 참기쁨과 보람을 안겨주는 것은 억만금을 주는 것보다도 더 값진 것입니다.

하루는 종로 2가를 지나가는데 백발의 노할아버지가 전도지를 나누어 주면서 신앙하면 행복합니다 하면서 전도를 하는 것이었습니다. 은혜를 많이 받으셨는지 얼굴은 빛이 나고 정말 어린아이 같은 얼굴에 티 없이 맑은 모습이셨습니다. 정말 그 할아버지는 엄청난 축복을 받으시고 또 그 축복을 번창시키고 있는 것이었습니다.

그렇습니다. 사랑은 베풀고 섬기고 나누어 주는 곳에서 실감되는 신앙의 맛이요, 영원한 행복으로의 첩경이 되는 것입니다. 우리가 하나님과 참부모님과 정말로 하나 된 생을 운영한다면 기적을 이루는 하루 15분의 전도 실천을 못 하겠습니까? 사랑 실천은 전화를 통해서 내 종족에게 내 이웃에게 달려갈 수 있습니다. 아마 15분이면 많은 사람들에게 사랑을 전달할 수 있을 겁니다. 문

제는 행함의 신앙, 실천의 신앙을 하느냐 못 하느냐에 달려 있습니다. 마음은 원이로되 왜 몸이 부족한 것인가요?

선천시대 매너리즘mannerism을 벗어 버려야

자기 틀에 얽매인 현상이 아닌가요? 그래서 선천시대 매너리즘을 벗어 버려야 된다고 합니다. 선천시대 매너리즘이란 갈등과 상극, 상충과 혼란으로 빚어진 습관성, 타락성으로 꾸며진 천도에 어긋나는 요소들, 자기 중심적인 방법들, 이기주의가 몸을 지배하는 타성들을 총칭해서 선천시대 매너리즘이라고 합니다. 우리는 지금 후천시대를 살고 있습니다. 후천시대를 살면서도 선천시대의 탈을 그대로 쓰고 있다면 후천시대의 큰 걸림돌이 될 것입니다. 매너리즘을 벗는 것은 마음만으로는 어렵습니다. 몸을 채찍하는 실천의 행함에서 가능한 것입니다.

훈독생활을 알뜰히 실천하면 새로운 영의 양식을 섭취하고 새로운 심정을 맛보게 됩니다. 그러므로 훈독생활의 가치를 알면서도 행함이 부족하고 실천을 못하는 것은 몸이 순응을 제대로 하지 않기 때문입니다.

일일학日日學은 일일신日日新이라고 했습니다. 매일매일 공부를 하면 매일매일이 신선한 삶이 된다는 것입니다. 신앙은 은혜를 체휼하면서 성장하고, 은혜는 정성과 기도의 응답으로 시작되고, 정성은 행함으로 실천 됐을 때 정성이 됩니다. 그런데 마음만으로 생각만으로 아무리 되풀이 한들 은혜와 보람이 안 만들어 진다는 것입니다.

축복가정의 가장 거룩한 의무와 책임과 행복의 길은?

우리의 가장 거룩한, 의무요 책임이 내 종족을 복귀하고 축복가정을 만드는 것입니다. 그 목표가 36가정-72가정-124가정-434가정-총666가정입니다. 인간 창조수 6수를 소생 장성 완성으로 복귀하여 전인류를 복귀한 의미를 갖게 됩니다. 이러한 종족 메시아의 사명은 축복가정이 하늘나라의 황족의 반열에 오르는 지름길입니다. 이보다 더 큰 영광이 복귀섭리 역사에 없었습니다. 이 거룩한 의무를 완수하여 내 종족의 메시아·구세주·참부모가 되어 참사랑의 왕의 자리에 올라야 되는 것입니다. 그러한 모델을 참부모님께서 본보여 주시고 계십니다. 그런데 이 종족메시아의 사명과 책임을 너무나 잘 알면서도 진전이 잘 안되는 것은 무엇 때문일까요? 우리는 시간이 없다고 시간 탓을 많이 합니다. 그런데 실질적으로 종족 메시아의 사명을 충실히 수행하는 축복가정은 시간이 없는 게 아니라 심정이 없는 거라고 얘기합니다. 정말이지 종족복귀가 밥 먹는 것보다도 중요하고, 잠자는 것보다도 고귀하고, 그 무엇에 비교할 수 없으리만큼 중요하다면 인생의 우선순위, 행동의 우선순위, 투자의 우선순위를 종족복귀에 둬야 맞는 거 아닙니까? 하나님께서, 그리고 우리의 양심이 종족을 위하여 얼마나 기도를 했느냐고 물어보십니다. 또 물어 보십니다. 그 귀중한 사명을 성취하는데 1년 중 몇 날, 몇 시간을 투자했느냐? 그리고 몇 명을 만났고, 몇 명을 종족으로 영입했느냐고, 그리고 몇 명에게 원리말씀을 주었고 각종 세미나에 참석시켰느냐? 결론적으로 몇 명을 하늘 백성으로 만들었느냐고 우리 스스로가 자문

자답을 하면서 한 해를 마무리 하며 또 새해를 맞이하기 위한 나의 청사진을 만들어 봐야겠습니다.

스스로가 실천 계획을 세우고 실천으로 답하기

하나님의 소원, 역사의 소원, 인류의 소원, 만물의 소원은 자유와 행복과 평화가 넘치는 선주권의 하늘나라를 우리가 살고 있는 현실 속에다 세우는 것입니다. 그 나라를 세우는 방법은 하늘의 백성을 만들면 되는 것입니다. 하늘 백성만 만들면 하늘 주권을 찾을 수 있고, 하늘 국토를 찾을 수 있고, 하나님의 창조 이상 국가를 건설하게 되는 것입니다. 그 하늘 백성을 찾는 지름길이 종족을 축복화하는 것입니다.

기쁨이나 행복은 실체 대상이 있어야 됩니다. 기쁨의 실체대상, 행복의 실체대상을 많이 만드는데 노력을 쌓으신 분은 그야말로 행복을 마음껏 누릴 수 있는 자격을 가지신 분입니다. 천재 중의 가장 위대한 천재가 노력의 천재랍니다. 본문 말씀에 생각만 하다가 망한 사람은 많아도 실천하다가 망한 사람은 없다고 했습니다. 진정으로 좋은 생각을 많이 하고 실천을 많이 하면 그 결과는 나타나기 마련입니다.

이제는 지나간 한 해를 붙들고 아쉬워하고 안타까워하고 후회한들 아무 소용없습니다. 그 모든 아쉬움들을 무서운 결심의 촉진제로 삼고 밝아오는 새해를 분명하고 확실한 계획을 세워서 보충할 거 보충도 하고, 발전할 거 발전도 하여 그야말로 후천시대에

합당한 인생을 만들어 간다는 실천계획을 실천으로 답할 수 있는 우리로 거듭 태어나면 좋겠습니다. 그리하여 행복한 일들이 계속 일어나기를 축원 드립니다.

이제 십여 일 남은 마지막 달력과 속삭이며 한 해를 잘 정리하여 위대한 꿈을 잉태하시기 바랍니다. 새해맞이 나날에 싱싱한 건강과 놀라운 지혜와 뜨거운 은총으로 '보내고 맞기' 위한 연말의 시간들 되시기를 바랍니다. 감사합니다.

영원한 재산

훈독말씀 : 영계에서의 소유권

여러분의 마음을 필름에 찍어서 그 사진을 자신이 본다고 생각해야 합니다. 완성은 지상에서 하는 것이지 영계에서 하는 것이 아닙니다. 지상에서 참사랑을 중심삼고 가능한 것입니다. 영계에 가 보면 그 세계는 부모, 부부, 형제자매, 자녀에 대한 사랑을 충분히 가진 자, 즉 가정생활에서 깊은 사랑의 경험을 한 사람은 많은 자유를 누릴 수 있을 것입니다. 그는 어디든지 아무 제한 없이 어느 방향으로라도 갈 수 있습니다. 그 반대로 사랑의 경험이 없는 사람은 속이 좁고, 영계에서도 자기 혼자 고립되어 있고, 자유가 전혀 없습니다. (194-16)

지상에서 자녀들을 훌륭하게 잘 길러 남기고 가야 합니다. 장래 그 자녀들 모두 영계에 간다구요. 영계에 가서 천국의 국민이 되는 것입니다. 자기가 몇 사람을 천국의 국민으로서 바쳤는가 하게 될 때, 지상에서는 괴로운 일이었지만 영원의 세계에서는 그것이 고귀한 영광의 길이 되는 것입니다. (218-319)

저 나라에 가 보면 영계에 간 모든 차원 높은 사람들 일이 땅의 일입니다. 땅이 어떤 곳이냐? 하늘나라의 국민을 생산하는 생산공장입니다. 알겠어요? 광대무변한 천국입니다. 무한대입니다. 너무나 넓어요. 사람들이 수억 년 동안 왔다 갔지만 어디 있는지 몰라요. 그렇게 넓어요. 한 사람이 자식을 한 백 명씩 낳더라도 하늘나라가 넓어서 과잉생산이라는 것이 없습니다. 저 나라는 얼마든지 수용할 수 있는 세계입니다. 산아제한해야 되겠어요, 안 해야 되겠어요?

저 나라에 가면, 하늘나라 백성을 얼마만큼 만들어서 거느리고 오느냐 하는 것이 문제가 됩니다. 참된 하늘나라의 아들딸을 많이 거느리고 올 때, 그게 자기의 권익이 되고, 천상세계에서 표창받을 수 있는, 등급의 등차를 설정할 수 있는 자료가 된다는 것을 알아야 합니다. (202-40)

앞으로 영계에 가서는 자기 소유권이 뭐냐 하면, 하늘나라 백성을 얼마나 데리고 들어갔느냐 하는 것입니다. 그게 자기 재산입니다. 영원한 재산인 것입니다. (205-99)

사람은 필름을 제작하는 인생살이입니다

하나의 생명이 부모로부터 어머니 복중의 한 세상을 살고, 이 땅에 태어납니다.

인생의 주기는 유아기, 소년. 소녀기, 청년기, 결혼기, 가족형성기, 자녀의 성숙과 결혼, 자녀가 분가하고나면, 부모들만이 사시

는 빈둥지 기간을 거쳐, 한편이 사망하고, 마지막 사망으로 인생의 주기를 마치는데 보통 사람들은 죽음으로 인생이 마지막이라고 생각합니다. 그러나 생각이 깊은 사람들은 사후의 세계에 대해서 관심이 많고, 특히 종교인들은 나름대로의 사후의 세계에 대해서 소망을 갖고 있습니다. 그러나 원리에서 가르치고 있는 영계의 원리나 실상이나 영계의 생활, 영계와 육계와의 관계, 지상생활의 목적, 영계생활의 준비 등등에 관해서는 여타의 종교에서는 감을 잡을 수 없는 꿈 같은 진리입니다. 그야말로 구체적이고, 논리적이고, 실체적인 영계의 사실을 속속들이 구체적으로 알으켜 주고 있는 것이 원리요, 참 부모님의 말씀입니다. 참부모님의 본문 말씀에 인간은 누구나 대형컴퓨터와 같은 영인체가 있어서 인생의 모든 사실들이 낱낱이 기록 된다는 것입니다.

그 필름의 내용이 기쁘고 행복하고 보람 있는 내용이라면 보고 보고 또 보고 싶고, 듣고듣고 또 듣고 싶고, 되돌아보고 또 되돌아보고 싶은 영광의 추억이 될 것입니다. 그러나 반면, 슬프고 불행하고 안타깝고 아쉽고 후회하는 내용이라면 보기도 민망하고, 듣기도 미안하고, 되돌아보고 싶지 않은 부끄러움의 추억이 될 것입니다.

우리가 역사에 없는 참부모님을 만났을 때, 감격과 감동이 그 얼마였습니까? 너무나 기뻐서 너무나 놀라워서 밤을 낮같이 지새우며 찬양으로 넘치는 밤을 꾸미었고, 이 기쁜 소식을 전하기 위해서 두 눈에 불을 켜고 동네방네 다니며 새 시대 새 말씀을 외쳤습니다. 그 때 그 감동의 필름을 다시 되돌려 보며 오늘의 내

모습을 조명해보는 지혜가 있었으면 좋겠습니다.

하늘의 참 자녀가 번창하여 지구성에 차고 넘쳐야 하늘나라가 근착 됩니다.

요즈음 농촌을 가보면 99%가 노인부부, 아니면 독신 노인들이 살고 있어서 고령화, 노령화 사회가 되어 있습니다. 이미 아기 울음소리를 들어 본적이 오래 되었고, 청년들이 없으니까 72세 되신 분이 청년회장을 하고 있습니다. 과학의 발달과 식생활의 풍요로 평균 수명은 점점 더 길어져서 80세가 넘고 있습니다. 아기를 낳을 수 있는 가임여성들이 아기양육과 교육의 어려움을 이유로 아기 낳기를 기피해서 출산율이 세계에서 가장 낮은 나라가 되고 있습니다. 그래서 이것이 국가 경영의 직접적인 문제로 대두되고, 인력난이 발생하고, 어느 시점에 가면 젊은 사람 한 사람이 노인 4-5명을 부양하고 책임 져야할 어려움이 찾아온다는 것입니다. 그래서 아기를 낳는 대책과 정책이 국가의 우선 정책으로 만들어져야 된다고 목소리를 높이고 있습니다.

이는 하늘 섭리로 볼 때 참으로 불행 중 다행한 일로, 하늘의 백성을 상대적으로 많이 낳을 수 있는 그리고 국가가 부양할 수 있는 여건이 조성되고 있는 것입니다. 그렇기에 하늘의 참가정을 많이 만들어서 참자녀 번창에 심혈을 기울여야 될 시급한 섭리의 때가 찾아 온 것입니다. 축복자녀가 많으면 많아질수록 선의 기반은 넓어져 가는 것이기에 축복가정 시대가 찾아오는 기회를 우리의 노력과 슬기로 포착을 해야 되겠습니다.

참부모님께서는 축복의 중요함과 가치를 강조하시면서 종족들이 말 안 들으면 멱살을 잡아끌고 와서라도 축복을 시켜야 된다고

하십니다. 돌감람나무는 참감람나무로 접을 붙여야 참 감람나무가 되는 것입니다. 접목의 대역사가 축복이기에 축복이 그렇게 중요한 것입니다. 축복 접목은 한 생명을 찾아 6000년간 애간장을 태워 오신 하나님의 복귀의 심정이 복받쳐야 가능한 것입니다. 그 심정이 사랑으로 발휘될 때 전도의 불길도 피어오르게 되는 것입니다. 그러므로 전도의 심정은 하나님의 심정과 사정과 소원이 나의 가슴속에서 체휼되고 절감 될때 나의 가슴으로부터 재창조의 싹이 트이게 되는 것입니다.

하나님과 동고동락하는 생활신앙이 아주 중요합니다

우리는 누구나 하루하루의 삶을 매일매일 쌓아갑니다. 동녘에 날이 밝으면 일어나고, 때가 되면 식사하고, 일할 시간에 일하고, 밤이 되면 잠자리에 들고, 매일 되풀이 되는 삶의 술래바퀴를 돌리며 살아가고 있는 것입니다. 그런데 중요한 것은 삶의 술래바퀴를 하나님과 함께 돌리며 사느냐 하는 것입니다. 그리고 하늘의 삶의 항목을 얼마나 중요시하느냐 하는 것입니다. 다시 말하면 하나님의 5관과 나의 영적 5관과 나의 육적 5관이 즉 15관이 하나로 함께 공감대를 이루어 삶의 술래바퀴를 돌리고 있는가 하는 자문자답을 해 보게 되는 것입니다. 우리의 참부모님은 하나님의 심정, 사정, 소원에 사무쳐 사시기에 60년 전이나 지금이나 절대 불변의 심정으로 섭리에 앞장서시어 긴장을 놓을 수가 없다고 하시는데 우리들의 심정의 현주소는 어떠한지요? 지금쯤 우리는 우리를 재정비할 필요가 있습니다.

솔개를 보면 40년을 사는 솔개가 있고, 70년을 사는 솔개가 있답니다. 일단은 40년 정도 살면 솔개의 한 고비가 온답니다. 그래서 부리도 늙고, 날개도 낡고, 몸도 쇠약한데, 어느 솔개는 높은 산에 올라가 바위에 부리를 갈고, 날개를 다시 바꾸는 고통을 감내하여 새로운 부리를 낳게 하고, 날개도 새로 낳고, 몸도 바꿔져서 다시 30년을 더 살게 되므로 70년의 일생을 산답니다. 그런데 어느 솔개는 매사가 귀찮으니까 재생할 생각을 안 하고 그냥 시들시들 해서 죽으니 40년 고비를 못 넘고 생을 마친답니다. 우리들에게 시사하는 바가 많습니다.

참부모님을 중심한 복귀섭리 역사가 반세기를 넘으면서 새로운 출발의 연단을 하느냐, 그냥 되는대로 사느냐하는 기로에 서 있습니다. 우리의 참부모님이 건재하시오니 우리는 재출발을 위한 재생의 연단을 스스로의 자책으로 자력갱신의 새 각오와 새 결단을 갖는 용기가 있어야 되겠습니다.

그동안에 알게 모르게 세속의 물결 속에서 때 묻고, 녹슬고, 쇠약해진 우리의 심정과 사랑과 용기와 열정을 재창조하여 남은 여생을 보다 밝고 힘차게 보람 있는 하늘과 동고동락의 삶을 하늘 뜻대로 영위하는 우리의 삶의 자리가 돼야 되겠습니다.

그리하여 하나님의 심정, 사정, 소원이 하나 된 성숙한 자녀로써의 삶을 꾸며 가야 되는 줄 믿습니다. 재정비를 하겠다는 용기와 결단은 새롭고 위대한 새 모습을 빚어 만들게 됩니다.

"선先 탕감, 후後 복귀"의 복귀원리를 따라서 전도의 결실이 이뤄집니다.

이제 우리는 본문 말씀을 통하여 하늘나라의 권익과 영광의 자리 결정, 영원한 재산이 무엇이다. 라는 것을 새삼 깨닫게 되었습니다. 이 시대는 천일국 창건 시대이기에 훈독회 활동과 종족복귀의 가치가 중요시 되고, 하늘나라의 백성을 만드는 축복섭리가 얼마나 값진 것인가를 강조해 주십니다. 그러나 뜻이 이루어지고, 천일국이 다 완성되어 모두가 하늘 백성이 되었다면 아마도 전도를 하고 싶어도, 축복을 시키고 싶어도, 하늘의 애절한 심정을 느끼고 싶어도, 하나님의 십자가를 대신 지고 싶어도 할 수가 없을 것입니다. 그렇기에 우리들이 이 시대에 태어나 이 시대에 참부모님의 손발이 되어 드리는 것은 이 시대를 모시고 사는, 천일국을 창건하는 창건의 주인이요, 일꾼으로서의 역사적인 기회요, 가치가 있는 것입니다. 환란 가운데도 즐거워하고, 고난을 감사하고, 십자가를 감사함으로 감내하는 것은 '선先 탕감, 후後 복귀' 라는 원리가 있고 거기에 따르는 감격이 있고, 복귀의 재산은 영원한 재산으로 보장되기 때문입니다.

물질의 재산은 수없이 변합니다. 돈은 돌고 도는 유동의 속성이 있어서 영원한 우리의 재산이 아닙니다. 돈이나 물질이 우리에게 찾아 왔을 때 무엇을 위하여 어떻게 활용하느냐에 따라서 보람과 가치가 달라지고, 영원이냐, 일시적이냐 하는 것도 물질을 사용하는 주인의 철학에 따라 결정되는 것입니다. 그렇기에 늘 물질을 사용함에도 하나님과 상의하고 보다 값진 활용을 할 수 있는 지혜가 앞서야 된다는 것입니다.

하나님은 우리에게 무언의 질문을 하십니다. 영원한 재산, 불변

의 재산을 만드는 것은 하늘 백성을 만드는 데 투자하는 것인데 얼마나 투자를 하고 있느냐고? 애간장을 얼마나 태웠으며, 피 말리는 애착은 얼마나, 그리고 산고의 고통은 얼마를 감내했는지, 뼈가 울고 살이 떨리는 고통을 얼마나 투입했느냐고 물어보고 계십니다.

사실인즉 하나의 하늘 생명을 만드는 전도의 역사는 애간장을 태울 대로 다 태우고, 피 말리는 고통을 거쳐서, 뼈와 살이 녹아나는 산고를 넘어서 새 생명의 역사가 가능해지는 것입니다. 그것이 바로 선先 탕감, 후後 복귀라고 하는 재창조의 원리입니다. 그리고 탕감이 탕감되는 것은 복귀를 위한 고통을 감사함으로 소화하고 감내해야 탕감이 성립되고 복귀를 기대할 수 있는 것입니다. 복귀의 길이 힘들다고 불평이나 하고, 이러쿵저러쿵 하고, 감사하지 못하면 복귀의 밑거름이 되기는커녕 더 큰 신앙의 어려움이 찾아온다는 것이지요. 그렇기에 복귀의 인생, 신앙의 인생은 괴로우나 즐거우나 범사에 감사하는 삶을 영위해야 되는 것입니다.

이제 우리는 옷깃을 여미고, 심정을 가다듬고, 영원한 재산을 하늘나라에 차곡차곡 쌓아가는 천일국 창건의 주인이요, 일꾼으로서의 참다운 모습을 새롭게 그려보면서 솔개가 재생을 위해 자기 연단을 하듯, 선 탕감 후 복귀의 원리를 따라 우리의 섭리 인생을 새롭게 빚어 만드는 특별 정성과 노력이 있으면 좋겠다고 생각됩니다.

우리의 새 심정, 새 각오, 새 결단, 새 출발의 새로운 삶 가운데 놀라운 변화와 다음 축복에는 영원한 재산의 결실이 충만 되기를 축원 드립니다. 감사합니다.

사람 농사

훈독말씀 : 영계의 소유권은 전도로 결정

영계에서 자기 소유권이 뭐냐 하면, 하늘나라 백성을 얼마나 데리고 들어갔느냐 하는 것입니다. 그게 자기 재산입니다. 영원한 재산입니다. 이제부터는 그걸 따져야 할 때가 왔습니다. 이제는 뭐 하루에 몇 백만이 전도될 때가 옵니다. 통일교회에 그런 굉장한 내용이 있는 것입니다. 세상을 보십시오. 지금 죽느니 사느니, 인생이 무엇이니, 공중에 떠돌아다니며 자리를 못 잡고 미친 듯이 돌아가다가 자살하는 사람이 얼마나 많습니까?(218-227)

영계에 가면 사랑의 품이 클수록 그 품에 들어가려고 줄을 서게 됩니다. 그런 사람은 저 나라에서 존경받습니다. 천 사람 만 사람에게 둘러싸여 '아! 그 사람과 같이 살고 싶다.'하는 소리를 듣게 되면 그 사람은 그만큼 영토가 큰 부자가 되는 것입니다. 저 나라의 부자는 어떤 사람이냐? 사랑을 위해 투입한 사람이 부자입니다.

전도란 복을 걷는 것입니다. 사랑의 복을 걷는 것입니다. 하늘 것을 빼앗아간 사탄세계의 도적놈들에게서 주인이 사랑으로 찾아

오는 것입니다. 너의 어머니 아버지를 내가 더 사랑한다는 사랑의 마음으로 찾아가서 사랑에 인연된 복을 거두어들인다는 것입니다. 천대 받는다고 망하는 것이 아닙니다. 그 뒤에는 천 천만 성도가 따르고, 만물이 따라 온다는 것입니다. 따라오니 자연히 부자가 되는 것입니다. (205-347)

영계에 들어갈 때 돈 가지고 가는 게 아닙니다. 사탄의 아들딸을 수습해야 됩니다. 한 사람이 120명 이상 수습해야 됩니다. 하늘나라의 백성을 다 잃어버렸습니다. 그걸 접붙여 잃어버리지 않았다는 조건으로 세워야 되는 것입니다. 영계의 12진주문을 거쳐 가기 위해서는 지상에서 사탄으로부터 하늘 백성을 찾아와야 합니다. 그러기 위해서는 눈물과 피땀을 흘려야 됩니다.

재창조는 참사랑을 중심하고, 사탄의 부모이상, 사탄의 남편과 아내이상, 사탄의 아들딸 이상의 심정을 투입해서 피 땀 눈물과 더불어 교차되는 과정을 거치지 않고는 하늘나라의 자기 백성을 소유할 수 없습니다. 이 수의 비례에 따라서 저 나라의 영광의 자리에, 하나님 앞에 가까이 가는 조건이 성립됩니다. (211-252)

여러분이 사탄세계에서 하나님이 사랑할 수 있는 많은 아들딸을 만들게 될 때 그 공로는 선조와 연결되고, 또 선조를 해방시킬 수 있는 것입니다. 이것이 복귀노정에 있어서 자기가 취할 수 있는 최대의 선물입니다. 아무리 교구장을 했다고 하더라도 믿음의 아들딸이 없게 되면 저 나라에 갈 때 깡통 들고 가는 것입니다. 자기를 중심 삼고 한 사람도 달려 있지 않기 때문에 그런 것입니

다. 천국은 무한한 세계인데, 그곳에서는 사랑의 심정으로 연결될 수 있는 다리가 있어야 되는 것입니다. 그러므로 자기가 전도한 사람이 세상에 많이 펼쳐져 있으면 영계에 가서는 그만큼 넓게 왕래할 수 있는 길이 생기는 것입니다. 전부가 자기와 인연 맺으려고 합니다. 땅에서 풀고 저 나라에 가게 되면 영계에서 풀 수 있는 상대적 관계가 돼 있는 만큼 방대한 활동기반이 되는 것입니다. 그것이 전부 자기 소유가 되는 것입니다. 그렇기 때문에 내가 활동하는 무대는 그 기준을 중심 삼고, 전 영계로 통할 수 있는 것입니다. 그것이 없게 되면 코너에 몰려서 활동하기 힘들다는 것입니다. 그러니 세월을 보내며 쉴 사이가 없습니다. 밥 먹고 살고, 아들딸 먹여 키운 것은 저 나라에 가게 되면 대단한 것이 아닙니다. 그렇기 때문에 하늘나라의 백성을 찾아야 합니다. 그것이 하늘 나라에서 자기 소유가 되는 것입니다. 그러니 전도라는 일이 얼마나 엄청난 것인가를 알아야 합니다. 그렇기 때문에 내가 몇 사람을 영생권내에 접수시키느냐가 문제입니다.

좋은 씨를 잘 심어야 좋은 열매를 기대할 수 있습니다

농사를 성공할 수 있는 첫째는 좋은 씨를 잘 선택해서 심어야 좋은 싹이 나고, 좋은 종자로 잘 자라서 좋은 열매를 기대할 수 있는 것입니다. 그렇기에 농부는 좋은 씨를 잘 보관했다가 봄이 오면 파종을 하는 것입니다.

사람 농사를 짓는 데도 마찬가지입니다. 항상 좋은 씨를 심으려고 노력을 해야 하는 것입니다. 좋은 원인은 좋은 결과를 낳게

마련입니다. 사람 농사에 중요한 씨는 마음씨입니다. 우리는 흔히 '마음씨'라는 말을 많이 합니다. 마음이 비록 보이지는 않지만 하나의 씨앗이므로 마음을 잘 먹어야 한다고 합니다. 긍정적인 마음씨, 올바른 마음씨, 순수한 마음씨, 진실한 마음씨, 창조적인 마음씨, 생산적인 마음씨, 위하는 마음씨, 관용의 마음씨, 용서의 마음씨 등등 좋은 마음씨가 많이 있습니다.

반면, 안 좋은 마음씨도 꽤 많습니다. 부정적인 마음씨, 그릇된 마음씨, 불순한 마음씨, 거짓된 마음씨, 퇴보적인 마음씨, 이기적인 마음씨, 시기하고 질투하는 마음씨, 교만의 마음씨 등등 바람직하지 못한 마음씨도 많이 있습니다. 우리는 참다운 사람을 만들기 위해서는 하늘의 마음씨를 잘 심기위한 노력을 아끼지 않아야 되겠지요. 그러자니 마음을 분별하고, 성별하여 골라서 심는 정성이 전도의 기본이라 하겠습니다. 씨앗이라는 것은 그 자체가 환경을 이기고 점령해가는 속성도 있지만, 번식의 속성도 있기에 자신의 마음씨가 좋은 방향으로 번식하고 사탄세계를 정복해 나가야 되겠습니다. 그렇기에 늘상 선한 마음을 먹으려고 애써야 선한 열매를 맺게 되는 것이리라 믿습니다.

둘째는 '말씨'를 잘 심어야 되는 것입니다. 말에도 씨알이 있어서 선한 말을 하면 선한 열매를 맺고, 악한 말을 많이 하면 악한 열매를 맺는 것입니다. 하나님께서 사람에게 언어를 주신 것은 의사전달의 기능만을 위하여 주신 것이 아니라 선한 말, 의로운 말, 참다운 말, 행복한 말을 주거니 받거니 하면서 아름다운 덕망을 심어가라고 주신 것입니다. 그렇기 때문에 내가 하는 말이 상

대방에게 평화를 줄지언정 고통을 줘서는 안 되는 것입니다. 내가 하는 말씨가 상대방에게 불행을 주게 되면 나의 불행이 되는 것이요, 나의 말씨가 상대방에게 행복을 주게 되면 곧 나의 행복이 되는 것입니다. 그러므로 기쁨이냐 슬픔이냐, 행복이냐 불행이냐, 발전이냐 퇴보냐, 보람이냐 허무냐, 영원이냐 순간이냐, 무한이냐 유한이냐, 가치냐 무가치냐 하는 등등은 말씨를 원인 삼은 결과의 현상이라고 볼 수 있습니다. 우리는 늘 아름답고, 기쁘고, 용기 있고, 희망을 주는 고매한 하늘의 말씨를 상대방의 마음 밭에 심는 노력이, 때를 따라 아름다운 열매를 맺는 '원인의 말씨'라고 하겠습니다.

셋째는 좋은 '솜씨'를 잘 심어야 된다는 것입니다. 솜씨란 단순히 무엇을 잘 만드는 손재주가 아니라 '선한 행위'를 이르는 말입니다. 내가 행한 어떤 행위에 사람들이 혐오감을 느낀다거나 불안해 한다면 그것은 큰 범죄를 저지르는 것입니다. 무슨 행동을 하든지 '내가 좋아서'를 앞세우지 말고 너와 내가 같이 좋을 수 있는 공동 보람을 먼저 생각하고 행동하는 삶을 살아야 된다는 것입니다.

세상에서 나쁜 의미로 유명한 사람들은 너는 상관없이 나만 좋으면 된다는 식의 삶을 살았던 사람들이고, 좋은 의미에서 유명한 사람들은 나보다도 상대를 위하여 희생하고 봉사한 삶을 살았던 사람들입니다. 하늘의 백성들은 나보다도 하늘을 중심하고, 하늘을 우선하고, 뜻의 인생, 섭리의 삶을 사는 사람들입니다. 이제 우리는 이 세 가지 씨앗을 나를 넘어서 사회와 국가, 세계와 천

주, 하나님의 나라에 하나둘씩 심어가노라면 때를 따라 좋은 열매를 기대할 수 있겠습니다.

좋은 싹을 잘 길러야 합니다

좋은 씨를 심어도 잘못하면 새가 쪼아 먹고, 짐승이 잘라 먹고, 강풍이 꺾어버리는 방해요소가 많습니다. 그렇기에 관리를 잘해야 합니다. 우리가 전도하는 과정에 얼마나 많은 방해요소가 많습니까? 그것을 예방도 하고, 분별도 하고, 성별도 하고, 침투를 막아야 되므로 많은 고충이 있게 마련입니다.

교회 소강당 앞에 작은 잔디밭이 있습니다. 비가 온 뒤라 뽑기가 좋아서 잡초를 뽑는데 잔디보다도 잡초가 많아서 잔디가 기를 못 쓰고 잡초에 얽매여 고통을 겪는 것을 보면서 많은 것을 깨닫게 되었습니다. 우리의 순수한 마음 밭에 잡초는 없는지, 우리의 순수한 신앙 밭에 잡초는 없는지, 섭리의 인생을 꾸미는 삶의 자리에 잡초는 없는지, 하늘의 인생을 살려고 지성을 다하는데 세속의 물결이 세속의 잡초가 얼마나 자리를 차지하고 있는지 등등의 생각이 들면서 신앙의 순수함이 참으로 고귀한 것인데 만약에 이런저런 잡초의 요소들이 얼룩덜룩하게 자리 잡고 있으면 얻는 것보다도 잃는 게 얼마나 많으며 종국에는 얼마나 후회를 할까. 라는 생각이 뇌리를 스치면서 깊은 자아성찰을 해 보았습니다.

사실인즉 우리의 삶의 자리에 잡초와 같은 세속의 요소가 끼어들어서 우리의 순수한 신앙을 어렵게 만든다면 손해가 이만저만이 아니지요. 그렇기에 늘 잡초를 뽑아주는 신앙의 지혜가 절대

필요합니다. 그래서 좋은 싹이 무럭무럭 자라는데 지장을 주는 요소들을 제거해 주어야 합니다. 하늘의 싹은 말씀과 사랑과 심정과 천정으로 길러가야 합니다. 인정만으로는 하늘의 싹이 자라지 않습니다. 반듯이 천정과 인정이 어우러진, 천륜과 인륜이 균형 있게 자라면 튼튼한 싹으로 자라서 훌륭한 열매를 기약하게 됩니다. 그러자니 늘 하늘과 하나 되어, 하늘과 함께, 하나님과 속삭이면서, 하나님께 소상히 보고하는 삶으로 하늘의 능력을 힘입어 하늘의 싹으로 양육하게 되면 좋은 열매를 수확하게 되는 기쁨이 약속되어 있습니다.

열매를 거둘 때까지는 성숙하는 기간이 절대 필요한 것입니다

성경말씀에 씨를 심되 처음에는 싹이요, 그 다음은 줄기요, 그 다음에 줄기에 충실한 열매라고 했습니다. 이것은 자연의 이치이자 인간의 이치요, 매사의 이치입니다. 열매가 영그는 것은 과정을 통해서 가능한 것입니다. 과정이 없는 열매는 나타나지 않습니다. 그러므로 좋은 씨를 심는 것 이상, 성장하는 기간을 관리하는 정성이 엄청나게 중요한 것입니다. 그런데 우리는 잘 나가다가 시들어지고, 관리를 하다가 중단하고, 가깝게 지내다가 멀어지고, 관심이 식어지고, 정성이 중단되는 안타까움이 많았습니다. 그것은 처음에는 하늘을 중심하고, 하늘과 하나 되어, 은혜에 취해, 기쁨에 넘쳐, 내 힘이 아닌 하늘의 힘으로 추진했는데 점점 식어져가는 현상은 하늘과의 관계에 틈이 생겼거나, 하늘과의 거리감이 발생 했다거나, 하나 되는 애로사항이 발생해서 마음과

몸, 이상과 현실, 하늘과 나에게 뭔가 틈새가 생겨서 그런 현상이 유발 되는 것이지요. 그래서 절대 신앙, 절대 사랑, 절대 복종이 하나님과 절대 하나 되는 기본이요, 하늘의 삶을 꾸미는 반석인데, 세상의 물결에는 절대의 기준을 흐트러뜨리는 현실의 바람결이 스며들게 마련입니다. 그러므로 깨어서 기도하라, 쉬지 말고 기도하라. 범사에 감사하라고 강조하시는 것입니다. 그러면서 우리는 전도의 대상자들에게 끝없는 관심과 끝없는 사랑과 끝없는 말씀의 영양분을 공급해야 그 심령이 하늘 것으로 성장 되면서 영글게 되는 것입니다.

하늘나라의 영원한 재산은 전도의 열매를 많이 소유한자라고 했습니다

전도는 죽은 자를 살리는 것입니다. 불행한 자를 행복한 자로 자리바꿈을 해 주는 것입니다. 모순의 인생을 참다운 인생길로 인도하는 것입니다. 무가치한 인생, 갈등의 인생을 참가치의 인생, 조화 평화의 인생으로 회복시켜주는 구세주의 대행자의 역할을 수행하는 것입니다. 그렇기에 전도란 참으로 거룩한 것이고 위대한 삶의 덕목이라 하겠습니다. 전도의 가치가 천하를 주고도 바꿀 수 없는 가치이기에 사명을 수행하는 것 또한 어렵고 무겁고 힘든 게 사실입니다. 그러나 죄악세계를 청산 짓고 본연의 이상세계를 이루는 것이 우리들의 양심의 소원이요, 본심의 소원이며, 인류 역사의 소원이요, 바로 하나님의 소원이시기에 하나님의 자녀된 우리들의 생명의 과업이 되는 것입니다. 어머니가 산고의

고통을 통해서 옥동자를 얻으면 산고는 간데 온데 없고 옥동자와 더불어 끝없는 기쁨을 노래하듯이 전도의 산고가 목숨을 바꾸는 고통이 따르지만 죽은 생명을 구하는 기쁨은 영원한 행복의 재산입니다. 부디 옷깃을 여미고 지난 날의 전도생활을 성찰해 보시면서 전도의 새 마음 새 결심이 튼튼하시기를 축원 드립니다. 전도의 생활이 천국건설의 지름길 된 삶인 것을 실감하시며 사시는 나날이 되시기를 바라옵고 하늘의 놀라운 능권이 나타나는 삶의 자리, 신바람의 감격을 노래하며 하늘의 역사를 가꾸시는 삶의 자리가 되시기를 축원 드립니다. 감사합니다.

참씨를 옥토에 뿌립시다

훈독말씀 : 생명의 씨앗이 되라

창세기는 창조에 관한 기록을, 요한 계시록은 복귀에 관한 기록을 한 말씀입니다.

역사의 최종에는 전역사의 탕감조건을 일시에 세워야 합니다. 이것은 원뿔형을 눌러서 하나의 평면을 만든 것과 같습니다. 여러분 각자는 현시대에 살고 있지만 역사적인 것을 탕감한 입장에 서야 합니다. 이 탕감을 등에 지고, 현재의 책임을 앞에 안아야 합니다. 이 전체를 수습하는 분이 재림주입니다.

참된 사람은 잘못된 사회를 시정하고 새로운 앞길을 개척하는 사람입니다. 예수님도 자기 책임을 완수하지 못하였기에 스스로 의인이란 말을 못하였습니다. 통일교회가 처음부터 환영을 받았다면 자신의 이익만 위해서 살려는 악당들이 자리를 잡았을 것입니다. 그러나 다행이도 핍박 중에 있었기 때문에 고난의 길을 각오한 사람들만이 들어온 것입니다.

여러분은 생명의 씨앗입니다. 생명의 씨앗은 거름 속에 처넣고 발로 밟더라도 그것을 터뜨리고 나와 새로운 열매를 맺습니다. (16-205)

인간의 생명력은 무엇이냐? 인간의 생명의 뿌리는 하나님입니다. 그 다음에 줄기를 이루고 가지를 이룹니다. 이렇게 뿌리를 가진 나무와 같이 하나님에게 속한 생명을 지닌 사람만이 끝까지 남겨질 수 있는 것입니다.

하나님과 하나 된 사람은 아무리 비바람이 불더라도 넘어지지 않고 결국은 겨울을 이겨낼 수 있는 것입니다. 겨울을 이겨낸 생명만이 영원이 남아지는 것입니다. 땅에 떨어진 씨가 단단한 것이라면 오히려 겨울이 되어 얼어 터지면 봄의 새싹이 그 틈바구니를 비집고 나온다는 것입니다. 그러한 생명력을 지닌 씨는 봄을 맞을 수 있는 자격이 있는 것입니다.

씨는 뿌리를 가지고 있고, 줄기와 가지, 잎과 꽃, 모든 요소를 다 갖고 있습니다. 씨는 전체를 축소시키고, 전체의 생명을 집약시킨 것입니다. 복귀에는 어떤 기본적인 골격, 조리가 있는 것입니다. 그것이 곧 씨앗입니다. 씨앗은 외피 속에 숨겨진 요소인데, 어떠한 기후에도 썩지 않는, 어떠한 것보다도 강한 것입니다. 씨앗은 어떤 의미에서는 작고 보잘 것 없는 존재이지만, 내부에는 강력한 생명력을 지니고 있습니다.(남북통일-122)

예수께서 비유로 여러 가지를 저희에게 말씀하여 가라사대 씨를 뿌리는 자가 뿌리러 나가서 뿌릴 새 더러는 길가에 떨어지매 새들이 와서 먹어 버렸고, 더러는 흙이 얇은 돌밭에 떨어지매 흙이 깊지 아니하므로 곧 싹이 나오나 해가 돋은 후에 타져서 뿌리가 없으므로 말랐고, 더러는 가시떨기 위에 떨어지매 가시가 자라서 기운을 막았고, 더러는 좋은 땅에 떨어지매 혹 백 배, 혹 육십

배, 혹 삼십 배의 결실을 하였느니라.(마태복음 13 : 3-8)

훈독 본문 말씀은 1966년 참부모님께서 전국을 순회하실 때에 당시 경남교구 본부였던 부산교회에서 주신 말씀으로 생명의 참 씨앗은 핍박과 서러움 속에서 늠름하게 뜻의 인생을 지키고, 세 상의 비바람이 몰아쳐 와도 뜻의 지조를 생명보다 더 귀하게 간 직한 식구들이 생명의 참씨앗이요, 영원한 참가치의 모습이라고 말씀하시며 마치 차디찬 겨울이 씨앗의 생명력과 가치를 평가하 는 의미가 있음을 깨우쳐 주고 있습니다. 그리고 그 씨 속에는 생명의 제반 요소가 함축되어 있는 집약체라 하시며, 하나의 씨 앗이 생명을 대신한 고귀한 존재라고 가르쳐 주십니다.

묘두산에서 '메시아 자각'

우리의 참아버님께서 1935년 부활절 날, 묘두산에서 기도하시는 중에 예수님을 만납니다. 그리고 예수님의 부탁이 당신의 사명을 맡아 달라는 부탁이었습니다. 그 사명이 너무나 엄청난 사명이기 에 처음에는 허락을 못 하셨다고 합니다. 그런데 두 번째 부탁은 더 애절하게 요구하며 그대가 아니면 이 세상에 나의 사명을 맡 을 자가 없다시며 부탁을 하시는데도 허락을 못 하셨답니다. 그 러나 세 번째 눈물로 부탁을 하시는 데는 허락을 할 수 밖에 없 었고, 허락을 하시고 "메시아 자각"을 갖게 되었다고 하셨습니다. 그로부터 예수의 심정, 하나님의 심정, 섭리 역사의 사연곡절을 체휼 하시면서 심각한 나날을 지내시게 되었고, 누구에게도 말

못하시는 천륜의 비밀을 가슴에 담고, 탕감의 고난 길을 개척해 나오셨습니다.

10년 동안에 복귀섭리 역사를 거슬러 올라가 하나님의 심정을 파헤치고, 우주의 원리, 복귀의 원리, 예수의 사연곡절, 사탄의 정체, 성경의 비밀을 규명하시고, 영계를 가셔서 4대 성인과 하나님께 원리를 보고하셨답니다. 그랬더니 하나님께서 4대 성인들에게 반론을 제시해 보라고 하는데 그 누구도 반론을 제시하지 못하고 옳다고 하니까 하나님께서 얼싸안고 통곡을 하시며, 이 원리가 하늘의 원리라고 하나님의 도장, 어인을 찍어 주셨답니다. 그때부터 원리를 하나하나 이루어 나오시는데 세상 사람들의 깨우치는 정도를 따라서 말씀을 선포하시고, 역사에 얽히고설킨 사연곡절을 풀어 나오셨습니다. 그 복귀의 역사는 탕감을 통해서 사탄에게 대가를 지불하고, 빼앗아 오는 복귀였기에 완전히 찾아오는 복귀섭리를 하시게 된 것입니다. 그래서 40년 광야노정이 가시밭길 피로 물들인 고난의 생애셨고, 참 부모님 가족이 함께 탕감의 산제물의 길을 가셨던 것입니다. 그리하여 고난의 40년을 승리하시고, 8정 노정을 승리하신 터 위에 90년대는 '선포와 결실'의 대역사를 펼치시고, 새 천년을 맞아 하나님의 시대를 활짝 여시고, 하나님을 본래의 자리에 모시는 '하나님 왕권 즉위식'을 하시고, 하나님의 나라 '천주평화통일국(천일국)'을 창건하여 나가심에, 천일국 4년까지 4년 동안은 천일국의 터를 닦으신 '천일국 소생기'를 성공적으로 마무리 하셨습니다. 실로 천일국 소생기의 업적은 그 누구도 상상도 못했던 기적 같은 업적이었습니다. 예수님을 유대의 왕으로 대관식을 해 주시고, 예수님과 홍진 님을 제2

이스라엘의 왕으로 대관식을 해 주신 터 위에 참부모님께서 제1, 제2,제3의 이스라엘 평화의 왕으로(2004. 4. 23.워싱턴), 섭리의 조국 한국에서 평화의 왕으로, 세계의 평화의 왕(2004. 12. 13. 워싱턴)으로, 급기야 천주통일 평화의 왕(2005. 2. 14)으로 등극하심으로 명실 공히 하나님의 소원을 성취해 드리는 쾌거를 다 이루시었습니다. 이제는 하늘 백성 된 축복가정들이 자녀의 입장에서 참부모님의 나라를 이루어 드리는 과제가 남았습니다.

축복가정들의 '작은 메시아 자각'

축복 가정이 된 의미와 가치를 알면 알수록 어마어마한 축복인 것을 하나 둘 씩 깨닫게 됩니다. 예수님의 유언적 메시지가 '나는 신랑이요, 너희는 신부다'라고 한 메시지입니다. 신랑이란 말 속에는 예수님의 한 서린 내용이 깃들어 있습니다. 하나님의 창조 목적이 아담 해와가 성장하여 때가 되면 성혼을 시켜서 가정을 꾸미는 것이었는데 완성도 하기 전에 타락하여 하나님의 목적이 좌절되었고, 하나님은 자식을 잃었고, 자식은 부모를 잃어버린 비극의 역사로 시작한 복귀섭리 역사였습니다.

아담 가정을 중심한 복귀섭리가 가인이 아벨을 살해함으로 전쟁의 씨앗을 심었고 섭리는 실패 되어, 노아 가정으로 연장 되었고, 노아 가정도 함의 실수로 연장 되어, 아브라함 가정으로 야곱의 승리로 이스라엘을 탄생시켜 메시아를 맞을 수 있는 기틀을 만들어 모세를 세워 이스라엘 민족을 영도하여 가나안을 향하던 중, 모세도 좌절되고, 여호수아와 갈렙의 인도로 가나안을 정복해서

유대민족을 양육하므로 메시아를 맞을 준비를 해 왔던 것이었습니다. 천신만고 4천 년의 섭리 열매로 두 번째 아담으로 예수를 보내 주셨는데, 이스라엘 민족의 무지가 눈이 있어도 보지 못하고 귀가 있어도 듣지 못하여 하나님의 백성으로 양육한 이스라엘 민족 그 중에도 신앙 지도자였던 제사장과 율법사들이 앞장서서 예수를 십자가에 매달아 죽이는 역사적 큰 실수를 하였던 것입니다.

그러므로 예수의 소원은 좌절되고, 축복은 2천 년간 연장될 수밖에 없었던 것이고, 예수를 십자가에 내 주었던 이스라엘 민족은 탕감의 유리고개 인생으로 걸인의 방랑객이 되어 비참한 탕감을 지불하였고, 그 탕감이 부족해서 2차대전 말미에 유대인 6백만 학살의 비극이 벌어졌습니다. 저는 1998년 가을에 유대인 대학살의 현장인 폴란드 아우시비치를 방문했었습니다. 정말 소름 끼치는 비극의 현장을 걸으면서 유대인의 무지가 참으로 무서운 것이었음을 몇 번이고 되새겨 보았습니다.

사랑하는 축복 가정 형제자매 여러분 !

우리가 받은 축복은 예수님도 받지 못한 축복을 받은 것입니다. 그뿐인가요, 하나님을 위하여 목숨을 바치고 또 바친 순교자들도 재림의 한 날을 학수고대하며 주님을 만나서 축복 받으려고 얼마나 애절하게 기다렸는지 그들의 심정을 알면 알수록 우리가 받은 축복이 얼마나 고귀한가를 더욱더 실감이 되실 겁니다.

축복을 받음으로 하늘의 참사랑, 참생명, 참혈통을 상속 받은 참부부요, 참가정을 이루었으니 천하를 주고도 바꿀 수 없는 복

중의 복을 얻은 것입니다. 그리고 축복 가정들에게 '종족적 메시아 타이틀Title'을 부여 하신 것은 참으로 놀라운 '영광의 타이틀'을 주신 것입니다. 이제 우리는 이 고귀한 직분을 하나님과 참부모님과 섭리적 고난의 승리와 피, 땀, 눈물의 대가로 주신 것을 올바로 깨닫는 '작은 메시아의 자각'이 가슴깊이 맹세의 씨앗으로 자리매김 되어 그 자각으로 참생명의 참씨앗을 만민의 가슴속에 심어줘야 되겠습니다.

제때에 씨를 뿌려야 됩니다

농부가 봄을 맞아 씨 뿌릴 준비를 합니다. 씨를 뿌리는 목적은 좋은 결실을 얻기 위한 것이지요. 만약 농부가 씨를 뿌려야 할 때 씨를 뿌리지 않으면 어떠한 결과가 나올까요? 뻔하지요. 농부의 존재 가치가 무의미하고, 행복이나 보람이나 기쁨을 기대하기 어려우니 '가치적 죽음' 뿐이지요. 그렇기에 농부는 밤이나 낮이나 때를 놓칠세라, 기회를 잃을세라, 씨를 준비하고 제때에 씨를 뿌리는 것입니다.

우리는 지난 주에 섭리적 새 봄맞이 메시지를 받았습니다. 지금은 섭리적인 봄이 되었습니다. 참부모님께서 지난 4년간 천일국의 기초 작업을 성공적으로 마무리하시고, 전축복 가정들에게 말씀의 씨앗을 종족들에게 통 반의 이웃에게 참 명의 씨앗을 뿌려야 된다고 모든 축복가정들은 총동원하라고 특명을 내리셨습니다. 그래서 협회의 전직원도, 재단의 전직원도, 섭리기관의 전직원도 업무를 중단하고 고향으로 가서 일족을 복귀하여 축복 시켜

야 된다고 비상 명령을 하달하였습니다. 정말이지 우리는 하늘이 비상을 걸기 전에 성숙한 자녀로서 하나님과 참부모님이 편히 안식하실 하늘나라를 자식의 이름으로 만들어 드려야 도리가 되겠지요? 천일국의 주인이요, 일꾼 된 하늘 자녀로서 만민의 가슴밭에 참생명의 씨앗을 열심히 뿌려야 되겠습니다. 그 씨앗이 바로 참 말씀입니다.

요한복음 1장 1절에 말씀은 하나님이요, 생명이요, 빛이라고 했습니다. 하늘의 법도, 우주의 이치와 원리, 인생의 원리, 참다운 가치관 등등의 말씀을 뿌리기만 하면 역사役事는 일어나게 된다는 것입니다. 말씀을 전하면 하나님과의 접목이 이뤄지고, 새 생명의 싹이 나고, 새로운 인생과 새로운 보람이 성장하여, 번창의 감격으로 새로운 역사가 만들어지는 것입니다.

누가 지옥에 가 보니까 '까'자와 '껄'자로 한숨짓고 있더랍니다. 그러니까 하나님이 말씀하시면 절대 믿음으로 행해야 되는데, 그거 될까? 그게 맞을까? 그게 될 수 있을까? 그러다 보니 까?, 까?, 까? 하다가 기회도 잃고, 때도 놓치고, 세월은 가고 남는 것은 후회요, 껄! 껄! 껄! 로 한 숨만 쉬게 만든다는 것이지요. 그 말씀을 믿을 껄, 그 말씀을 실천할 껄, 그대로 살 껄, 씨를 뿌릴 껄, 자각 된 대로 종족에게 참생명의 씨앗을 뿌릴 껄, 맹세할 껄, 등등 '껄 한숨'으로 고통 받는 곳, 행복이 없고, 기쁨이 없고, 보람이 없고, 즐거움이 없는 곳이 지옥이랍니다.

이제 우리는 작은 메시아의 자각으로 제때에 씨를 뿌리는 슬기롭고 지혜로운 축복 가정들이 되십시다.

지금 참부모님께서 전영계를 총동원하셨습니다. 그래서 지금은 하늘과 땅, 영계와 육계, 조상과 후손이 함께 박자 맞춰서 뜻을 이루어 나가는 시대입니다. 참 부모님께서 말씀하시기를 목숨을 걸고 종족을 복귀해야 된다시며, 하늘이 병 주고 약 주는 섭리를 하신다고 했습니다.

사랑하는 형제자매 여러분!

이 말씀을 정말 귀담아 들으시고 새기시고 행하셔야 합니다. 이제는 자기 스스로가 비상을 걸고 비상적인 활동을 해야 된다고 하셨습니다. 만약, 말씀대로 분부대로 못 살면 하늘의 채찍이 무섭다고 하셨습니다. 지금은 목숨을 걸고 씨를 뿌려야할 때입니다. 매일 매일의 생활 계획에 말씀을 뿌리는 전도의 시간을 정하시고 실천 하시면 천주 운세가 놀라운 감동을 일으키고 놀라운 역사가 일어날 것이며 영원한 기쁨의 재산이 충만할 것입니다.

옥토에 씨를 뿌려야 보람이 많습니다

성경의 씨 뿌리는 비유의 말씀에서 4가지 유형의 마음 밭을 비유해서 설명해 주었습니다.

첫째, 길가에 뿌린 씨앗은 새들이 와서 먹어 버렸습니다. 하늘의 말씀 천국의 비밀을 전하여도 깨닫지 못하고 한 귀로 듣고, 한 귀로 흘려 버리는 스타일은 사탄이 틈타서 그 씨앗을 잃어버리는 것이요,

둘째는 돌밭 같은 마음 밭, 얇은 마음 밭은 씨는 빨리 낳아서 자라는 듯했는데 핍박과 환난이 부닥치면 견디지 못하고 넘어지

는 아픔이 있음을 깨우쳐 주고 있습니다.

셋째, 가시떨기에 뿌리웠다는 것은 말씀을 들으나 세상의 염려와 물질의 유혹에 말씀이 막히고 찔려서 결실하기가 어렵다는 것이요,

넷째로 옥토 같은 마음 밭은 말씀을 듣고 깨닫고 생활화하므로 많은 기쁨을 결실한다는 것을 일깨워 주고 있습니다.

사랑하는 식구님 여러분!

우리는 마음 밭의 비유를 통하여 우선 먼저 우리의 마음 밭을 점검 해 볼 필요가 있습니다. 왜냐하면 우리가 먼저 옥토 된 마음 밭을 소유하고 있어야 상대방에게 올바른 마음 밭을 소개하고 참 씨앗을 심어줄 수 있으니까요.

바닷가에 가 보면 파도에 부딪치고 서로의 돌에 부딪쳐서 둥글고 예쁜 돌의 모양이 된 것을 보면서 많은 교훈을 얻게 됩니다. 실로 우리가 이 땅에 태어날 때는 죄악의 운명에서 모순의 굴레에서 태어나서 원치 않는 고뇌의 인생을 살게 되었습니다. 그러면서 시달리고 부딪치고 고난을 감내하며 우리의 마음 밭에 가시덩쿨, 자갈, 등 제반 모순의 요소들을 제거하는 신앙의 연단을 자기 재창조의 인고로 감내 하다보니 우리의 모습이 둥글둥글하게 발전되었고, 옥토의 마음으로 발전되어 하늘의 말씀을 제대로 받아 감당하는 성숙한 신앙자로 자리매김해 가고 있습니다. 그렇기에 하늘은 자나 깨나 강조하시는 초점은 절대 신앙, 절대 사랑, 절대 복종입니다. 이 3절대 신앙철학이 하나님의 모습을 닮는 강령이기에 우리는 절대적으로 하나님과 하나 된 삶을 연단해야 되

는 것입니다.

이제는 하늘의 승리 기반과 섭리의 발전역사 속에 사탄의 세력은 약화 되었고, 하늘 섭리의 밭은 옥토로 변화되었습니다. 그렇기에 하늘의 승리 하신 배경을 따라서 참부모님의 업적을 만천하에 선포하는 심정으로 말씀의 참씨앗을 뿌리면 백 배 천 배의 결실이 이루어진다는 것입니다.

더욱이 영계에서 찾아온 우리의 조상들과 더불어 합동작전을 할 때 상상을 뛰어넘는 역사가 이루어진다고 하셨습니다. 천일국 5년을 사는 우리의 삶의 프로그램은 분명히 달라야 됩니다.

하루가 모여서 한 달이 되고, 한 달이 모여서 한 해를 만드는데, 매일매일 하늘의 참말씀의 씨앗을 뿌리고 가꾸는 삶을 철저하게 실행하므로 세월의 가치가 챙겨지는 것입니다. 그래서 하늘 앞에 조상들에게 기쁜 보고, 행복한 보고, 승리의 보고를 드리는 나날을 가꿔 가시기를 진심으로 간구 드립니다. 나날의 삶의 자리에 참생명의 말씀, 참사랑의 메시지, 참인생의 참씨앗이 번창되는 감격이 충만되시기를 축원 드립니다. 감사합니다.

훈독 국민화로 천일국 창건

훈독 말씀 : 우리가 소망하는 나라

여러분이 소망하는 그 나라는 어떤 나라입니까? 그 나라는 오늘날 여러분이 살고 있는 이와 같은 나라가 아닙니다. 이런 나라는 어차피 작별을 고해야 할 나라입니다. 우리에게는 아직 하나님의 나라가 없습니다. 나라 없는 사람에게는 본적지가 없습니다. 나라가 없으면 국적을 가질 수가 없는 것입니다. 나라가 없으면 입적할 수 있는 터전이 없다는 말씀입니다. 그렇기 때문에 현세에 우리들이 해야 할 일은 그 나라를 찾는 것입니다.

나라가 있어야 비로소 천추만대의 우리 후손 앞에 고이 남겨 줄 수 있는 전통도 남는 것이요, 우리가 피땀을 흘린 모든 노력도 남는 것이요, 하늘의 수고를 축하할 수 있는 기념탑이 이 땅 위에 생기는 것이요, 모든 영광의 흔적이 이 땅 위에 남을 수 있는 것이지, 그 나라를 찾아 세우지 못하면 모두 다 허사가 되는 것입니다. 그렇기 때문에 하나님의 나라를 찾아 세우는 것이 가장 중요한 문제인 것을 여러분이 알아야 합니다.

"우리 가정은 참부모님의 사랑을 받을 수 있는 나라를 지키는 가정이다. 따라서 내가 참부모님 앞에 효자 되고, 국가 앞에 충신

의 도리를 해야 된다."
고 하는 신념을 언제나 갖고 살아야 됩니다.

우리들이 찾아가야 할 길은 진정 가고 싶은 길이요, 우리들이 찾아 이루어야할 나라는 영원이 영원히 살고 싶은 나라입니다. 우리들이 가져야 할 재물은 천주적인 것인 동시에 내 것이요, 이 시대의 것인 동시에 과거의 것이며, 동시에 미래의 것이라고 보증할 수 있는 것이어야 합니다. 생각으로 이상향을 그리고 생활로 의의 법도를 세우면서 그 나라와 그 의를 위해 살라는 것입니다. 여러분에게 그런 나라가 있습니까? 없기 때문에 그 나라를 찾아 이루어야 할 것 아닙니까? 그 나라는 무슨 나라라고 했습니까? 이상의 나라, 통일의 나라, 평화의 나라입니다. 60억 인류가 한 가족이 되어 더불어 사는 나라입니다. 천주통일 평화의 왕을 우리의 참된 부모, 참된 스승, 참된 왕으로 모시고, 영원한 태평성대를 구가하는 평화의 왕국을 말하는 것입니다.

하나님께서는 섭리의 뜻을 기필코 이 지상에 이루셔야 되는 것입니다. 세계 만민을 구하고 인류를 하나님의 자녀로 다스리는 세계를 말합니다. 만일 지상에서 국가를 복귀하는 일을 자기 생애에 다하지 못하고 죽을 경우에 여러분은 영계에 가더라도 하늘나라에 속한 참사람으로서의 가치를 지닐 수가 없게 됩니다. 지상에서 하나님의 주관권 내에서 통치된 실적을 가지고 영계에 가지 않으면 안 된다는 말입니다. 그것이 본래 하나님의 창조 기준이기 때문입니다.

여러분! 본인은 지금까지 일생동안 세상 것에는 관심이 없는 삶을 살아왔습니다.

"하나님이 보호할 수 있는 그 나라에서 죽어야 될 것이 아니냐? 내가 그렇게 살다 가지 못하면 내 생애는 비참한 생애가 아니냐? 그러니 죽기 전에 그 나라를 찾아서 단 하루라도 그곳에서 살다 가야 되겠다."

고 하는 것이 본인의 평생 소원이 되었습니다.

나라가 없는 자는 언제나 공격을 받게 됩니다. 불쌍한 입장에 서게 됩니다. 어이없이 당하는 경우가 얼마든지 있게 됩니다. 우리가 이 나라 이 민족을 위하여 피땀을 흘리는 것은 결국 영원한 하늘나라를 이루기 위해서 천추만대의 후손들이 길이 찬양할 수 있는 복지국가를 이루기 위해서입니다.

여러분이 이 땅에 태어난 목적은 나라와 세계를 사랑하기 위해서입니다. 하나님이 지금까지 섭리하시는 목적도 그 나라와 세계를 사랑하기 위해서입니다. 주권 없는 나라의 국민은 불쌍한 것입니다. 그래서 예수께서 염려하여 이르기를

"무엇을 먹을까? 무엇을 마실까? 무엇을 입을까? 하지 말라. 이는 다 이방인들이 구하는 것이라. 너희 천부께서 이 모든 것이 너희에게 있어야 할 줄을 아시느니라, 너희는 먼저 그 나라와 그 의를 구하라. 그리하면 이 모든 것을 너희에게 더하시리라."(마 6:31-33)

하셨습니다.

본 훈독말씀은 지난 3월 4일 천주청평수련원에서 있었던 천일국 정착 실현을 위한 전진대회 때에 참부모님께서 주신 메시지 중에서 중요한 내용을 발췌한 것입니다.

오늘 섭리의 삶을 꾸미는 우리 축복 가정들, 통일가의 식구들이 어떻게 살아야 됨을 말씀해 주신 아주 중요한 메시지이기에 다시 한번 새기기 위하여 본문 말씀으로 택했습니다. 우리의 생명의 메시지를 보다 올바르게 소유하시기를 바랍니다.

가인권 북한은, 독보회를 전 국민이 생명보다 귀하게 실행하고 있음

통일사상 역사론에 복귀의 법칙이 7가지 있는데 그 중에 '거짓과 참의 선후의 법칙'이 있습니다. 즉 참된 것이 나타나기 전에 거짓된 것이 먼저 나타난다는 것입니다. 사탄은 인간 시조를 타락시킴으로서 하나님이 창조하신 피조세계를 점유占有하게 되었습니다. 그리하여 사탄이 하나님에 앞서서 하나님이 하실 섭리를 흉내내면서 '원리형의 비 원리 세계'를 만들어 나왔던 것입니다. 그렇기에 세계 섭리의 축소체인 한반도에 가인권을 대표하는 북한과, 아벨권을 대표하는 한국이 사탄과 하나님과의 관계로 가인 아벨로 대치해 있는 것입니다. 북에는 거짓 부모, 남에는 참부모, 북에는 독보회 남에는 훈독회로서 참이냐 거짓이냐를 판가름 해야 될 섭리 역사적 과제가 우리의 생명과제로 남아 있습니다.

가인권인 북한은 권력을 앞세워서 강제성을 띠고 독보회를 운영하고 있습니다. 그러나 그 독보회의 내용이 우주의 이치에 부합

되지 않고 천도에 안 맞는 것이면 시간과 더불어 판가름이 나게 마련입니다.

우리의 훈독회는 권력보다도 더 강한 본심과 양심의 갈망에 따라서 "천주 평화의 왕" 왕명王命에 따라서 기뻐서, 즐거워서, 감사해서, 자진해서 실행하는 훈독회이기에 엄청난 감격과 가치와 새로운 역사가 만들어지는 훈독회입니다. 그러하오니 이제 우리는 옷깃을 여미고 가인권 북한의 독보회보다 더 열심히 더 힘차게 지성으로 섭리의 운명을 걸고 목숨을 다해서 실행하는 훈독회생활화를 알차게 해야 되겠습니다.

영원한 생명의 영양을 공급 받는 훈독회

우리의 인생이 늘 싱싱하고 활기에 넘쳐 매사가 신바람으로 진행된다면 나날이 보람과 감격으로 꾸며질 것입니다. 그러기 위해서는 몸도 튼튼, 마음도 튼튼해야 되는 것이지요, 튼튼한 몸은 몸이 필요로 하는 영양분을 균형 있게 섭취해야 됩니다. 단백질, 탄수화물, 당분, 지방질 등등을……

섭취는 노력이요, 실천입니다. 밥을 지어 놓고 먹는 노력, 먹는 실천이 없다면 그림의 떡이겠지요. 부모가 정성껏 만든 음식 그 속에는 부모의 사랑과 지성 어린 심정이 배어 있어서 기쁨의 양식이 됩니다.

우리에게 영원한 생명의 양식을 만들어 주신 참부모님의 심정과 사랑은 피땀 눈물 그 자체입니다. 사탄이 빼앗아 간 하늘의 말씀

을 찾아오시기까지에는 억만 사탄과 혈투전을 하시며 죽음의 고
비 고비를 넘고 넘으시어 천비天秘를 찾아 인류에게 생명의 양식
으로 베풀어 주신 것입니다. 그러므로 이제는 이 생명의 양식을
모두에게 공급하는 훈독회의 활동이 활성화 돼야 되겠습니다.

사랑하는 식구님 여러분!

몸의 양식을 섭취하는 식사 시간이 중요합니까? 영의 양식을
섭취하는 훈독 시간이 중요합니까? 물론 다 중요하지요. 문제는
밸런스 삶을 운영하는 것입니다. 그런데 식사 시간은 몸에 배어
있는데 훈독 시간은 아직도 제대로 실행이 안 되고 있다면 몸과
마음의 균형이 깨지고 그 깨지는 아픔이 후회와 불행을 자초한다
는 것입니다. 이제는 우리가 먼저 훈독회 생활화로 그 훈독 문화
가 이웃으로 종족으로 국민으로 번창되어 나갈 때 천일국 창건의
지름길이 만들어 질 것입니다. 마음이 기쁘면 몸은 덩달아서 기
쁩니다. 기분이 좋으면 매사가 순조롭게 진행됩니다. 마음이 튼튼
하면 어려움도 늠름하게 극복할 수 있습니다. 정신 건강이 주체
적 건강이요, 몸의 건강은 대상적 건강입니다. 주체와 대상이 원
만한 수수작용을 해야 발전과 보람이 창출 됩니다. 하옵기에 영
생의 영양, 주체적 영양, 마음의 활력소를 공급 받는 훈독생활화
를 온전히 실행하시는 현명한 삶 되시기를 축원 드립니다.

독서(훈독)를 통해 운명을 개조한 사례가 많이 있습니다

조선시대 태종의 셋째 아들 충녕대군(세종)이 세자인 양녕대군을

제치고 왕위에 오를 수 있었던 것도 그의 치열한 독서가 결정적인 요인이었다는 것은 널리 알려진 얘기입니다. 세종의 독서는 백독百讀이 기본이었으며, 중국의 대문장가 구소수와 소동파의 짧은 편지글을 모은 '구소수간歐蘇手簡'이란 책은 무려 1100번을 읽었다고 합니다.

미국에선 에이브러햄 링컨 대통령의 독서열이 유명합니다. 정규 교육을 1년도 받지 못했던 링컨이 변호사를 개업하고 대통령에 당선될 수 있었던 것은 그의 책읽기와 깊은 관계가 있습니다. 그는 소년 시절에 성경, 웹스터 사전, 로빈슨 크루소의 모험, 아라비안 나이트를 암기할 정도로 읽었다고 합니다.

해리 트루먼 대통령도 대학을 다닌 적이 없으나 성경을 수없이 읽었고, 방대한 분량의 브리태니커 백과사전도 몇차례 완독했다고 합니다. 미국의 웬디스 레스토랑 창설자 데이브 토머스는 '적극적인 사고방식'이란 책을 읽고 낙제생에서 패스트푸드 업계의 제왕이 되었습니다.

한국의 벤처 사업가 안철수는 대학 시절 히로나카 헤이스케의 '학문의 즐거움'이란 책을 읽고 의사 지망생에서 벤처 사업가로 변신, 컴퓨터 바이러스 백신 개발에 성공했습니다.

우리의 참부모님께서는 당신께서 행하신 말씀을 뼈가 되고 살이 되도록 수백 번 수천 번씩 훈독을 하셨습니다. 훈독의 실체화를 몸소 본보여 주셨으니, 우리들도 닮은 자녀 되어 훈독의 생활화로 훈독의 국민화를 펼쳐 나갈 때 천일국의 역사는 만들어지리라 봅니다.

우리의 마음은 끝없는 변화무쌍을 추구합니다. 하나님의 자녀로 창조함 받은 인간은 무한대의 행복을 추구합니다. 그 끝없는 기쁨의 바다가 말씀의 바다요, 말씀의 세계는 끝없는 활력을 제공해 주고 있습니다. 이제 우리가 훈독을 생활화하므로 나날의 삶이 풍요로워지고 끝없는 행복의 나래를 날려 만끽의 삶을 노래하게 될 것입니다. 그렇게 됨으로 우리의 운명은 하늘위 참삶으로 가꿔지고 만족의 삶으로 끝없이 발전될 것입니다.

가정 훈독회야말로 우리 가정을 행복의 요람, 기쁨의 보금자리, 보람의 창고, 영원한 안식처, 평화의 왕국, 천국의 가정을 꾸미는 핵核이 될 것입니다.

우리의 숙명적 사명과 책임

우리는 원리를 통하여 너무나 뚜렷이 알고 있는 것은 책임분담 신학, 책임분담 신앙입니다. 하나님의 책임으로 참부모님을 세워서 역사의 사연곡절, 뒤죽박죽 된 죄악세상, 사탄이 왕 노릇하면서 만들어 놓은 상처투성이 세상, 죽이고 죽이는 비극 속에 한 서린 원한들, 그야말로 칡넝쿨에 가시덤풀이 뒤엉킨 역사를 탕감으로 하나하나 정리하시고, 청산하시고, 대승리하셔서 승리의 기틀을 만들어 주셨습니다.

이제는 우리 자식 된 책임분담을 완수해야할 과제가 우리 앞에 놓여 있는 것입니다. 자유와 행복과 평화가 드넘치는 평화왕국을 훈독 국민화로 만들어 가야 될 과제입니다. 천리 길도 한 걸음부

터입니다. 먼저는 내 개인이 훈독의 삶을 철저히 챙기고, 다음은 우리 부부가, 그 다음엔 우리 가족이, 그 다음엔 우리 이웃이, 우리 직장에서, 우리의 일터에서……. 그러므로 말미암아 온 삼천리 금수강산이 훈독의 열기로 뜨거워지면 비로소 하나님의 이상이 하나님의 소원이 성취되는 감격으로 가득 차겠지요.

우리는 하나님의 손길로 선택받은 새 하늘 새 땅의 주인이요, 선의 조상으로의 발자취를 만들어 가는 하늘의 참인생임을 한시도 잊지 말고 천명天命, 평화의 왕명王命, 우리 양심의 명령을 받들어 천일국 창건의 주역으로서 훈독 국민화에 발 벗고 나서야 되겠습니다. 조상들이 적극 지원하는 천운과 한 박자로 승리의 현장을 만드시기를 축원 드립니다. 감사합니다.

건강한 삶

훈독말씀 : 영인체는 육신을 터로 강건해진다

　내 소망은 더 큰 사랑을 위해, 더 큰 사랑을 소망으로 삼고 가는 것이라구요, 그 사랑을 위해서는 더 많이 희생하고 가야 되겠다 이거예요, 그러면서 죽어 가면 절망이 아니고, 하나님의 아들 딸로서 저 나라에 하나님이 계시는 곳에 가서 살게 되는 것입니다. 그렇기 때문에 수단 방법을 갖고 사는 게 아니예요. 사랑의 마음, 진실을 갖고 살아야 돼요.

　육신이 원만히 성장하려면 양성의 영양소인 무형의 공기와 광선을 흡수하고, 음성의 영양소인 유형의 물질을 만물로부터 섭취하여, 이것들이 혈액을 중심하고 완전한 수수작용을 해야 합니다. 육신의 선행과 악행에 따라서 영인체도 선화善化 혹은 악화惡化하는 것입니다. 우리는 평소의 생활에 있어서 육신이 선한 행동을 할 때는 마음이 기쁘고 악한 행동을 할 때는 마음이 언짢은 것을 경험 하거니와, 이것은 그 육신의 선악에 따라 그에 적응하여 생기는 생력요소가 그대로 영인체에 돌아가는 증거인 것입니다. 그리고 영인체는 육신을 터로 하여서만 성장하는 것입니다. 그러므

로 영인체와 육신과의 관계는 마치 열매와 나무와의 관계와 같습
니다. 영인체는 하나님으로부터 오는 생소와 육신으로부터 오는
생력요소의 두 요소가 수수작용을 하는데서 성장합니다.(원리강론.
65-66)

우리의 일상생활을 싱싱하고 활력 있게 가꾸어 가는 그 기본에
는 건강이 있어야 됩니다. 요즈음 과학 문명이 발달되어 안락한
생활을 하면서 어쩌면 역기능적인 현상으로 질병이 터무니없이
많다는 것입니다. 병원마다 초만원이고, 특히나 고급 병이 너무나
많아서 건강에 대한 관심이 대단히 높습니다. 건강을 잃으면 전
부를 잃는다고 합니다.

우선은 몸이 튼튼해야 합니다

건강의 비결이 무엇일까요? 그것은 바로 균형입니다. 육신에게
필요한 제반 영양분이 부족함이 없이 제대로 공급되고, 제대로
배설돼야 됩니다. 즉 잘 주고, 잘 받는 수수의 균형이 잘 맞아야
건강에 문제가 없습니다.
그런데 요즈음의 식사 문화는 공급에 너무나 신경을 써서 몸에
좋다면 마구 먹어댑니다. 그래서 수수의 균형이 깨집니다. 그렇기
에 요즈음 마이너스 건강요법이 인기를 끌고 있습니다. 몸의 균
형이 균열 되면서 발생하는 질병이 대단히 많습니다. 몸속에 혈
액이 잘 돌고 돌아야 되는데 막히고, 터지고, 굳으니까 불치의 병
으로 고생을 하게 됩니다. 몸속에 있는 노폐물, 독소, 가스, 숙변

216

등등을 다 뽑아내야 균형을 되찾습니다.

특히나 대장관리는 아주 중요한 건강의 포인트가 됩니다. 옛날에는 배가 나온 사람은 사장 스타일이라고 배불때기가 으스대던 때가 있었습니다. 그런데 배가 나오면 건강에 많은 불이익을 당한다는 것입니다. 소화 능력이 저하되어서 대장이 늘어지면 내장에 균형이 깨지므로 많은 합병증을 유발한다는 것입니다. 그래서 청소년들의 비만은 백해무익이라고 합니다.

건강은 혈액이 잘 돌고, 기氣가 잘 돌면 문제가 없다고 합니다. 그런데 현대의학에서 오진하는 율이 60%가 된다고 하니 충격이 아닐 수 없습니다. 왜 진단을 제대로 못하는 것일까요? 그것이 현대의학의 숙제요 한계라는 것입니다.

이상헌 선생의 메시지 영계와 육계의 실상에서 현대병의 70%가 영계로부터의 연유에서 발생하는 것이라고 증언했습니다. 본문 말씀에 텔레비전을 안테나에서 보다도 다이얼을 잘 조종해야 된다고 하셨습니다. 다이얼이 잘 안 맞으면 잡음만 나고, 귀가 따갑고, 정신만 혼란하고, 아무런 재미도 없습니다. 하나님의 안테나에 하나님의 다이얼을 잘 맞추면 영적인 에너지가 건강의 원동력이라는 것을 새삼 느끼게 됩니다.

또한 마음 즉 정신이 튼튼해야 합니다

요즈음 과학문명의 역행 현상으로 정신 질환자가 증가한다는 것입니다. 복잡한 정보의 바다에서 허우적거리다 보니 스트레스를 너무 많이 받고, 또 스트레스를 주므로 스트레스 그물에 걸려서

제정신이 아니고 과학의 노예랄까, 아무튼 건강을 해치는 현상들이 너무나 많다는 것입니다. 그렇다면 이 스트레스를 어떻게 처리 관리해야 될까요?

스트레스는 비정서적인 자아입니다. 마치 몸에 바이러스가 침투하면 3가지 양상으로 처리현상이 일어난답니다. 하나는 바이러스가 들어오면 포합해서 배설시킨다는 것입니다. 또 하나는 바로 백혈구와 싸우면서 결판을 내는데 그것이 고름을 만드는 것이고, 다른 것은 바이러스와 어느 기간은 공존하다가 싸워서 결국은 상처를 만든다고 합니다. 스트레스가 들어오면 포합하는 실력이 있어야 손해를 안봅니다. 그것은 바로 신앙의 인격, 사랑의 마음, 위하는 미덕을 앞세우면 스트레스를 포합해서 처리할 수 있는 능력을 발휘한다는 것입니다. 그런데 대개의 사람들은 스트레스를 처리할 능력이 부족해서 이중 삼중의 손해를 본다는 것입니다.

마음, 내영인체, 속사람을 튼튼하게 관리하는데도 안팎의 영양분을 잘 섭취해야 되고, 신진대사인 수수의 균형을 잘 유지해야 되겠지요.

기는 좋은 기氣가 있고, 나쁜 기氣가 있습니다. 그것은 사람에 따라 기의 정도가 다릅니다. 사람이든 만물이든 좋은 기를 받으면 기분이 상쾌하고, 힘이 생깁니다만, 나쁜 기를 받으면 힘이 빠지고 기분이 언짢습니다. 그 기 중의 기가 하나님의 생소입니다. 하나님의 생소를 받으면 마음 깊은 곳으로부터 생기가 살아납니다. 그 생소의 통로가 바로 진리인 것입니다. 우리가 매일같이 훈독을 하므로 말씀을 섭취하는 것은 생소를 취하는 전제 정성입니다. 그래서 일일학日日學은 일일신日日新이라 한 것입니다. 매일매

일 공부를 하니 매일 매일이 신선하고 새롭다는 것입니다.

그렇습니다. 말씀을 섭취하고, 사랑과 심정을 섭취하니 늘 싱싱하고 활기찬, 튼튼한 속사람의 삶을 영위하게 된다는 것입니다. 또한 마음의 노폐물, 마음의 독소, 마음의 가스, 마음의 잡다한 요소를 다 뽑아내야 우울증도 안 걸리고, 치매도 안 걸리고, 건강한 영을 영위할 수 있다는 것입니다.

보람이 튼튼해야 합니다

사람은 누구나 자존 욕구와 자아실현 욕구가 있습니다. 자기를 투입하므로 상대적 반응으로 보람을 추구합니다. 그리고 누구나가 보다 큰 것을 추구합니다. 본디 인간은 하나님의 자녀로 지음 받았기에 개인에서부터 하나님까지 인정받고, 사랑 받고, 칭찬받기를 원하는 것입니다.

사랑, 인정, 칭찬은 상대적인 명사입니다. 보다 큰 상대와의 관계로 발전시키며 만족을 추구합니다. 그러자니 서로가 이해가 돼야 되고, 심정과 사정이 통해야 동감이 되고, 동정이 되고, 관계를 맺으며 서로의 기쁨을 창조합니다. 그러므로 보람이 튼튼할 때, 인생 사는 맛이 있는 것입니다.

그런데 심정 경화증에 걸리면 불감증, 이기심, 고립감에 시달리며 많은 것을 상실하는 고통이 있습니다. 우리가 늘 조심해야 할 것은 내 인생살이에 예기치 않은 불통현상은 없는지를 수시로 진단해 보는 슬기가 있어야 되겠습니다. 심정 경화증, 신앙경화증은 정말 위험한 병입니다. 어떻게 고칠 수 있을까요? 하나님과 참부

모님과 조상과 깊은 명상을 많이 해야 합니다. 그리고 자문자답을 해보는 것입니다. 하나님께서 바라시는 내 삶의 현주소가 제대로 박자를 맞추는지, 목적과 방향에는 차질이 없는지, 심정과 사정은 잘 통하고 관계지수는 정상으로 발전되는지, 나의 심정 정황은 싱싱한지, 등등을 늘 스스로 물어보는 명상의 시간은 대단히 유익한 것입니다.

보람이 없는 삶은, '살았다 하는 이름은 가졌으나 죽은 삶'이라고 합니다. 건강을 마비시키고 고통을 주는 경화증은 막힘 현상이요, 마비 현상입니다. 자율신경이 마비되고, 기능이 마비되고, 신경이 마비되므로 엄청난 고통을 가져옵니다. 그것을 고치는 방법은 기능회복이요, 신진대사가 원활히 진행하도록 수수의 작용을 촉진하는 것입니다.

가장 훌륭한 건강관리는 미리미리 예방하는 것이지요. 어느 식구는 심정이 좀 나태하다 싶으면 금식 정성을 드리고, 철야정성도 드리고, 열심히 활동을 하면서 정상적인 심정유지와 관리를 철저히 하는 정말이지 심정이나 신앙을 생명의 알맹이로 잘 관리하고 잘 챙기는 식구들이 있습니다. 정말 존경스럽고 본받아야 되겠다는 마음이 생깁니다. 그렇게 생동적인 삶으로 보람을 튼튼하게 챙기는 식구님을 대하면 좋은 생명의 기氣가 서로 왕래하면서 기쁨에 기쁨을 낳고, 보람에 보람을 낳는 행복감이 사는 맛을 느끼게 합니다. 하나님의 역사는 심정과 사정과 소원이 서로 통하여 하나 되는 자리에서 일어납니다. 정성도 그릇이 채워지면 넘치게 마련입니다.

사랑하는 식구님 여러분!

오늘 우리의 섭리 인생에 만에 하나라도 하늘과 막히는 요소가 있다면 재빨리 제거하고 오직 한 번밖에 없는 삶의 시간을 신바람 살바람에 넘쳐 은혜 충만의 나날을 가꾸어 가시기를 축원 드립니다. 우리의 삶의 자리에서 훈독회가 살아야 섭리가 발전합니다. 이제는 훈독의 역사를 나의 인생역사에 가장 고귀한 역사의 발자취로 기록해 나가야 되겠습니다.

활동은 보람을 만듭니다. 주는 데서 보람은 시작됩니다. 사랑을 주고, 마음을 주고, 정성을 주고, 눈물을 주고, 땀을 주면 보람은 시간을 따라서 하나둘씩 영글어 갑니다. 이제 우리는 열정에 넘쳐서, 늘 튼튼한 삶을 영위하여 한점 부끄러움이 없고, 후회함이 없는 생을 꾸미기 위하여 몸 튼튼, 마음 튼튼, 보람 튼튼한 입체적으로 튼튼한 삶을 잘 챙기시는 지혜롭고 슬기로운 튼튼한 삶 되시기를 기원 드립니다. 감사합니다.

전도는 천일국 창건의 지름길

훈독 말씀 : 전도는 사랑 찾기 운동이다

전도가 뭐예요? 길을 가르쳐 주는 겁니다. 하나님께로 돌아가는 길을 가르쳐 주니 그 얼마나 위대한 겁니까? 전도하면 기쁩니다. 반면에 전도하지 않으면 기쁨이 오지 않습니다. 선생님도 이 일을 안 하면 괴롭기 때문에 합니다. 전도를 하면 욕먹고 나서도 기쁜 것입니다. (19-22)

영계에 가면 자랑할 것이 전도밖에 없습니다. 영계에서는 돈 많이 가졌다는 것은 자랑꺼리가 안됩니다. 또 세상에서 권력을 가졌다고 자랑할 수도 없습니다. 생명을 얼마만큼 살려 주었느냐, 이것이 자랑이 됩니다. 갑이면 갑, 을이면 을, 혹은 종족을 초월하여 수많은 민족을 새로운 생명과 관련시켜 얼마만큼 살려 주었느냐? 그것이 재산이 됩니다. 재산은 그것밖에 없습니다. 영계에는 없는 것이 없어서 그리울 것이 없지만, 가장 그리운 것이 있다면 참된 사람입니다. 그렇기 때문에 참된 사람을 양육하기 위해 공을 들인 그 공신은 천상세계에서 당연히 영광의 아들딸이 될 수 있습니다. 그러기에 자랑할 것은 전도밖에 없다는 것입니

다. (30-148)

　여러분은 전도 대상자를 놓고 밤을 새워 통곡하며 기도해 봤어요? 자기의 어머니 아버지가 죽은 이상으로 슬퍼하면서, 혹은 사랑하는 애인이 죽은 이상으로 슬퍼하면서 통곡해 보았느냐는 것입니다. 안 해 봤으면 해봐야 합니다. 하나의 생명을 살릴 수만 있다면 그 무엇도 아까운 것이 없다는 것입니다. 돈이나 옷이나 집이 문제가 아니라는 겁니다. 사람을 사랑하기에 미쳐야 합니다. (34-270)

　하나님을 사랑하는데 얼마만큼의 정성을 통해 사랑하고, 인간을 사랑하는데 있어 얼마만큼의 정성을 통해 사랑하느냐가 문제인 것입니다. 이것이 영계에 가서 인격이 되는 것이요, 영광의 터전이 된다는 것입니다. 전도하기 위해 밤을 새워 봤어요? 선생님은 밤도 많이 새워 봤습니다. 저 나라에서 물어볼 것입니다. 전도하기 위해서 몇 밤이나 새워 봤느냐고 여러분은 모든 힘을 다 바쳐 전도해야 합니다. (10-252)

　전도는 제2의 나를 만드는 것입니다. 어머니가 아기를 낳아서 기르는 정도의 정성을 드리면 문제가 없습니다. 전도는 정서가 앞서서 만 사람을 끌어당길 수 있는 심정적 자석이 되어야 합니다. 선한 사람을 구하고자하는 사람은 많으나 악하고 불쌍한 사람을 선하고 행복한 사람으로 이끌고자하는 사람은 적습니다. 죄악의 역사가 6천 년이었으니 한 사람을 붙들고 적어도 6개월은 정성 드려 전도해야 합니다. 전도의 효과는 영적분위기 40%, 원

리 30%, 실천 30%로서 나타납니다. (뜻길 296-29)

전도는 선택받은 선민의 제일 고귀한 임무입니다

전도는 메시아적 임무로서 사탄의 주관권에 있는 무리들을 하나님의 주관권으로 인도하는 구세의 행위로서 슬픔에서 기쁨으로, 불행에서 행복으로, 불화에서 평화로, 무가치에서 가치로, 상극에서 상생으로, 악에서 선으로, 거짓에서 참으로 회복하고 복귀하는 그야말로 메시아의 대행임무인 것입니다. 그러므로 선택받은 하늘 백성의 가장 고귀한 임무는 전도하는 것입니다. 다시 말하면 거짓 사랑의 노예를 참사랑, 참생명, 참혈통의 참자녀로 재창조하는 거듭 탄생시키는 중생의 역할이요, 참부모의 역할을 하는 것이 전도하는 것입니다. 그래서 전도의 거룩한 임무를 성공적으로 수행하기 위해서 전도의 의미를 여러모로 알아보겠습니다.

전도자는 참다운 길잡이True Guide입니다

하늘의 섭리는 선천시대의 막을 내리고 후천시대를 열었습니다만, 세상의 많은 사람은 선천시대에서 살고 있습니다. 선천시대는 상극의 상황 속에서 숱한 갈등의 구조 속에서 갖가지 혼란을 겪으며 내적으로, 외적으로 불안을 겪으며 평화를 추구하고 있습니다만, 어디에 평화가 있는지, 어디에 참다운 가치가 있는지, 어디에 참인생길이 있는지 방향감각을 잃고, 모순의 굴레 속에서 허덕이고 있습니다. 우리가 운전을 해 봅니다만 갈 길을 확실히 모

를 때 헤맵니다. 한참을 헤매다가 도저히 모를 때는 물어볼 수밖에 없지요, 물어 볼 때는 아주 정중하고 겸손하게 물어 봅니다. 그래서 길을 알았을 때는 날아 가는 기분이지요.

그렇습니다. 전도는 불안과 불행 가운데서, 인생의 갈 길을 알지 못해 허덕이는 고통의 무리들을 행복하고 평화로운 참인생길로 안내해 주는 참다운 길잡이의 역할을 하는 것입니다.

전도자는 참다운 스승True Teacher입니다

21세기를 사는 많은 사람들은 최고로 발달된 문명의 혜택을 누리고 있습니다. 그러나 자세하게 그 속을 들여다보면 찌그러지고 허전한 인생을 산다는 것입니다. 왜 그럴까요? 본디 인간은 이중구조로 창조된 두 인생을 살게 되어있기에 속사람과 겉사람, 영과 육의 두 면이 충족되었을 때 만족을 할 수 있는데 물질이 우선되는 풍조에 밀려서 돈의 노예 아닌 노예의 삶으로 내면세계가 피폐해지고, 박자가 제대로 안 맞아 불균형의 인생이다 보니 풍요로운 것 같은데 마음속 한 구석이 허전해서 괴로워한답니다. 더욱이나 인생의 뿌리 되는 근원자를 바로 알지 못해서 본질적인 문제가 풀리지 않으니 한계상황에서 허덕인다는 것이지요. 그러므로 전도하는 것은 인생의 조화 균형을 가르쳐 주고, 인간의 근본과 그 분과의 관계를 가르쳐 줌으로 본질적인 고민을 풀어주는 참다운 스승의 역할을 하는 것입니다.

전도자는 참다운 의사True Doctor입니다

요즈음 타락의 소굴을 소탕하는 작전이 전국의 어두운 늪을 파헤쳤습니다. 정말이지 인간이 말살돼 가는 비극의 현장을 폭로했는데 그 실상은 상상을 초월하는 비극의 현장이었습니다. 몸이 썩고, 마음도 썩고, 인생을 쓰레기로 만드는 음란의 소굴은 그야말로 생지옥의 늪이었습니다. 에이즈에 걸려서 사형선고를 받은 한 여인이 사탄의 근성 그대로 타락을 번식시키는데 '내가 죽어가는데 뭐……' 하면서 이판사판으로 그것도 돈을 받고 에이즈를 천 명의 남자에게 전염시켰답니다.

에이즈는 걸렸다하면 사형선고입니다. 현대 의학으로는 치료가 불가능합니다. 악마의 마지막 발악 현상의 하나가 에이즈 무기를 휘두르는 것입니다.

일본의 대학교수 70명이 공동 성명을 발표하기를 에이즈를 예방하는 가장 좋은 길은 통일교회에서 실시하는 참가정 축복식에 동참하는 것이라고 했습니다. 그렇습니다. 인류의 최초의 조상이 성폭력을 당해서 빗나간 사랑, 타락한 사랑이 무서운 병을 유발하며 타락의 역사로 점철 되어 왔습니다. 타락의 늪에서 허덕이는 저들을 고쳐 줄 참다운 의사는 참사랑, 참생명, 참혈통의 축복으로 인도하는 것이요, 슬픔의 병, 괴로움의 병, 타락의 병을 고쳐 주는 참의사의 역할인 것입니다.

전도자는 참다운 매개체True Mediator입니다

인간이 타락하므로 하나님과 인간은 관계가 두절되고 말았습니다. 그렇기에 말라기에서 구원섭리의 골자가 '아비의 마음을 자식에게로, 자식의 마음을 아비에게로' 라고 했습니다.

두절된 관계를 다시 맺는 단계는 종의 종에서부터 시작되었지요. 종의 단계까지 발전시키는데 자그마치 2000년의 탕감어린 고난이 있었습니다. 천신만고 끝에 독생자 예수를 지상에 보내는데는 4천 년의 탕감복귀의 쓰라린 노정이 있었던 것입니다. 그러나 오신 예수님은 사랑의 꽃을 피워 보지 못하고, 약속을 남기고 십자가의 고난길로 가시었지요.

이제야! 참부모님 오셔서 하나님의 뼛골에 사무친 한 서린 심정을 파헤치시고 그 응얼진 한을 다 풀기까지는 죽음의 팔단계 노정을 다 승리하셔서 하나님을 영광 가운데 모시게 된 것입니다. 그리하여 그 하나님과 우리가 부모와 자식이란 관계를 맺게 되었으니 이 축복의 위대함이 여기에 있는 것입니다. 그러나 세상에 많은 사람들은 아직도 캄캄한 사탄의 혈육에 얽혀서 본래의 참혈육의 관계는 아예 꿈에도 생각해 볼 겨를 없이 세파에 파묻혀 흘러가고 있습니다. 메시아가 아니면, 메시아의 무리가 아니면, 저들을 접목할 자가 없는 것인즉 성약시대의 전도자, 후천시대의 전도자 된 우리가 저들을 향하여 전도의 사랑을 베푸는 것은 참다운 생명의 다리 역할을 하는 것입니다.

전도는 천일국 창건의 지름길입니다

천일국 백성이 번창하면 천일국 주권을 획득할 수 있습니다. 천일국 백성이 없는 천일국은 있을 수 없기 때문입니다. 그러므로 천일국 백성을 만드는 전도활동은 천일국 창건의 지름길이 됩니다.

전도는 하나님을 닮는 지름길입니다

하나님의 심정을 체휼하고, 하나님의 소원을 행동으로 옮기는 전도 활동은 하나님의 입장에 들어가 하나님의 대신자 된 역할을 몸소 체험하므로 하나님을 닮는 첨단의 삶을 살게 되는 것이지요.

전도는 타락성을 벗는 지름길입니다

타락성은 어차피 청산해야 할 신앙의 절대절명의 과제입니다. 그런데 타락성은 탕감을 통해서만 청산이 가능합니다. 마치 병든 부위를 수술하는 원리와 같습니다. 수술이나 약을 쓰지 않는 원상회복이 없듯이 탕감이란 약이나 수술을 해야 되는 것인즉 그 탕감 중의 탕감이 전도하는 것입니다. 그러므로 전도는 타락성을 청산하는 지름길입니다.

전도는 영원한 기쁨의 재산을 만드는 것입니다

기쁨이란 실체대상을 통해서 이뤄집니다. 부모의 기쁨은 자녀라는 실체를 통하여 상대적인 자극을 통해서 얻어집니다. 전도는 믿음의 자녀를 얻는 것이요, 영원한 기쁨의 실체를 창조하는 재창조의 역사입니다. 실로, 영원한 기쁨의 재산은 기쁨의 실체대상인 자녀밖에 없습니다. 영원이라고 하는 것은 영계를 함께 계산하는 개념입니다. 사람이 이 땅에서 한 평생을 살다가 영계로 가게 되어 있는데 갈 때에 영원한 세계까지 동행할 수 있는 것은 영인체 밖에 없습니다. 돈도, 자동차도, 집도, 재산도, 아무것도 못 가져갑니다. 그렇기에 영원한 재산은 기쁨의 실체뿐입니다.

전도의 비결은?

그렇다면 전도의 비결은 무엇인가요? 본문 말씀에 영적 분위기가 40%를 차지하고, 말씀이 30%요, 실천이 30%라고 했습니다. 그러니까 영적 분위기 조성을 하는 것과 전도 실천을 하는 것이 70%요, 말씀은 불과 30%인 것입니다. 그런데 우리는 평소에 말씀을, 또는 강의를 잘해야 전도가 될 수 있다고 얘기합니다. 물론 강의를 잘해서 올바른 이해를 하도록 하고, 감동도 받고 해야 되겠지요. 그러나 실질적으로 결심하는 데는 하늘의 역사와 체험이 뒷받침 될때 확실한 결심이 섭니다. 그 체험은 정성의 댓가로, 그리고 사랑 실천의 댓가로 나타납니다.

사람은 지적 기능과 정적 기능과 의적 기능이 있습니다. 지적

기능은 강의를 통해서 올바른 이해를 하는 것입니다. 그 다음에는 가슴으로 뜨거운 감동을 맛볼 때 확신을 하는 것이지요. 그렇게 됐을 때 하늘의 삶이 실천됩니다. 본문 말씀에 전도 대상자를 위해서 밤을 지새우며 기도하고, 누구보다도 더 사랑하며, 미치는 경지에 들어가야 전도가 된다고 했습니다. 우리는 이미 많은 체험을 해본 경험들을 갖고 있습니다. 그 경험은 영원한 자랑꺼리가 된다고 했습니다. 정말이지 그러한 자랑꺼리가 많은 자는 정말 행복한자입니다.

축복 싹쓸이를 해야 천일국이 창건된다고 하십니다

선문대학교 목회대학원 졸업식장에 오셔서 주신 메시지는 축복 싹쓸이였습니다. 원리 말씀에도 사탄과의 상대관계를 다 끊고, 하나님과 관계를 맺어야 지상천국이 이루어진다고 하셨습니다. 그래서 한결같이 강조하시는 섭리의 핵은 종족 축복화, 통반 축복화입니다.

우리가 종족을 축복화해 나감에 있어서 지극히 구체적이고, 목숨을 건 정성과 실천이 뒷받침돼야 희망이 있습니다. 막연한 생각이나 이상은 꿈에 불과합니다. 한 아기를 탄생하는데도 준비와 사랑을 통하여 잉태의 단계가 있고, 복중에서 자라는 단계가 있으며, 탄생하는 단계에서 산고라고 하는 진통을 거쳐서 옥동자를 맞이하는 것이지요. 그렇습니다. 준비와 과정과 노력이 분명하게 진행될 때 분명한 결실을 기대할 수 있는 것입니다.

1989년 10월에 전국교역장 집회가 중앙연수원에서 있었습니다. 그때 참아버님께서 말씀을 하시다가 20년이상 된 사람 일어서 보라고 하셨습니다. 약 20여 명이 일어섰습니다. 그리고는 한 사람 한사람씩 질문하시는 것은 그동안 전도를 몇 명 했느냐는 것이었습니다. 그런데 어느 지도자가 3명을 했다고 하니, 크게 야단치시며 섭리의 기생충이라고 하셨습니다. 그 말씀을 듣고 그분은 잠을 잘 수가 없었답니다.

우리는 천일국의 참주인

우리는 하나님과 참부모님으로 말미암아 양육 받은 천일국의 주인들입니다. 주인의 역할분담은 천일국 백성을 많이 번창시키는 데 있습니다. 그래서 천일국을 이루는 데 있습니다. 주인은 늘 책임을 지는 것입니다. 장마가 질 때 논두렁이 무너질까봐 주인은 삽을 가지고 비를 맞으며 논으로 갑니다. 지극히 자발적이요, 스스로가 책임을 집니다.

그런데 종은 그렇지 않습니다. 꾀를 부리고, 핑계도 대고, 이유를 달면서 책임을 지려하지 않습니다.

우리는 가정맹세를 새기고 또 새기면서 천일국 주인 된 축복가정임을 명심하고, 주인다운 주인의 삶을 영위하려고 지성을 다해야 되겠습니다. 하루 24시간의 십일조(2시간 40분)를 뜻을 위해서, 섭리의 인생을 빛내기 위해서, 전도생활을 알뜰히 해야 되겠다는 것을 새삼 다짐해 봅니다. 우리의 이웃, 우리의 직장, 우리의 종족, 우리의 주위에 사는 많은 사람들의 양심은 참다운 인생을 살

아야 된다며 우리와 인연 되고, 우리와 관계 맺기를 갈망하고 있습니다. 우리가 아니면, 작은 메시아가 아니면, 메시아의 무리가 아니면, 참 인생을 얻을 길이 없는 것을 저들의 양심은 애타게 간구하고 있는 것입니다.

이제는 우리가 옷깃을 여미고 참다운 길잡이로서, 참다운 스승으로서, 참다운 의사로서, 참다운 매개체로서의 거룩한 임무를 충실히 실행하여 천일국 창건의 지름길 된 전도생활을 보다 적극적으로 행함으로 영원한 행복의 승리자가 되시기를 축원 드립니다.

영원한 자랑

훈독말씀 : 영계의 자랑

나이가 많은 사람들이 뜻길을 가려면 앞으로 어떻게 해야 되느냐? 육신이 노쇠하면 생리작용에서도 제약을 많이 받게 되는데, 이것을 무엇으로 보강해야 되느냐? 선생님이 이것을 연구하고 있습니다. 영과 육을 중심 삼고 활동해야할 시대에 자꾸 약화되면 어떻게 할 것이냐?

문제는 무엇이냐, 새로운 출발을 해야 됩니다. 새로운 출발을 하려면, 매일같이 새로운 것을 발견하라는 것입니다. 새로운 것을 발견하는 사람은 절대로 낙오자가 안 됩니다. 어려운 일을 당하더라도 절대로 낙심을 안 합니다. 도리어 재미가 나는 겁니다.

영계에 가면 자랑할 게 뭐냐? 생명을 얼마만큼 살려 주었느냐 하는 것입니다. 이것이 자랑입니다. 갑이면 갑, 을이면 을을, 혹은 종족을 초월하여 수많은 민족을 새로운 생명과 관련시켜 얼마만큼 살려 주었느냐 하는 것이 재산입니다. 재산은 그것밖에 없습니다. 영계에는 없는 것이 없어서 그리울 것이 없지만 가장 그리운 것이 있다면 참된 사람입니다. 그렇기 때문에 참된 사람을

양육하기 위해 공을 들인 그 공신은 천상세계에서 당연히 영광의 아들딸이 되는 것입니다. 그러기에 자랑할 수 있는 것은 그것밖에 없다는 것입니다. (30-147)

영계에서는 여러분의 마음이 사랑의 종소리가 울려나는 자리에 들어가게 되면 등불이 점점 커집니다. 이 빛은 오색찬란합니다. 하나님의 눈에는 다이아몬드 빛보다 더 아름답게 보인다는 것입니다. 그리고 그 빛만이 좋은 것이 아니라 그 빛 가운데는 맛이 있다는 것입니다.

자꾸 보면 볼수록 취해 버립니다. 취해 버린다는 것입니다. 그렇기 때문에 하나님은 사랑이라는 말을 하는 것입니다. 그렇기 때문에 사랑의 눈물을 얼마나 흘렸느냐? 사랑의 애달픔을 얼마나 가졌느냐? 그게 여러분의 재산이라는 것입니다. (103-28)

봄이 오게 되면 어떻게 하든지 씨를 많이 뿌리자는 것입니다. 씨를 많이 뿌려 놓으면 많이 나는 것입니다. 그러면 씨를 뿌리는데 어디에 뿌려야 하느냐? 숫터에 뿌려야 합니다. 숫터가 어디냐? 청소년들입니다. 그때 한 번 심어 놓으면 일생을 가는 것입니다. 그때 심어 놓으면 빼버릴 수 없습니다. 사람에게 어느 때가 제일 예민한 때냐? 초등학교 때가 제일 그렇다는 것입니다. 중고등학교에 가면 점점 희박해지는 것입니다. 대학교에 가게 되면 이웃 동네를 거쳐 가는 것과 마찬가지입니다.

주일학교에서 아이들하고 놀면서 동요도 가르쳐 주고, 애기도 해 주고 하면, 그것이 자기 앞날을 위한 영원한 재산을 쌓는 것입니다. 나이 많은 사람들도 보기만 하면 말씀을 증언하는 것입

니다. 밥 먹는 것 보다 더 중요한 것이 하늘나라의 백성을 거두는 것입니다. 그게 본직입니다. 이 땅 위에 사는 우리들의 본업입니다. 생애에 해야 할 일 중에 그 이상 귀한 것이 없습니다. 해산의 수고를 해야 됩니다. (92.4.15)

지금 때는 타락 인간들이 구救해 달라는 소리가 천지를 진동하는 때입니다

요즈음 세상을 향하여 귀를 기울여 보면 죽임을 당하는 신음소리가 귀를 아프게 합니다. 세상의 빛을 보지도 못하고 죽어가는 낙아의 수가 하루에도 수백 명에 이르고 있는데, 이는 거의가 성폭력으로 윤리적인 죽임을 당하고, 그 폭력으로 원치 않는 임신을 해서 또 한 생명이 빛을 보지도 못하고 버림을 받는 이중 삼중의 죽임으로 이 사회를 죽음의 사회로 만들고 있습니다.

저들의 양심의 메아리는 사랑의 윤리가 올바르게 서 있고, 성의 가치가 존중되고, 생명의 존엄성이 보장되는 행복한 세상으로 구원해 달라고 아우성치는 것입니다.

그렇다면 과연 누가 죽이고 죽이는, 성의 가치, 사랑의 가치, 생명의 가치를 회복할 수 있는가요? 교육인가요? 정치인가요? 문화인가요? 지식인가요? 종교인가요?

교육의 현장에서 성윤리가 죽고 있습니다. 성의 가치를 회복할 대안교육도 없습니다. 청소년들의 성범죄로 낙태하는 수가 늘어만 가고 있습니다.

오늘의 정치는 성의 가치, 성의 윤리를 법으로 다스리고, 계도

한다고 하면서도 법의 한계상황에 부닥치고 정치를 하는 사람들이 더 많은 성범죄를 저지르는 경향이 있으니 이 또한 한계에 허덕이고 있는 것입니다.

문화는 삶의 총체적인 표현가치라고 합니다만 사랑문화, 성문화가 핵심 문화인데 그 핵심가치가 핵심을 상실한 채 헤매고 있기에 본질적인 혼란을 초래하고 있는 것입니다.

지식이 없어서인가요? 현대 과학은 지식의 홍수를 이루고 사람으로 하여금 최고최상의 안락한 삶을 제공해 주고 있습니다만, 본질적인 지식, 핵심적인 지식, 생명의 근원적 지식이 없는 연고로 학자들의 고민이 있습니다.

종교는 모두가 선을 추구하고, 참다운 인생을 추구하며, 행복한 사회를 구현한다고 사랑을 외치고 있습니다만, 사랑의 윤리와 성의 가치를 올바로 계도하는 데는 한계에 부닥쳐서 고민하고 있습니다. 그래서 세상 말세라고 새로운 대안을 가지고 오시는 새 주인을 기다리고 있는 것입니다. 그것이 바로 모든 종교가 공히 갖고 있는 재림사상입니다.

거짓사랑이 난무하는 이 세상을 구할 수 있는 유일한 길은 "참사랑, 참성, 참생명의 원리"밖에 없습니다.

우리는 누구인가요? 우리가 바로 참사랑, 참성, 참생명의 모델이요, 세상의 아우성소리를 책임 맡아 구원의 책임을 다해야 할 구세주의 무리들입니다.

천주평화연합 창설의 메시지에서 돌감람나무는 천년을 가도 돌감람나무이므로 참감람나무로 접목을 해야 참감람나무의 참 생명

이 시작된다는 접목의 구원 원리입니다. 그 접목 섭리가 바로 축
복섭리입니다. 축복섭리의 역사는 인류역사상 처음 있는 인류의
희망 역사입니다. 축복으로 참감람나무에 접을 붙여 주면 천년만
년 잊을래야 잊을 수 없는 영원한 감사요, 감격이요, 행복인데,
그 행복의 보람이 바로 축복의 영원한 가치입니다. 그렇기에 축
복은 영원한 자랑이 되는 것입니다.

축복을 성공시키는 비결은 더 사랑으로 입체적 일체를 이루는 데 있습니다

뜻길 299페이지 말씀에 전도의 비결은
"눈으로 많이 보아주고, 입으로 많이 말해 주고, 귀로 많이 들
어주고, 그 사람을 위하여 많이 주는 것이 사람을 전도하는 비결
이다."
라고 하셨습니다.
전도는 물에 빠진 자를 건져 주는 것이요, 병든 자를 고쳐주는
것이며, 헤매는 자의 길잡이가 되어 주는 것이며, 천국을 건설하
는 지름길을 만드는 것이며, 영원한 행복을 쌓는 것이요, 후손만
대에 물려 줄 영원한 재산을 상속 해 주는 것이며, 하나님의 자
녀 된 도리를 다하는 것입니다.

그렇기에 전도를 해서 축복을 시키는 것은 천하를 주고도 바꿀
수 없는 최고의 보람이요, 영원한 보물을 천국 창고에 쌓는 것입
니다. 영원한 천국에서 영원히 자랑할 수 있는 자랑의 원 자료가

바로 전도의 이모저모, 전도의 사연곡절, 핍박과 서러움, 기도와 정성, 끝없는 사랑을 베푸는 등등의 내용들이 산고의 수고를 감내하는 전도의 역할입니다.

한 생명을 축복시키는 과정은 눈물겨운 고충을 극복해야 됩니다. 그런데 하나님과 함께, 선한 조상들의 역사와 함께 천군 천사가 함께, 참부모님께서 함께 해 주시는 입체적인 일체로 진행되면 고생이 도리어 더 큰 행복감으로 소화되고, 핍박이 촉진의 원동력으로 작용합니다. 그러므로 늘 하늘을 모시고 사는 연단 속에 한 생명을 구원하는데도 입체적인 역사로 성공의 결실을 얻을 수 있는 것입니다.

사탄이 주관하고 있는 생명을 하늘 생명으로 복귀시키기 위해서는 사탄보다 더 사랑해서 탄복을 시키지 않으면 안 되는 것이 전도의 비결이요, 참사랑으로 하늘과 입체적으로 통일된 전도 실천이 축복의 결실을 가져오는 비결임을 다시 한 번 분명한 전도철학으로 아로새겨야 되는 줄 알아야하겠습니다.

씨를 많이 뿌려 놓으면 많이 나고, 자라서 많은 결실을 얻는 것입니다

뚝방길을 걷노라면 갓길에 누군가가 팥씨를 뿌려 놓고, 가을이면 수확을 하는 것을 보았습니다. 자기 땅도 아니지만 길가의 작은 공간에 씨를 뿌려 놓으니 철따라 싹이 나고, 계절따라 무럭무럭 자라서, 철을따라 알곡을 거두는 것입니다.

우리는 역사에 없었던 참생명의 씨앗, 참사랑의 씨앗, 참혈통의

씨앗을 전수 받은 축복가정이 되었기에, 번식의 도리와 책임을 다하여 많은 알곡을 거두기 위해 씨 뿌리는 열심, 가꾸는 열심, 수확하는 열정이 늘 하늘 섭리의 프로그램에 맞추어 역사적인 충효를 다함으로써 우리 일생의 보람과 행복으로 챙겨 나가는 슬기와 지혜가 충만해야 되겠습니다.

이제 우리에게 100만 국민축복의 과제가 주어졌습니다. 이 섭리적인 현실적인 과제를 축복의 기회로 포착하여 그동안 못 다한 종족 축복섭리를 이번 이 기회에 보충한다는 충성스럽고 효성스러운 온 지성을 모아 성공적인 준비를 알뜰히 해야 되는 줄 알겠습니다. 영원한 자랑, 영원한 재산, 영원한 기쁨을 오늘 우리들의 노력으로 창조하시기를 축원 드립니다. 감사합니다.

일일신 日日新

훈독말씀 : 뜻과 더불어 일치된 삶

오늘 우리들의 자세가 문제입니다. 먼저 뜻의 나라가 오기를 바라고 뜻이 이루어지기를 바라는 것도 필요하겠지만, 그것보다 자체가 어떻게 하면 뜻과 더불어 일치되어 나가느냐 하는 것이 중요합니다. 한 시간이면 한 시간을 어떻게 하면 뜻과 더불어 하나되게 하느냐 하는 것이, 뜻의 나라가 이루어지기를 바라는 것보다 중요하다는 것입니다. 그러므로 뜻을 계승할 수 있는 개인적인 환경, 종족적인 환경, 민족적인 환경을 이루어야 뜻의 나라와 관계 맺을 수 있기 때문에, 하나님을 중심 삼고 하루의 생활권 내에서 한 시간이면 한 시간을 어떻게 뜻과 더불어 관계 맺느냐 하는 것이 중요한 문제가 아닐 수 없습니다.

영원한 출발은 내가 죽어서 시작되는 것이 아닙니다. 영원한 출발은 내가 뜻을 알고 난 순간부터 계속되는 것입니다. 여기에 한 순간이라도 시간 관계를 두고 비약이 있든가 구렁텅이가 생겨나면 영원은 중단되는 것입니다.

그러므로 우리가 생애노정을 중심 삼고 신앙길을 가는데 금년에

못가면 명년에 가고, 명년에 못가면 내명년에 가고, 10대에 못가면 20대에 가고, 20대에 못가면 30대에 가고, 30대에 못가면 40대에 가고, 40대에 못가면 50대에 가고, 이렇게 해서는 안 됩니다. 일생을 이런 식으로 살아간다면 그는 일생동안 뜻과 더불어 하나 될 수 있는, 하루의 생활도 가져보지 못하고 죽을 것입니다. 만약 그렇게 살았다면 그 사람은 천국에 가지 못합니다.

아무리 자기가 살고 있는 그 나라가 좋다 하더라도 하루의 승리 기준을 갖지 못하면 하늘나라에 갈 수 없으며, 일 년의 승리 기준을 갖지 못하면 영원한 세계에 들어갈 수 없다는 것입니다. 그렇기 때문에 신앙자는 영원을 꿈꾸고 나가는 것도 중요하겠지만 그것보다 중요한 것은 현실에서 어떻게 악을 청산하고 선의 기수가 되느냐 하는 것입니다. 이런 문제가 무엇보다도 중요합니다.

오늘날 신앙자들이 두려워해야 할 것은 끝날에 찾아오는 심판이 아니라 하루하루의 생활권 내에서 찾아오는 시간을 어떻게 뜻과 일치시키느냐, 어떻게 뜻과 더불어 교차로를 형성하고 나가느냐 하는 문제입니다. (37-219)

참부모님 성탄 기념 경축행사를 마치고, 이어서 '2006년 천일국 세계지도자 대회'를 마치고, 또 이어서 일본 연수생 인솔을 하고, 평화대사 신년 하례회에 참석하고 정말 오랜만에 뵙는 것 같습니다.

뜻을 이루어나가는 섭리의 현주소는 전국민 축복화에 있습니다. 참부모님께서는 '축복싹쓸이'라고 강조하십니다. 천주평화연합 선언문의 골자도 참사랑 참생명 참혈통으로 접붙이는 축복에 있습니다.

뜻의 일심, 뜻의 일념, 뜻의 실체, 뜻의 통일된 삶으로 나날을 가꾸는 삶

뜻은 하나님의 소원이요, 인류의 희망이며, 온 천주가 갈망하는 자유, 행복, 기쁨, 평화의 이상천국을 이루는 것입니다. 우리는 이상천국의 청사진을 부여 받은 축복가정들입니다. 이제는 축복가정들이 뜻의 삶을 온전히 실행함으로써 이상천국의 모델이 되어 역사와 인류 앞에 보여주고 자랑함으로 만민이 추앙하는 삶의 현주소를 만들어야 되는 줄 압니다.

그러자니 이상과 현실의 조화 통일된 삶을 가꾸는 지혜와 슬기가 있어야 되고, 자기 스스로를 통솔하는 신앙의 능력이 뒷받침돼야 하는 것입니다. 신앙의 힘은 하나님과의 관계에서 만들어집니다. 하나님은 만유의 원천입니다. 하나님과 하나 된 삶을 영위하면 만사형통의 행복이 있습니다. 그런데 하나님과 하나 되고자 할 때 많은 장애요소를 극복해야 합니다. 그 장애요소는 하나님에게 있는 것이 아니라 바로 나에게 있다는 것입니다. 다시 말하면 하늘의 주파수와 우리의 채널이 하나 되면 하늘의 오묘하고 신비로운 맛을 보며 늘 신바람 나는 하늘의 활력소를 받아서 취

하여 살며, 행복을 주고받을 수 있는 것인데 채널이 안 맞으면
서로가 답답하고, 어수선하고, 제대로의 인생을 꾸밀 수 없는 것
입니다.

하늘과의 관계지수를 높고, 넓고, 깊게 하기 위해서는 하나님으
로 말미암은 인생, 뜻으로 말미암은 인생, 섭리로 말미암은 삶으
로 현실을 다스려나가야 하늘과 밀착된 삶이 만들어 진다는 것입
니다.

**매사를 뜻의 정당화, 뜻의 합리화로 요리하는 능력 또한 절
대 필요한 것입니다**

섭리의 인생을 사노라면 갖가지 인생의 사항들이 부닥칩니다.
그럴 때마다 갈등의 과정을 갖게 마련입니다. 뜻이 앞서느냐? 내
가 앞서느냐? 뜻이 우선이냐? 내가 우선이냐? 뜻이 주체냐 내가
주체냐? 뜻이 중심인가? 내가 중심인가? 등등의 생각들이 갈등
을 갖게 됩니다만, 뜻을 삶의 중심에 종적인 축으로 굳건하게 세
우고 매사를 처리하면 갈등은 없어지고 하늘의 인생, 뜻의 인생
이 올곧게 만들어지게 됩니다.

그러나 자기를 우선하여 자기정당화를 하노라면 뜻은 멀어지고,
하나님과도 점점 멀어지고, 현명한 것 같으나 어리석음으로 결론
지어지는 사실을 우리의 신앙생활이나 형제자매들의 신앙생활에
서 보게 됩니다. 그렇기에 뜻의 오관, 하나님의 오관을 발휘하여
뜻에 합당한 삶을 꾸미고저 노력을 경주하면 매사가 순조롭게 진
행된다는 것입니다. 성숙한 신앙이라고 하는 것은 지극히 겸손하

고, 지극히 순수하여 매사를 하늘 중심으로 뜻의 인생을 아름답게 가꾸어가는 신앙을 말하는 것이겠지요.

하루가 천년보다 소중한 나날을 뜻의 교차로 된 삶을 꾸며야 된다 하십니다

뜻은 3대 축복이요, 3대 축복은 세 가지 목적을 성취하는 것입니다. 그 첫째 목적이 하나님을 닮은 참자녀가 되어 하나님의 상대가 됨으로 주고받는 생활의 연속에서 끝없는 기쁨과 행복으로 사랑에 취하여 사는 천국의 아들딸 된 삶을 영위하는 것입니다.

둘째 목적은 하나님의 사랑이 핵과 축으로 자리매김하여 종적인 사랑과 횡적인 사랑이 어우러져 참 사랑의 향연이 끝없이 펼쳐지는 사랑의 왕국, 기쁨의 왕국, 행복의 왕국, 평화의 왕국 된 가정을 운영하는 것이요,

셋째 목적은 하나님을 닮은 아들딸이 참사랑의 요람 된 가정을 터로 하여 삼라만상과 사랑과 미를 주고받아 끝없는 무한대의 신비와 오묘의 동산에서 기쁨과 행복을 노래하며 사는 것입니다.

그런데 오늘 우리가 살고 있는 현실은 뜻의 목적이 달성된 세상이 아니라 많은 모순과 갈등, 고통과 슬픔이 난무하는 불행, 불화의 세상입니다. 이러한 세상을 뜻의 세계로 발전시켜 나가는 뜻의 인생은 하나님의 아들딸 된 신분으로, 하나님의 참다운 가정의 모델로, 하나님의 세상을 만들어 나가는 작은 메시아의 심정으로 이 불행한 세상을 끌어안고 참말씀과 참사랑과 참인생으로

교차로를 만들어 흡수하고, 소화하고, 요리하고, 재창조하는 역할
과 책임을 수행하는 뜻의 주역이 되라고 하시는 것입니다.

나날을 새롭게 살아가는 싱싱한 인생을 만들어 가야 되겠습니다

대학大學 2장을 보면 '일신 일일신 우일신日新 日日新 又日新'이라고
했습니다. '하루가 새롭고, 날마다 새롭고, 또 하루가 새롭다.'라
는 뜻입니다.

우리에게 있어서 하루하루는 우리의 일생에서 단 한 번밖에 없
는 유일무이한 나날입니다. 한 걸음 더 나아가서 영원한 하늘나
라의 천년만년의 삶과 비교 해보면 이 땅에서의 하루가 천년보다
더 중요하고, 더 값지고, 더 위대한 나날이라는 것입니다.

그렇기에 이토록 고귀한 나날을 행복하고, 보람 있고, 후회함이
없는 싱싱한 나날로 꾸며 가는 것은 우리의 한결같은 바램입니
다. 우리의 바램인 나날을 새롭게 싱싱하게 꾸며가는 비결은 무
엇일까요? 그것은 마음과 생각이 새로워지면 됩니다.

좀 더 보람 있는 하루, 좀 더 행복한 하루, 좀 더 의미 있는 하
루, 좀 더 싱싱한 하루를 마음으로부터 생각을 '좀 더'하나라도
더'하겠다는 욕구를 발휘하면 되는 것이지요. 더 참고, 더 따뜻하
고, 더 감내하고, 더 좋아하고, 더 넓게, 더 크게, 더 열심히, 더
진지하게, 더 참되게, 더 사랑하고, 더 친절하게, 더 양보하며,
더 위하겠다는 위타주의의 생각으로 살겠다는 삶의 철학이 분명
하면 늘 하루하루가 새롭고, 싱싱하게 진행될 것입니다. 더욱이

오늘 본문 말씀을 따라서 뜻과 하나 된 삶, 뜻에 사무친 나날을 꾸미겠다는 결심이 뚜렷하면, 그리고 섭리적인 인생을 영생의 보람과 기쁨으로 챙기기에 혼신을 다하노라면 우리의 나날은 보람과 기쁨으로 쌓이는 싱싱한 나날, 늘 새로운 나날이 되고도 남을 것입니다. 더욱이 금년 삶의 표어가 모델가정, 모델국가, 모델세계를 만드는 모델섭리의 주인공 된 모델의 삶을 우리의 현장 삶의 자리에 아름다운 기록으로 꾸며가야 되는 줄 압니다.

금년 내내 나날이 '좀 더 위하는 삶'으로 싱싱하고 보람찬 나날로 쌓아 가시기를 축원 드립니다. 감사합니다.

제4장 성육신incarnation의 삶

말씀은 곧 하나님이시니라

믿음은 보이지 않는 실상

새 포도주는 새 부대에 넣어야!

그의 열매로 알리라

생산적 신앙

복福씨 파종播種

입체적 인생 성공

하나님의 한몸

믿음의 첫 번째 본질은
하나님을 순수하게 신뢰하는 것입니다.

말씀은 곧 하나님이시니라

훈독말씀 : 영적인 밥맛이 육적인 밥맛보다 더 좋아야 됩니다

　진리는 영원불변합니다. 그렇다면 이 악한 세상에서 과연 어떻게 선과 악을 분별하면서 진리의 길을 갈 수 있습니까? 자기를 중심 삼은 삶을 탈피하고 보다 더 낮은 자리로 내려가라는 것입니다. 성서에서도 높고자 하는 자는 스스로 낮아져야 한다고 했습니다.

　인간의 본질은 영적인 것입니다. 그렇기 때문에 죽어서 영계에 가면 인간의 본질이 남을 위해 살도록 되어 있다는 것을 더욱 실감하게 됩니다. 인류가 아직도 이기적인 개인주의적 삶의 굴레를 벗어나지 못하고 있는 것은 사탄의 혈통적 인연을 갖고 있기 때문입니다.

　이제 여러분은 영적인 밥을 먹어야 됩니다. 영적인 밥과 육적인 밥 중 어느 것이 더 맛이 있어야 되겠습니까? 여러분이 살아남고 또 하나님 편에 서기 위해서는 영적인 밥맛이 육적인 밥맛보다 더 좋아야 할 것입니다. 영적인 힘을 중심 삼고 사는 맛이 육적인 힘을 갖고 사는 생활의 맛보다도 더 좋아야 한다는 것입니다.

태초에 말씀이 계시니라. 이 말씀이 하나님과 함께 계셨으니, 이 말씀이 곧 하나님이시니라. 그가 태초에 하나님과 함께 계셨고, 만물이 그로 말미암아 지은 바 되었으니 지은 것이 하나도 그가 없이는 된 것이 없느니라. 그 안에 생명이 있었으니 이 생명은 사람들의 빛이라. 빛이 어두움에 비춰되 어두움이 깨닫지 못하더라.

하나님께로부터 보내심을 받은 사람이 났으니 이름은 요한이라. 저가 증거하러 왔으니, 곧 빛에 대하여 증거하고 모든 사람이 자기로 믿게 하려 함이라.

그는 이 빛이 아니요, 이 빛에 대하여 증거 하러 온 자라. 참빛, 곧 세상에 와서 각 사람에게 비치는 빛이 있었나니 그가 세상에 계셨으며 세상은 그로 말미암아 지은 바 되었으되 세상이 그를 알지 못하였고, 자기 땅에 오매 자기 백성이 영접치 아니하였으나 영접하는 자 곧 그 이름을 믿는 자들에게는 하나님의 자녀가 되는 권세를 주셨으니, 이는 혈통으로나 육정으로나 사람의 뜻으로 나지 아니하고 오직 하나님께로부터 난 자들이니라.

말씀이 육신이 되어 우리 가운데 거하시매 우리가 그 영광을 보니 아버지의 독생자의 영광이요, 은혜와 진리가 충만하더라.

요한이 그에 대하여 증거하여 외쳐 가로되 내가 전에 말하기를 내 뒤에 오시는 이가 나보다 앞선 것은 나보다 먼저 계심이니라, 한 것이 이 사람을 가리킴이라 하니라. 우리가 그의 충만한 데서 받으니 은혜 위에 은혜라. 율법은 모세로 말미암아 주신 것이요, 은혜와 진리는 예수그리스도로 말미암아 온 것이라.

본래 하나님을 본 사람이 없으되 아버지 품속에 있는 독생하신
하나님이 나타나셨느니라.(요한복음 1장 1절로 18절)

말씀(진리)은 존재와 운행의 원리요, 법칙입니다

존재하는 삼라만상은 하나님께서 말씀으로 지어주신 피조물들입
니다. 그렇기에 그 피조물의 구조, 소성, 요소, 속성들은 하나님
을 닮아서 빚어 만들어진 결과적 존재들이므로 존재의 원리, 번
창의 원리, 운행의 원리, 관계의 원리 등등 원칙과 법칙을 따라서
원만한 우주, 평화로운 대자연, 입체적인 천주가 운영되고 있는
것입니다.

그러므로 하나님의 아들딸이요, 천주의 참주인으로 창조해 주신
인간은 자녀의 도리를 다하고, 천주의 주인 된 역할을 다하기 위
해서는 주인 된 자격을 다 갖춰야 되는 것입니다. 본래 에덴동산
에서 하나님을 닮아 완성되었다면 진리의 완성 실체, 즉 말씀의
실체로써 우주의 법도를 따라서 모두가 만족할 기쁨의 왕국, 행
복의 요람, 평화의 이상 동산을 꾸미고 변화무쌍한 조화통일의
신비로운 삶을 노래하며 살았을 것입니다. 그런데 인간조상이 타
락함으로 진리를 잃어버리고, 자격도 잃어버리고, 중심도 잃어버
리고, 가치를 상실한 인생으로 타락의 비극을 겪게 되었습니다.

타락의 고통은 인간만이 겪는 고통이 아니라, 하나님도 만물도
함께 겪는 고통이었기에 이 우주에 참 주인이 나타나기를 학수고
대 해 왔던 것입니다.

말씀(진리)은 참인생의 궤도입니다

비행기는 비행기가 가는 길이 있고, 기차는 기차 길이 있으며, 차는 차길이 있고, 사람은 사람의 길이 있습니다. 그 길을 이탈하게 되면 즉 궤도를 탈선하게 되면, 죽기도 하고, 머리가 깨지기도 하고, 다리가 절단되기도 하고, 비참한 현상이 벌어집니다. 그 정도의 차이는 천차만별이더라도 이탈의 고통과 회복의 고통이 뒤따르게 마련인지라 그 손해가 막중한 것입니다. 인간 조상이 사랑의 궤도를 이탈함으로 생명도, 말씀도, 갈 길도, 운영하는 것도, 삶의 의미도, 뒤죽박죽 엉망진창이 되고 말았습니다.

이 엉망 된 인간과 세상을 본 궤도에 올려놓기 위한 하나님의 고통과 인간의 고통과 만물의 고통은 수천 년을 탕감으로 개척해 온 역사였습니다.

이제야 참 부모님을 통하여 본연의 궤도에 진입할 수 있는 하늘의 비밀을 알려 주시고 가르쳐 주신 것입니다. 그래서 우리는 본연의 참인생을 살 수 있는 엄청난 은총을 힘입은 것입니다.

그런데 우리는 과연 몇% 궤도에 합당한 생을 영위하고 있는지 종종 자문자답을 해보게 되는 것은 궤도를 신나게 기쁨으로 잘 달리는 즐거움이 있어야 되는데 가끔씩 속도를 못 내고 섭리의 흐름에 박자를 제대로 못 맞춰서 이탈 아닌 이탈의 인생이 되고 있는 듯한 쓸쓸함을 맛볼 때가 있어서 가슴을 조이는 때가 왕왕 있습니다.

천국창건의 열차는 궤도를 따라서 쉬지 않고 달리고 있습니다.

우리들도 쉬지 않고 섭리의 궤도를 달리며 즐겁고 보람 찬 섭리 인생을 노래하며 살아야 되겠습니다.

말씀(진리)은 참사랑의 전기 줄입니다

발전소에서 전기를 생산하면 그 전기를 전달하는 매체가 바로 전깃줄입니다.

하나님은 참사랑을 생산하는 발전소와 같은 사랑의 원천자로 계십니다. 그 사랑을 자녀들에게 공급하기 위한 전달 매체가 말씀입니다. 말씀은 하나님과 함께 계셨고, 그 말씀이 하나님이라 하셨으니 그 말씀이 있는 곳에는 하나님이 임재하시고, 생명의 핵심인 사랑이 말씀을 따라서 흐르게 된다는 것입니다. 그렇기에 말씀을 훈독하고 느끼고 익힐 때, 우리들의 가슴속에서 하나님의 사랑이 생동하는 것을 체험하게 됩니다. 말씀이 있는 곳에 하나님이 계시고, 말씀이 있는 곳에 하나님의 사랑이 흐르고 있기에 말씀으로 태어 난 생명, 말씀으로 살다가, 말씀 따라 가오리. 라는 말씀 신앙의 확고한 철학이 있어야 되는 줄 압니다.

무지에서는 완성이 없다고 하셨습니다

부산이 어디에 붙어 있는지 모르는데 갈 수 있습니까? 컴퓨터의 작동원리를 모르는데 사용할 수 있습니까? 자동차 운전을 못한다면 도리어 거추장스러울 겁니다. 천국은 자유가 있고 기쁨이 있고, 행복이 있고, 평화가 넘치는 곳이라는데 천국의 법도와 원

리를 모르고, 천국 국민으로서의 의무와 도리를 모르면 제대로 박자를 맞출 수 있을까요? 태양빛이 따사롭고 만물의 생동요소라고 하는데, 눈에 병이 있는 사람은 태양 빛을 피하게 됩니다.

앎은 소생의 빛이요, 행복의 요소라고 했습니다. 무지는 흑암이요, 불행의 매체라고 했습니다. 우리는 무엇을 알아야 될까요? 내 생명이 생명다운 모습을 만드는 제반 사항을 알아야 되겠지요. 하나님도 바로 알아야 되고, 참인간에 관한 것도 바로 알아야 되고, 우주의 법칙이나 행복의 원리, 보람을 만드는 비결, 양심이 만족할 인생은 어떤 인생인지, 재창조의 섭리 인생은 어떻게 운영해야 되는지 등등을 바르게 알았을 때, 완성의 길로 성숙해 나가리라 믿습니다.

영의 양식을 육의 양식보다 맛있게 먹어야 된다고 하셨습니다

보통 사람들은 영인체가 있는 것을 확실히 모르고 살기에 육에 속한 인생으로 치우쳐 삽니다. 그렇기에 돈, 출세, 명예, 권력 등 외적이고 현실지향적인 삶을 추구하는데 전력투구하고 있습니다. 그러나 우리는 속사람 인생에 대해서 뚜렷이 알고 있기에 영의 인생을 육의 인생보다 더 중요시하고, 삶의 초점을 영원한 영의 인생에 두고 있는 것입니다.

육의 삶을 살기 위해 하루에 세끼 밥을 먹고, 간식도 먹고, 커피도 마시고, 물도 마십니다. 그렇다면 영의 삶을 살기 위해서 영의 양식인 말씀과 사랑과 심정을 하루에 몇 끼 정도 잡수시는지

요? 아침 훈독회 시간에 하루 분을 한번에 다 드시는지요? 아니면 수시로 잡수시는지요? 정말인즉 매일매일 말씀을 밥보다도 더 귀하게 챙겨 드신다면 영의 인생은 늘 싱싱하고 활기찬 섭리의 감격을 노래하게 할 것입니다.

말씀이 육신이 되고, 뼈가 되고, 생활이 될 때 영광을 나타냅니다

말씀은 하나님이요, 말씀은 빛이라고 하셨습니다. 그 말씀이 뼈와 살을 꾸미고, 삶으로 행하면 하늘의 영광이 빛의 인생으로 나타나게 된다는 것입니다.

그렇기에 말씀을 귀담아 듣고, 가슴으로 새기고, 삶으로 실행하여 하늘의 영광 땅의 기쁨으로 나타내야 된다는 것입니다. 그러기 위해서는 말씀을 우리에게 찾아 주시기까지의 과정적인 고난을 잊지 말아야 된다는 것입니다. 사탄이가 빼앗아간 하늘의 비밀을 되찾아 오는 데는 칼날 선상에서 피 튀기는 혈투전을 승리하였기에 찾을 수 있었던 것입니다. 그래서 초창기에는 말씀을 훈독할 때 무릎을 꿇고 감사하며 한편으로는 죄송스러운 심정으로 눈물로 말씀을 훈독하고 새기고 말씀대로 살려고 몸부림을 경주했습니다.

그래서 말씀을 주신 분의 의도와 뜻을 올바로 새기고 그 말씀에 합당한 삶을 추구할 때 우리의 삶의 자리는 사랑과 빛으로 밝혀진다는 것입니다.

하늘의 말씀이 내 말씀으로 챙기는 비결은 그 말씀을 육신으로, 그 말씀을 뼈에 사무치게 만들고, 그 말씀이 삶으로 답할 수 있어야 된다는 것입니다.

우리는 늘 말씀을 대하는 자세를 새롭게 가다듬을 필요가 있습니다. 또한 말씀이 한 귀로 듣고, 한 귀로 흘러버리지는 않는지, 그 말씀이 육신 속에, 뱃골 속에, 영인체의 영양분으로 제대로 소화가 되어 흡수되고 있는지, 그 말씀대로 살고자 하는 노력의 정성은 제대로 투입하고 있는지 등등을 늘 체크하는 순간순간, 시간시간이 나날로 진행되면 빛의 영광된 삶의 자리가 되리라 믿습니다.

간혹 말씀을 제대로 소화하지 못해서, 말씀을 자기 중심적으로 자기 입장으로 해석함으로써 말씀의 의도와는 차이가 생기고 각도와 방향이 갈등을 겪으면서 시간이 흐른 다음에야 스스로를 후회하는 경향도 없잖아 많이 있습니다.

우리는 말씀을 받는 자세에서 늘 주시는 분의 입장에서 그 깊은 뜻을 헤아리는 지혜가 앞서야 된다는 것입니다. 더욱이나 우리의 인격 수준이나, 앎의 수준이나, 우리의 신앙으로는 하늘의 섭리를 헤아리고 느끼는 데 한계가 있습니다. 그렇기에 섭리를 주도해 나가시는 참부모님을 100% 신뢰하고 절대 순응하여 감사함을 앞세워 말씀을 행함으로 복 되는 신앙의 스타일이 매우 중요하다고 생각합니다.

이제 우리는 주시는 말씀을 귀담아 새기고, 사랑의 전깃줄이 끊

기지 않게 하시고, 육의 양식보다도 영의 양식을 더 알뜰히 챙겨
드시며, 말씀을 감사함으로 절대 순응하여 내 것으로 챙기면 하
늘의 궤도에 합당한 영광의 하늘 인생을 꾸미고도 남음이 있을
것입니다. 부디 말씀에 취하여 사랑에 취하고, 은혜에 은혜를 더
하여 하나님이 동고동락하는 삶의 자리가 되시기를 축원 드립니
다. 감사합니다.

믿음은 보이지 않는 실상

훈독말씀 : 히브리서 11장

믿음은 바라는 것들의 실상이요, 보지 못하는 것들의 증거니 선지자들이 이로써 증거를 얻었느니라. 믿음으로 모든 세계가 하나님의 말씀으로 지어진 줄을 우리가 아나니, 보이는 것은 나타난 것으로 말미암아 된 것이 아니니라. 믿음으로 아벨은 가인보다 더 나은 제사를 하나님께 드림으로 의로운 자라 하시는 증거를 얻었으니 하나님이 그 예물에 대하여 증거하심이라. 저가 죽었으나 그 믿음으로 오히려 말하느니라. 믿음으로 에녹은 죽음을 보지 않고 옮기었으니 하나님이 저를 옮기심으로 다시 보이지 아니하니라. 저는 말하기 전에 하나님을 기쁘시게 하는 자라. 하는 증거를 받았느니라.

믿음이 없이는 기쁘시게 못하나니 하나님께 나아가는 자는 반드시 그가 계신 것과 또한 그가 자기를 찾는 자들에게 상 주시는 이심을 믿어야 할지니라. 믿음으로 노아는 아직 보지 못하는 일에 경고하심을 받아 경외함으로 방주를 예비하여 그 집을 구원하였으니 이로 말미암아 세상을 정죄하고 믿음을 쫓는 의의 후사가 되었느니라.

믿음으로 아브라함은 부르심을 받았을 때에 순종하여 장래 기업으로 받을 땅에 나갈 새 갈 바를 알지 못하고 나갔으며, 믿음으로 저가 외방에 있는 것 같이 약속하신 땅에 우거하여 동일한 약속을 함께 받은 이삭과 야곱으로 더불어 장막에 거하였으니, 이는 하나님이 경영하시고 지으실 터가 있는 성을 바랐음이니라. 믿음으로 사라 자신도 나이 늙어 단산하였으나 잉태하는 힘을 얻었으니 이는 약속하신 이를 미쁘신 줄 앎이라.

믿음의 첫 번째 본질은 하나님을 순수하게 신뢰하는 것입니다

우리는 하나님의 창조의 사역을 통해 오묘하고 신비로운 삼라만상을 대하면서 지으심의 손길에 감탄하며 자녀를 위하여 절대 신앙으로 빈틈 없는 피조물들로 지어주심에, 자녀인 인간이 살아가는 데 불편 없게 이모저모로 세심하게 만물을 만들어 주신 지성에 감사와 기쁨으로 하나님을 자연스럽게 신뢰하게 됩니다. 정말 인즉 믿지 않을래야 않을 수 없는 하나님의 창조의 손길을 과학을 터득할수록 더 감격적으로 신뢰하게 되는 것입니다. 사람의 머리카락 하나로 과거를 파악하고, 그 사람의 특성을 파악하는 오늘의 과학을 대하노라면 하나님의 과학성을 새삼 절감케 합니다.

우리가 삶을 살아가면서 환경과 더불어 창조의 신비를 체험할 때마다 하나님께 깊은 감사를 드립니다. 그러므로 하나님을 믿는다는 것은 자연적인 우리 삶의 사실입니다. 그럼에도 불구하고 하나님을 불신한다거나, 의심한다거나, 반신반의하는 사람들은 자

기 자신의 정체성의 근원을 부정하는 어리석음으로 자아상실의
슬픔을 가져올 수 있는 것이지요. 결과적인 존재가 원인적인 존
재를 바르게 알지 못할 때 많은 착각과 방향감각의 혼란을 초래
합니다. 그러므로 하나님을 바르게 알고 순수하게 신뢰된 삶을
영위하는 것은 자아 정립의 기본이라 하겠습니다.

믿음의 두 번째 본질은 순종입니다

하나님 창조의 신비를 알기에 우리를 초월하신 하나님의 섭리
또한 절대적인 청사진으로 운영하시기에 그분의 섭리 앞에 순종
의 미덕을 나타날 때 역사하심의 놀라움이 임재하신다는 것입니
다. 아브라함의 순종 앞에 놀라운 축복이 임재하셨습니다. 섭리적
인 인물들이 섭리의 인생을 순종 된 삶으로 하나님의 역사가 성
취되고, 순종에 실패할 때 다시 순종자를 찾아 세워 섭리의 프로
그램을 진전시켜 왔던 것입니다. 순종하는 마음에, 순종하는 행동
에, 순종하는 생활에, 순종하는 정성에 하나님의 능권이 임재하셨
습니다. 그러나 불순종의 마음이나, 불순종의 행동이나, 불순종의
생활에는 하나님은 임재 하실 수가 없으므로 무능력의 하나님 같
이되고 맙니다.

실로 자녀의 도리는 절대적인 하나님께 절대적인 순종의 자녀로
써 매사를 순응하므로 하나 된 하늘의 삶을 영위하는 것입니다.
우리는 자칫 잘못하면 세속의 삶에 속화되어 하늘의 삶과 갈등을
겪게 되고, 혼란에 빠져서 지나고 보면 후회하고 어리석었다는
아픔을 느끼는 때가 왕왕 있습니다. 아직도 우리의 내면에는 하

늘과 하나 되는 데 방해하는 타락의 찌꺼기가 남아 있다는 것입니다. 그렇기에 참부모님께서는 시간이 있을 때마다 강조하시는 하늘인생의 강령 중의 강령은 절대 사랑, 절대 신앙, 절대 복종만이 하늘의 인생을 사는 기초라고 일깨워 주시는 것입니다.

이제 우리는 늘상 하늘 삶을 믿음으로 말미암아 하늘을 신뢰함에 하늘의 오묘하신 섭리를 절대순종으로 성취하는 하늘의 절대 자녀 된 삶을 온전히 꾸며가야 되는 줄 믿습니다. 순종하는 삶의 자리에 하나님의 능력이 임재하시는 축복이 함께 하시기를 축원 드립니다.

믿음의 세 번째 본질은 인내입니다

믿음은 하나님의 시계를 따라서 타임을 맞추는 섭리의 삶을 운영하는 것입니다. 하나님의 섭리의 시계와 우리의 시계는 다른 것입니다. 하나님의 섭리의 시계에 맞춰서 역사가 진행되는 것이기에 하나님의 시계에 맞추는 인내가 요구되는 것입니다. 여리고성을 함락시키는 역사는 7일째 되는 날에 상상을 뛰어 넘는 역사가 일어났던 것입니다. 아마도 인내하지 못하고 6일이 되어도 아무 징조가 없다고 여리고성 도는 것을 포기하였다면 함락의 기적은 보지 못 했을 것입니다. 하나님은 우리의 필요한 사항을 다 아시지만 우리의 믿음의 분량이 채워졌을 때 그 믿음의 질과 양을 보시고 역사하시는 하나님이심을 알 수 있습니다.

어느 학생이 하나님의 성경 말씀을 자기 식으로 활용한 이야기가 있습니다. 구하라 그러면 주실 것이라. 그래서 열심히 기도를

했습니다. 하나님은 다 아실 테니까, 시험을 볼 때, 시험지를 받았는데 기도만 하고 공부를 안 했으니 알 리가 없지요. 그러니까 답안지에다 '하나님은 다 아십니다'라고 썼어요. 선생이 그것을 보고 어이가 없어서 채점하기를 하나님은 백점, 학생은 빵점, 이라고 했답니다.

믿음이 인내라고 하는 것은 행동하는 믿음을 말하는 것입니다. 실로 신앙에서의 인내란 육의 욕구를 절제하며 하늘의 욕구에 박자를 맞추는 부단한 연단을 의미합니다.

믿음은 보이지 않는 실상입니다

현대과학에서 분석을 하고 또 하고, 물질을 쪼개고 또 나누고 하다보면 에너지까지 분석을 합니다. 거기에서 더 쪼개면 보이지 않는 빛과 파장이 있다는 것입니다. 그것은 우주의 근원은 방향성과 목적성을 지향하는 파장과 빛, 즉 무형의 에너지로 되어 있다는 것입니다. 그것이 원리에서 말하는 원인자 즉 하나님은 무형의 실체로 계신다는 것입니다. 그 하나님이 심정과 사랑을 창조의 동기로 삼아 사랑의 대상세계를 창조하신 것입니다. 그리고 당신의 자녀에게 당신의 모든 것을 부여하신 것입니다. 그렇기에 인간에게는 창조성이 있어서 삶에 편리한 생활도구를 만드는 것입니다.

원숭이와 침팬지는 사람과 비슷하지만 창조성을 부여 받지 못했기 때문에 백년, 천년을 가도 선풍기하나를 만들지 못합니다. 그리고 모든 창조의 활동은 처음엔 기발한 생각으로 시작됩니다.

그 생각은 실제로는 보이지 않지만 있는 실상이기에 창조의 활동으로 말미암아 점차적으로 나타나는 것입니다. 우주선을 만드는 일화를 들어 보면, 연구를 하다가 벽에 부딪치면 기도를 드리고, 정성을 드리고, 영감을 얻어서 개발을 하였다는 것입니다.

인간 타락으로 잃어버린 본연의 에덴동산을 복귀하는 섭리는 재창조의 섭리이므로 원리에 입각해서 섭리를 해 나오셨습니다. 하나님의 복귀의 청사진을 실행함에 하나님의 책임과 인간의 책임이 합해져서 성사되는 복귀의 성업이므로 인간의 믿음과 실천의 정도 여하에 따라서 섭리의 성취 여부가 이루어져 왔습니다.

그러므로 섭리의 청사진은 시대를 따라 단계적으로 발전되어 왔습니다. 그래서 그때그때 마다 하늘의 프로그램이 지상에 하달되면 믿음의 책임으로 정리되고, 해결되고, 청산되고, 성취되는 섭리 역사를 이루어 오신 참부모님의 지상천국 건설의 대역정이셨습니다. 이 민족이 아니, 우리가 해야 할 믿음의 분량이 종족을 복귀하여 천국에 동참시키는 역할인데 그 섭리적인 진전이 잘 안되니 하늘도 땅도 만물도 우리도 가슴을 태우고 있습니다.

이번 전 국민 축복식은 우리의 믿음을 다시 일으키고 우리의 믿음을 재정립하며 하늘의 백성 된 참모습을 새롭게 하고 이 민족을 한 차원 부활 복귀하는 특별한 섭리의 프로그램입니다. 우리는 종족메시아라는 고유한 직무를 온전히 수행하여 역사에 없는 충효의 한 페이지를 잘 가꾸시기 바랍니다. 활동하는 자리에, 하늘의 놀라운 능력과 권세가 임재하시기를 축원 드립니다. 감사합니다.

새 포도주는 새 부대에 넣어야!

훈독말씀 : 마태복음 9장 11절에서 17절까지

바리새인들이 보고 그 제자들에게 이르되 어찌하여 너희 선생은 세리와 죄인들과 함께 잡수시느냐? 예수께서 들으시고 이르시되 건강한 자에게는 의원이 쓸 데 없고, 병든 자에게라야 쓸 데 있느니라.

너희는 가서 내가 긍휼을 원하고 제사를 원치 아니하노라 하신 뜻이 무엇인지 배우라. 내가 의인을 부르러 온 것이 아니요, 죄인을 부르러 왔노라 하시니라.

그 때에 요한의 제자들이 예수께 나아와 가로되, 우리와 바리새인들은 금식 하는데 어찌하여 당신의 제자들은 금식하지 아니하나이까? 예수께서 저희에게 이르시되 혼인집 손님들이 신랑과 함께 있을 동안에 슬퍼할 수 있느뇨, 그러나 신랑을 빼앗길 날이 이르리니 그 때에는 금식할 것이니라.

생베 조각을 낡은 옷에 붙이는 자가 없나니 이는 기운 것이 그 옷을 당기어 헤어짐이 더하게 됨이요, 새 포도주를 낡은 가죽 부대에 넣지 아니 하나니, 그렇게 하면 부대가 터져 포도주도 쏟아지고 부대도 버리게 됨이라. 새 포도주는 새 부대에 넣어야 둘이

다 보전되느니라.

복귀섭리는 시대 경륜을 따라서 변화 발전되어 왔습니다

하나님께서 이상하시고 목적하신 참사랑의 에덴동산을 찾아 나오신 복귀섭리 역사는 시대를 따라 경륜하심에 그때그때마다, 시대 경륜을 달리하시며 변화 발전해 나왔습니다. 마치 계절의 바뀜과 같이, 밤낮의 바뀜과 같이, 변화 되고 발전되어 온 것입니다. 그렇기 때문에 시대 경륜의 변화에 따라 '섭리 삶의 자세와 생활'이 변화돼야 되는 것입니다.

구약시대의 시대 경륜은 율법을 철저히 지키는 섭리의 삶이었습니다. 밥을 먹기 전에 율법을 외우고, 식사를 하고, 화장실에 가서도 율법을 외우며 볼일을 보고, 율법을 옷자락에 치맛자락에 써 붙여서 외우며 사는 율법으로 시작해서 율법으로 끝나는 삶이었습니다. 그 율법에 안식일 법이 있어서 안식일에는 철저히 예배하고, 금식도 하고, 하나님을 경외하는 거룩한 날인데 예수님은 세리와 죄인들과 함께 식사를 하고, 금식도 하지 않고 하니 바리새인들의 눈에 거슬리고 따질 수밖에 없는 정황이 된 것입니다. 그러니까 구약의 이목구비로는 이해가 안될 뿐만 아니라, 구약의 이단자요, 하나님의 법을 거역하는 불법자로 단정을 할 수밖에 없는 구약신앙의 잣대였습니다.

하나님의 시대 경륜이 예수를 중심한 섭리시대가 되었으므로 그에 맞게 변화를 해야 되고, 법을 넘어서 사랑과 긍휼을 더 큰 덕

목으로 여기는 신앙의 잣대를 가져야 됨에도 불구하고 구약의 법에 갇혀서 새 시대의 새 주인을 몰라보고 급기야는 배신을 함으로 쌓았던 공로가 한꺼번에 무너지는 아픔을 겪게 되었습니다. 이는 우리들의 변화 신앙에 크나큰 교훈이 되는 것입니다.

봄에는 봄옷을 입고 따사로운 햇살을 만끽하며 꽃향기랑 봄의 향연을 노래해야 되는데, 봄이 왔음에도 겨울옷을 입고 어름판을 그리며 썰매 타는 기쁨을 얻으려 한다고 해서 얻어집니까? 그건 아니잖아요, 그런데도 봄에 겨울을 고집하며 전혀 변화하지 않는 삶의 스타일을 추구한다면 얻는 것보다는 잃는 게 더 많겠지요. 구약시대 바리새인들의 어리석음을 탓하기 이전에 우리는 후천시대의 시대 경륜에 알맞은 섭리의 삶을, 즉 변화된 삶을 잘 살고 있는지 스스로 성찰해 볼 필요가 있겠다고 생각합니다.

후천시대는 모든 약속을 성취하는 시대입니다

지금까지의 모든 경전에서는 많은 약속을 하였습니다. 천국이 가까워졌다고 회개하라고 했고, 말세가 되었기에 천지개벽이 벌어진다고 했으며, 후천개벽시대가 곧 열린다고 하였습니다. 말세와 개벽은 약속을 했습니다만 구체적인 대안이 없어서 어쩌면 더 혼란을 야기하고 저마다의 경전에서의 약속이 다름으로 인하여 갈등과 충돌을 초래하기도 합니다. 지금 세계적인 문제가 되고 있는 테러도 자기들의 종교적 잣대가 옳다고 주장하며 종교적인 심판으로 테러를 자행하고 있으니 참으로 어처구니없는 비극이 벌어지고 있는 것입니다.

이에 원리와 존재와 목적이 하나의 가치로 정리되는 새로운 대안이 있어야 후천시대 새로운 세상을 열어갈 수 있는 성취의 진리라고 할 수 있겠습니다.

어떠한 존재든 존재의 원리가 있고, 존재란 실체가 있는 것이며, 그 존재는 반드시 목적이 있는 것입니다. 원리-존재-목적이란 하나의 가치로 나타나는 것이므로 원리를 알아야 답을 알 수 있는 것입니다. 예를 들어 시계를 보면 회전운동의 원리와 톱니가 돌아가는 원리로 시간을 가르치는 목적을 이루어 줍니다. 그러므로 시계의 가치가 있게 됩니다.

마찬가지로 우주와 인간을 창조하신 원리와 그 목적을 알게 되면 성취의 역사는 만들어 지는 것입니다. 마치 청사진을 따라서 집을 짓듯이 종교가 추구해 나온 평화세계의 청사진이 있으면 평화의 역사는 만들어지는 것입니다.

참부모님께서 찾아 주신 통일원리는 참으로 위대한 원리요, 이미 세계 석학들의 검증을 마친 평화세계의 청사진이요, 그토록 갈망해 온 지상천국의 초석인 참사랑의 참가정 원리임으로 모든 종교에서 약속한 새 하늘, 새 땅을 창건하는 원리인 것입니다.

그러므로 이 통일 원리를 가정화, 종족화, 사회화, 세계화, 인류화, 천주화 해 나감으로 점진적으로 약속이 성취 되어 나가는 것입니다.

요즈음 국가지도자들이 원리세미나에 참석하고 감명 받는 것은 지금까지 어느 종교나, 어느 학문이나, 어느 과학에서나, 원인의 세계와 원인자이신 하나님의 이상과 목적을 밝히지 못했는데 통

일 원리에서 창조의 원리와 죄악의 근원과 창조의 목적을 명확하게 밝혀주므로 답을 알게 됨으로서, 즉 명확한 청사진을 확인함으로 놀라고, 감명 받고, 비로소 뿌리 조상이신 하나님을 부모로 모실 수 있는 새 생명의 역사를 보고, 듣고, 느끼고, 행하게 되는 것입니다.

성취의 주인다운 주인, 일꾼다운 일꾼이 되어야 되겠습니다

우리의 섭리적 삶의 현주소는 바로 하나님의 가정을 이루고, 하나님의 종족을 이루고, 하나님의 사회를 이루고, 하나님의 민족과 국가를 이루고, 하나님의 세계를 이루고, 하나님의 천주를 이루는 현장에서의 삶을 영위하는 것입니다. 그렇기에 우리는 성취의 삶을 성공하기 위해서 원리의 사람다운 사람, 참사랑의 실체다운 실체, 참가정의 초석다운 초석으로서의 발자취를 영원한 전통으로 만들어 가는 것입니다.

그러므로 우리의 삶의 자리는 하늘과 땅과 역사와 만물이 어우러진 입체적인 삶의 자리요, 모든 종교에서 약속한 모든 내용을 성취하는 삶의 자리요, 영원한 새 하늘 새 땅의 평화조상으로서의 삶의 자리이기에 주인다운 주인의 삶, 일꾼다운 일꾼의 삶이 돼야 된다고 하겠습니다. 그렇기에 작은 메시아적 삶을 추구하는 것입니다.

메시아적 삶이란 주워진 범위 내에서의 모든 고통, 모든 슬픔, 모든 문제, 모든 과제를 해결해 주고, 새로운 인생을 빚어 만들어 주는 역할을 다해야 되는 것이기에 간단치가 않습니다만 그러한

역할을 수행할 수 있는 교과서를 주셨고, 연단의 은총으로 갈고 닦게 해주셨기에 가능한 것입니다.

이제는 선천시대의 이목구비耳目口鼻를 후천시대의 이목구비로 갈아입는 지혜와 용기가 있어야 되겠습니다. 새 포도주는 새 부대에 넣어야 제대로 되는 것이라 했고, 부대도 포도주도 둘 다 온전하다고 했습니다. 그리하여 훈독의 새 옷을 입고, 훈독의 새 부대를 채워 나가는 훈독생활로 훈독가족, 훈독이웃, 훈독종족으로 발전시키며 훈독사회화를 하나둘씩 만들어 나가는 재창조의 역사를 만드는 데 가능한 것으로부터 실천하는 지혜가 있어야 되겠습니다. 실로 재창조의 역사란 말씀으로 일깨우고 사랑으로 양육하는 희생 봉사의 연속으로 이루어지는 자기 투입의 계속적인 노력입니다.

그러자니 말씀의 발전소에서, 사랑의 발전소에서, 능력의 발전소에서 재창조의 에너지를 공급 받아야 작은 메시아의 역할 수행에 생명력을 발휘할 수 있는 것입니다.

그래야만 성취의 감격을 노래할 수 있고, 지치지 않는 심정으로 끝없는 재미를 만들어 갈 수 있습니다. 재미가 있고, 보람이 있으면 죽을 뚱 살 뚱 뛰면서도 지치지 않습니다. 하나님과 하나 되면 지치지 않습니다. 하나님은 6000년간 지치지 않고 복귀섭리의 주역으로서 일꾼으로써 일해 오셨습니다. 그러므로 그 하나님의 가슴속에 들어가서 하나만 된다면 신바람의 삶을 만들어 갈 수 있는 것입니다. 하나님도 혼신을 다하셨습니다. 그렇기에 재미나 보람은 그리 쉽게 만들어지는 것은 아닙니다. 피, 땀, 눈물의 대

가로써 나타나는 것이 재미요, 보람인 것입니다.

후천시대, 성취의 시대 경륜에 박자 맞춰 재창조의 주인다운, 일꾼다운 삶을 멋있게 훌륭하게 가꾸고자 하는 축복가정들의 삶의 자리에 하나님이 함께 하시어 신바람 나는 감격과 기쁨과 보람만이 충만하시기를 축원 드립니다. 감사합니다.

그의 열매로 알리라

훈독말씀 : 우리 인간의 육신과 영인체 중에서 보다 더 중요한 것이 무엇이냐? 육이 아니라 영이라는 것입니다. 육은 70, 80년의 시간권, 한계권 내에서 살다가 사라지고 말지만, 영은 시간권을 초월하고 공간권까지 초월하는 권한을 가지고 있습니다. 따라서 역사적인 책임을 깨닫고 책임을 다하는 것이 인간의 본의本意입니다.

여러분이 아무리 육신을 중심삼고 잘 살더라도 결국은 죽게 되는 것입니다. 어차피 육신은 죽게 되어 있는 것입니다. 그렇게 되어 있다는 것입니다. 그러면 영적인 기준과 육적인 기준 중에 어느 것이 보다 중요한 것이냐? 우리가 육적인 기준을 중심 삼고 살아가는 것이 아닙니다. 육은 영을 위하여, 영은 육을 위하여 존재하는 것입니다.

여러분은 세상 사람들이 살아가는 것과 같은 입장에 매달려서는 안 됩니다. 여러분은 육을 구원했다는 입장에서 영육이 합한 실체를 갖추어 보다 보람 있는 자리에서 살아야 됩니다.

신약말씀 : 그의 열매로 그들을 알지니, 가시나무에서 포도를 또는 엉겅퀴에서 무화과를 따겠느냐? 이와 같이 좋은 나무마다 아름다운 열매를 맺고, 못된 나무가 나쁜 열매를 맺나니, 좋은 나무가 나쁜 열매를 맺을 수 없고, 못된 나무가 아름다운 열매를 맺을 수 없느니라.

아름다운 열매를 맺지 아니하는 나무마다 찍혀 불에 던져지느니라. 이러므로 그의 열매로 그들을 알리라. 나더러 주여 주여 하는 자마다 천국에 다 들어 갈 것이 아니요, 다만 하늘에 계신 내 아버지의 뜻대로 행하는 자라야 들어가리라.(마태복음 : 7장 16-21절)

겉 사람보다도 속사람이 더 중요한 것입니다

모든 존재는 순리를 따라서 운행되며 생존하고, 존재의 목적을 수행하며, 그의 가치를 드러내고 전체적인 운영에 한 개체로써 전체와 더불어 공존하고, 생을 공유하며 원화의 우주를 꾸미고 있는 것입니다. 계절의 순리를 따라 잎이 피고 꽃이 피는 봄이 있고, 잎이 뻗고 성장하는 여름이 있어 푸르른 산하를 꾸미게 되며, 풍요로운 열매로 보람을 안겨주는 가을이 있고, 휴식과 더불어 새로운 준비의 기간인 겨울을 맞게 되는 것입니다.

인생의 주기도 순리를 따라서 마냥 귀엽고 예쁜 유아기를 지나면, 이리 뛰고 저리 뛰며 다양한 호기심에 취하여 영적 오관 육적 오관이 활기차게 활동하는 소년기가 있지요. 그 다음에는 이성이 발달하고 남성과 여성이란 성 차이를 알게 되면서 사랑이

싹트는 청년기에 접어들게 되고, 때를 따라 짝을 이루어 부부의
이상을 꽃피워서 자녀를 낳게 되고, 가정을 이루게 됩니다.

　가정이란 보금자리에서 부모의 사랑이 영글고, 부부의 사랑도
영글며, 형제의 사랑에 자녀의 사랑이 알알이 영글면서 인생이란
열매를 가꿔가게 되는 것이지요. 자녀가 무럭무럭 자라서 성숙하
면 결혼을 시키고, 또 하나의 가정으로 분화되어 사회에 진출하
고, 막내까지 결혼하여 살림을 내주면 노부부가 빈 둥지 세월을
꾸미며 지난 날을 회고하기도 하고, 아름다운 추억을 되살려 보
며, 폭삭 익은 진한 향가가 배어나는 노년기의 인생을 보라는 듯
살게 됩니다. 그러다가 한쪽이 먼저 영계에 가면 어느 시간을 지
나서 마지막 한 쪽이 영계로 가게 되어 영원한 하늘나라의 새로
운 차원의 영계생활이 진행되는 것이지요.

　그러니 겉사람의 육신 인생은 한 나무에 불과합니다. 그 기간은
영원한 것이 아닙니다. 속사람의 영인체 인생은 영원한 열매입니
다. 그러므로 시한부적인 육신의 인생은 영원한 영의 인생을 준
비하는 데 그 목적이 있습니다. 그렇기에 육의 인생을 사는 알맹
이는 아름답고 빛나는 영인체를 만드는 데 있습니다.

　아름답고 좋은 열매는 어떻게 영글게 되는가요?

　들판을 거닐다 보면 어느 논에는 벼이삭이 충실하여 알곡으로
고개를 숙이고 수확을 기다리고 있는데, 어느 논에는 잡초가 벼
보다 더 많고 벼이삭이 부실하여 쭉정이가 될 수밖에 없는 실망
스러운 벼이삭도 있습니다. 왜 그런 차이가 나는 것일까요? 똑같

은 논에 똑같은 벼가 똑같은 계절을 따라 똑같이 자랐는데 어떤 것은 알곡이고, 어떤 것은 쭉정이가 되는 것인지, 생각을 안 해 볼 수 없는 심각한 과제가 아닐 수 없습니다.

그것은 건실한 나무에 충분한 영양분을 섭취하고, 벌레나 병균이 침범치 못하도록 예방을 잘해야 되고, 잡초가 영양분을 빼앗아 가지 못하도록 뽑아주고, 날씨가 도와서 풍파를 만나지 않아야 제대로 성장하고, 제대로 영글고, 제값을 나타낼 수 있겠지요.

성경 본문 말씀에 좋은 나무에서 좋은 열매를 맺을 수 있다는 평범한 이치를 깨닫게 해 줍니다. 좋은 나무와 같은 좋은 인생은 바로 이치에 맞게, 하늘의 법도에 맞게, 순리에 맞게, 천륜과 인륜에 맞게, 도리에 맞게 사는 것인즉 그것이 참사랑을 핵으로 하여 잘 주고, 잘 받는 수수의 생활로써 늘 주기에 힘쓰고, 위함을 연구하노라면 원만한 관계로 이익이 생산되고, 발전이 계속 이어지는 기본이 되는 것이지요.

참부모님께서 시간과 장소를 초월하여 우리에게 가르치시는 공통 명제는 '위하여 살라'그리고 '주고 잊어버리라'는 말씀이십니다. 그 위함의 첫째가 하나님을 위하여 살아야 되는 것입니다. 왜냐하면, 위할 수 있는 근원의 원동력인 참사랑이 하나님으로부터 공급되는 것이기 때문에 그 공급의 전제 사항이 모시고, 위하고, 섬기는 가운데 하나님의 참사랑이 임재 하시는 것입니다.

하나님은 첫 것을 좋아하십니다. 왜 그럴까요? 그것은 생명의 순서요, 곧 위함의 순서입니다. 하나님이 있었기에 내가 있는 것

이지요. 그리고 부모가 계셨기에 내가 있는 것이기에, 부모를 모시고 위하고 존경하는 것은 곧 내 생명이 생명답게 되는 기본 도리가 되는 것입니다. 그러므로 무엇이든지 첫 것을 하나님 것으로 챙겨 드리는 생활이 곧 하늘의 자녀 된 첫 도리가 되는 것입니다. 아침에 잠자리에서 눈을 뜨면, 첫 마음을, 첫 생각을, 첫 감정을, 첫 말을, 첫 느낌을 하나님을 위하는 것으로 시작하는 천국 삶의 습관화된 생활 신앙이 대단히 중요한 삶의 핵심이 돼야 된다는 것입니다. 직장을 가든, 일터를 가든, 학교를 가든, 무엇을 하든지 그 첫 것을 하늘 것으로 챙기고, 하나님으로 말미암은 삶으로 이루어질 때, 매사가 순조롭게 진행되며 만사가 형통케 된다는 것입니다.

사실인즉 인생의 열매인 영인체의 알맹이를 꾸미는 요소는 진리와 사랑과 심정이라고 합니다. 그렇기에 진리 섭취 즉, '말씀양식'을 충분하게 섭취하는 노력은 알곡 인생을 만드는 기본이라 하겠습니다. 또한 사랑 섭취를 잘 해야 되는 것입니다. 사랑은 홀로의 명사가 아닙니다. 상대를 통해서, 서로의 관계에서, 서로를 휘함으로 봉사하고 희생할 때, 사랑이 영글게 됩니다.

천주의 근본이 '부자의 관계(父子의 關係)'라 했습니다. 부모와 자녀의 관계를 만드는 본질인 마음의 성상적 요소가 심정이고, 마음의 형상적 요소가 사랑입니다. 그러므로 심정과 사랑은 마음을 꾸미고 있는 알맹이 요소들입니다.

그래서 관계원리, 관계신앙, 관계지수, 관계인생을 잘 관리하는 것이 아주 중요한 것이지요. 그것은 하나님을 잘 모시고, 상대를

잘 섬기고, 사랑을 실천하는 삶으로 주기에 힘쓰고, 위하려고 힘쓰고, 희생을 앞장세우면 '만사 오 케(O.K)'가 된다는 진리입니다.

그리고 늘 방해요소를 없애는 지혜와 노력이 아주 중요합니다. 알곡을 영글게 하는데 그 소중한 영양분을 빼앗아 가는 잡초를 미리미리 제거해줘야 됩니다.

우리의 주위에는 거짓의 요소들이 너무나 많이 있습니다. 사탄의 역사와 사탄의 전통과 사탄의 습관들은 거짓이 참인 양 가장하고 우리의 본심을 거슬리고, 우리의 양심을 거슬리고, 우리의 생각을 거슬리고, 우리의 판단을 흐리게 하고, 잡초의 사고로 엄청난 손해를 끼치게 합니다. 그러므로 늘 분별되고, 성별된 생활을 잘 영위해야 합니다.

성별과 분별의 삶을 알뜰히 가꾸기 위해서 늘 보고의 생활을 잘 해야 됩니다. 매일매일의 알파와 오메가, 시작과 끝, 처음과 마지막을 잘 관리해야 됩니다.

하나님의 뜻대로 사는 삶이 천국의 삶이랍니다

하나님의 뜻은 창조하심의 이상이요, 바라심의 청사진입니다. 하나님의 이상인 청사진은 사랑이 드넘치고, 기쁨이 만끽되어, 모두가 자유롭고, 모두가 행복에 겨워 평화를 노래하는 위함의 '원화 동산'입니다. 다시 말하면 서로를 위하는 질서를 따라 개인은 가정을 위하고, 가정은 사회를 위하고, 사회는 국가를 위하고, 국가는 세계를 위하고, 세계는 하나님을 위하고, 하나님은 개인을

위하게 됨으로 거대한 원형을 이루어 위하여 존재하고, 위하여
운동하는, 위함의 원형운동으로 둥글둥글한 심정의 동산을 꾸미
게 되는 것입니다. 그러한 세상을 이루시고자 했던 것이 바로 하
나님의 뜻이었습니다. 그런데 인간 조상의 실수로 하나님의 뜻은
좌절되고, 바라심의 청사진은 시간을 두고, 역사를 두고, 재창조
의 법도를 따라 우리들의 세대까지 연장되어 온 것입니다.

잃어버린 청사진을 다시 실현하시기 위한 구원·복귀섭리는 구
약 전 시대 2천 년, 구약 시대 2천 년, 신약 시대 2천 년, 지금은
6천 년을 총마무리하는 성약 시대가 진행 중에 있습니다. 옛 약
속 구약과, 새로운 약속 신약을 이루는 성약의 시대는 하늘의 비
밀을 적나라하게 밝히고, 다 이루는 섭리를 전개하고 있음으로
대결실을 수확하는 때인 것입니다.

가을의 들녘에 무르익은 알곡들이 황금바다에 황금물결로 출렁
이듯이 섭리의 알곡들도 감격 찬 결실의 섭리시대를 맞이하여 거
두어들이는 재창조의 섭리가 각 계층적으로 모든 분야에서, 전
세계 구석구석에서, 하늘나라 구석구석에서도 천주적으로 결실되
고 있는 것입니다.

하나님의 뜻은 바로 우리의 뜻이요, 인류의 뜻이요, 역사의 뜻
이요, 우주의 뜻이요, 모든 존재의 뜻입니다. 하나님의 이상이 곧
우리들의 이상이요, 하나님의 청사진이 바로 우리들의 청사진입
니다. 하나님과 인류는 부모와 자식의 관계이므로, 부모이자, 자
식이요, 자식이자 부모인 것입니다. 그러므로 하나님의 자녀는 동
위권, 동등권, 동참권, 동거권이라는 4대 권한의 가치가 있는 것

이라고 하셨습니다.

이제 우리는 하나님의 자녀 된 신분을 고결하게 관리하면서, 하나님의 뜻대로 살기 위해 지성을 다해야 되겠습니다.

하나님 뜻의 초점은 잃어버린 "참사랑, 참생명, 참혈통"을 복귀하는 것입니다

하나님 뜻의 초점은 자녀를 통하여 창조이상을 실현하는 것입니다. 그 청사진의 골격은 인격완성, 사랑완성, 주관완성을 통하여 원만하고, 조화로운 평화의 왕국을 건설하는 것이었습니다. 그 평화의 왕국의 왕자왕녀가 돼야 될 하나님의 아들딸은 하나님의 참사랑, 참생명, 참혈통을 뿌리로 해서, 개인-가정-사회-국가-세계-천주로 이어지는 원화의 동산을 꾸미게 되는 것이지요. 그런데 인간조상이 궤도를 이탈하여 타락의 세상을 이루고 모순과 갈등으로 점철된 지금까지의 역사였습니다.

이제야 이 땅위에 참부모님께서 오셔서, 거짓의 사슬을 끊고, 거짓사랑, 거짓생명, 거짓혈통을 참사랑, 참생명, 참혈통으로 복귀하는 축복섭리를 전개하심으로 전인류를 하나님의 본연의 참자녀로 복귀하시어 창조 이상세계를 건설하시는 평화왕국 건설의 청사진이 역사와 인류의 희망으로 전개되고 있는 것입니다.

이제 복귀의 게임은 시간문제입니다. 하나님과 인생과 우주와 역사의 근원적인 문제를 해결하고, 본연의 청사진이 전개되고 있는 것은 모두가 바라는 모두의 뜻입니다. 우리들이 먼저 참부모님을 모시고 새 하늘 새 땅을 창조하는 주역이요, 일꾼이 되었으

니 자긍심을 한껏 드높여서 후손 만만대대에 영원히 빛날 발자취를 아름답게 남겨야 되리라 생각됩니다. 이제 우리는 참사랑, 참생명, 참혈통의 알곡을 결실키 위하여 이웃축복, 종족축복, 세상을 축복하기 위하여 최선을 다해야 되겠습니다.

하나님의 속성은 영원, 유일, 불변, 절대성입니다. 그러므로 하나님의 이상도, 하나님의 사랑도, 하나님의 생명도, 하나님의 혈통도, 하나님의 아들딸도, 하나님의 뜻도 영원한 것이고, 유일한 것이며, 불변한 것이요, 절대적인 것입니다.

그러므로 하나님의 뜻을 위한 땀방울, 뜻을 위한 돈 한 닢, 뜻을 위한 정성 하나하나, 봉사 하나하나, 위함의 노력들이 우리들의 열매를 알차게, 아름답게, 빛나게 만드는 요소들입니다. 쭉정이는 모두가 아파하는 열매의 모습입니다. 모두가 감격하고, 모두가 기뻐하고, 모두가 찬미할 알곡된 열매의 인생을 가꾸시는 슬기로운 삶의 자리가 되시기를 축원 드립니다. 감사합니다.

생산적인 신앙

훈독말씀 : 마태복음 25장 14절에서 30절까지

또 어떤 사람이 타국에 갈 때, 그 종들을 불러 자기 소유를 맡김과 같으니 각각 그 재능대로 하나에게는 금 다섯 달란트를, 하나에게는 두 달란트를, 하나에게는 한 달란트를 주고 떠났더니 다섯 달란트 받은 자는 바로 가서 그것으로 장사하여 또 다섯 달란트를 남기고, 두 달란트 받은 자도 그같이 하여 또 두 달란트를 남겼으되, 한 달란트 받은 자는 가서 땅을 파고 그 주인의 돈을 감추어 두었더니…….

오랜 후에 그 종들의 주인이 돌아와 저희와 회계할 새, 다섯 달란트 받았던 자는 다섯 달란트를 더 가지고 와서 가로되 '주여, 내게 다섯 달란트를 주셨는데 보소서! 내가 또 다섯 달란트를 남겼나이다.' 그 주인이 이르되 '잘 하였도다. 착하고 충성된 종아, 네가 작은 일에 충성하였으매 내가 많은 것으로 네게 맡기리니, 네 주인의 즐거움에 참예할지어다.' 하고, 두 달란트 받았던 자도 와서 가로되 '주여' 내게 두 달란트를 주셨는데 보소서! 내가 또 두 달란트를 남겼나이다. 그 주인이 이르되 '잘 하였도다. 착하고

충성된 종아! 네가 작은 일에 충성하였으매 내가 많은 것으로 네게 맡기리니 네 주인의 즐거움에 참예 할지어다.' 하고, 한 달란트 받았던 자도 와서 가로되 '주여, 당신은 굳은 사람이라, 심지 않은 데서 거두고 헤치지 않은데서 모으는 줄을 내가 알았으므로 두려워하여 나가서 당신의 달란트를 땅에 감추어 두었나이다. 보소서! 당신의 것을 받으셨나이다.' 그 주인이 대답하여 가로되 '악하고 게으른 종아, 나는 심지 않은 데서 거두고 헤치지 않은 데서 모으는 줄로 네가 알았느냐? 그러면 네가 마땅히 내 돈을 취리取利하는 자들에게나 두었다가 나에게로 돌아와서 내 본전과 변리를 받게 할 것이니라.' 하고, 그에게서 그 한 달란트를 빼앗아 열 달란트 가진 자에게 주더라.

무릇 있는 자는 받아 풍족하게 되고, 없는 자는 그 있는 것까지 빼앗기리라. 이 무익한 종을 바깥 어두운 데로 내어 쫓으라. 거기에서 슬피 울며 이를 갊이 있으리라 하니라.

본문 말씀은 주인의 의도를 아는 자와 모르는 자, 생산적인 신앙자와 비생산적인 신앙자, 부지런한 자와 게으른 자, 미래 지향적인 신앙과 현실 안주적인 신앙자, 선천시대의 삶과 후천 시대의 삶을 비유로 설파한 메시지입니다.

신앙이란 하나님을 닮고, 인격을 완성하고, 성숙한 삶을 영위하며, 천국인의 도리와 책임을 수행하며 하늘과 인류와 만물에게 끝없는 기쁨을 주고받는 조화에 평화를 노래하는 이상적 인생을 가꾸는 연단이요, 자기 훈련의 생활을 의미합니다.

마치 정상을 향하여 산을 오르는 사람과 같이 꾸준히 매일매일 희망을 향해 새로운 그 무엇을 맛보며 오르고 또 오르는 산행의 연속이 정상을 향한 발전이요, 성취의 나날이 모아져 정상이란 감격과 통쾌를 얻고 계속적인 만끽의 삶을 영위하는 것이지요. 그런데 오르지도 않으면서 산이 높다고 하는 사람이 있다면 이상과 성취의 기쁨을 얻기란 어려울 것입니다.

"태산이 높다하데 하늘 아래 뫼이로다, 오르고 또 오르면 못 오를리 없건마는

사람이 오르지 아니하며 뫼만 높다하더라"

라고 한 이 시는 우리에게 많은 삶의 철학을 애기 해주고 있습니다.

주인의 의도를 알고 행한 자는 이익을 만들어 보고하고, 주인의 의도를 바르게 알지 못한 자는 자기중심적 판단으로 이익을 안 만들고 변명만 늘어놓고, 축복과 책망, 기쁨과 슬픔, 영광의 참여와 내쫓기는 엇갈리는 결과를 낳았습니다.

'귀 있는 자는 들을 지어다.' 라고 하십니다. 원리는 늘 수직으로 하나 되어 그림자 없는 신앙을 강조하고 있습니다. 만유의 원천자 되시는 '하나님과 하나 된 삶'은 늘 싱싱한 활력으로 드넘치는 희망에 기쁨에 영광을 더하는 참 인생이 만들어 지는 삶의 현장이 되는 것이겠지요.

부지런한 자와 게으른 자의 생활 결과는 많은 차이가 있습니
다

부지런하다고 하는 것은 할 일을 하면서 챙길 것을 챙기고 시간
을 낭비하지 않으며 알차게 가꾸는 삶을 말합니다. 게으르다고
하는 것은 할 일을 제대로 못하고 적당하게 시간을 보내므로 그
럭저럭 사는 것을 말합니다.

그런데 분명히 할 일이 있는데 그래서 양심과 본심이 채찍을 하
는데도 몸이 제대로 순응을 못하고 마음과 몸이 엇박자를 함으로
갖가지 낭비가 되는 것은 참으로 안타깝고 억울하리만큼 손해를
가져오게 됩니다.

더욱이나 하늘의 섭리에 박자를 맞추며 역사에 한 번밖에 없는
기회를 제대로 포착하여 두고두고 자랑될 삶을 알뜰히 챙겨야 되
겠는데 정신통일이 부족해서 기회를 놓치고 후회하는 경우도 많
이 발생합니다.

그러자니 관습을 초월하여 하늘의 심정과 사랑에 취하여 살기를
갈구하는 삶의 자세가 아주 중요하겠습니다.

생산적인 신앙은 늘 역동적이고, 비생산적인 신앙은 피곤하고
지치게 마련입니다. 하나님의 창조의 역사는 말씀과 사랑으로 하
셨기에 말씀이 있는 곳에 창조의 역사가 일어나고, 기쁨과 보람
이 생산되고, 사랑을 실천하는 자리에 빛이 만들어지며, 행복에
취해, 은혜에 취해, 하늘의 삶이 신바람으로 이어집니다.

그렇기에 매일매일의 삶을 말씀 섭취에 심혈을 기울이고, 사랑

실천에 알뜰하면 연속적인 행복으로 이어집니다. 우리는 갈 길을 다 가고, 목적을 성취하기 위해서 미래 지향적인 삶을 추구하고, 지금은 후천시대이므로 참부모님과 하나된 삶을 알뜰히 꾸미는데 지성을 다해야 되겠습니다. 아무쪼록 천일국 6년의 나날이 말씀, 사랑, 심정, 능력이 하나로 믹서되어 생산적인 신앙이 충실하시기를 축원 드립니다. 그리하여 연말에 많은 달란트를 보고하여 하나님의 영광의 주인공이 되십시다.

복福씨 파종播種

훈독말씀 : 효자의 길

백두산 꼭대기에 올라가서 거기에 반석을 갈아 밭을 일궈 가지고 감자를 심어 그 감자로 하나님을 봉양할 수 있어요? 그거 해야 합니다. 그 때는 소가 없어서 사랑하는 아내를 소 삼아 밭을 일구었다면 벼락을 맞겠어요, 안 맞겠어요? 아내를 소 삼아서 밭을 일군다 할 때, 하나님이 그만 둬라 하겠어요? 네 마음을 다하고, 네 뜻을 다하고, 네 정성을 다해야 된다고 하십니다. (37-25)

마태복음 13장 3절에서 9절까지

예수께서 비유로 여러 가지를 저희에게 말씀하여 가라사대 씨를 뿌리는 자가 뿌리러 나가서 뿌릴 새, 더러는 길가에 떨어지매 새들이 와서 먹어 버렸고, 더러는 흙이 얇은 돌밭에 떨어지매 흙이 깊지 아니하므로 곧 싹이 나오나 해가 돋은 후에 타져서 뿌리가 없으므로 말랐고, 더러는 가시떨기 위에 떨어지매 가시가 자라서 기운을 막았고, 더러는 좋은 땅에 떨어지매 혹 백 배, 혹 육십 배, 혹 삼십 배의 결실을 하였느니라. 귀 있는 자는 들으라 하시니라.

소생의 봄이 왔습니다. 얼었던 대지가 풀리고, 생명을 잉태하는 봄의 감격이 만물만상에 피어나고, 새 봄에 새 기분은 새 희망을 노래합니다. 파릇파릇한 새싹은 마냥 신비로운 자태로 생명의 위대함을 드높입니다. 기러기는 줄지어 여행을 즐기고, 갖가지 날짐승들은 창공의 봄잔치를 펼칩니다. 만유의 주인인 사람들의 손길도 발길도 바쁘게 진행됩니다.

섭리의 봄은 어떤가요? 어쩌면 그 어느 때보다도 천일국 6년의 봄은 새 하늘, 새 천지를 진동시키는 참사랑의 감동이 전국민들의 가슴속에 새 생명을 잉태하게 만드는 새 기적의 봄이 되고 있습니다.

"축복 싹쓸이로 핏줄 싹쓸이"를 전개하는 축복 국민화의 섭리는 천지개벽의 섭리요, 후천시대의 구체적인 천일국실현의 섭리를 펼치는 것입니다. 더욱이 하나님이 왕궁에 입궁하시는 역사는 천상천하에 두 번 다시 없는 유일무이한 영광 중의 영광이기에 우리는 옷깃을 여미고 있는 지성을 다하여 준비의 효성을 다해야 될 줄 압니다.

그리하여 입궁 잔치의 주인이 되어 영원한 영광, 행복, 감격의 추억을 소유하는 보람을 온전히 간직해야 되겠습니다.

좋은 밭에 복의 씨를 심어야 좋은 결실이 가능합니다

일반적으로 많은 사람들이 복을 좋아합니다. 그래서 수저에도 베개에도 이불에도 대문에도 복자를 써 놨습니다. 우리말 국어사

전에는 복의 뜻을 '큰 행운과 오붓한 행복, 삶에서 누리는 기쁨과 즐거움'이라고 했고, 영어로는 Good Fortune 즉 좋은 운세라고 했습니다. 창조원리에서 창조의 목적이 기쁨이라 했고, 삶의 목적 또한 기쁨을 추구하는 삶이기에 결국은 복된 인생을 만들어 가는 것이 인생과 우주의 목적이기에 사람들은 복을 좋아하는 것입니다.

씨의 의미는 모든 것을 총망라한 함축요소, 즉 존재의 근원을 의미하며, 그 씨에 존재에 필요한 모든 것이 나오는 것입니다.

씨 중에 가장 작은 씨가 사람 씨라고 합니다. 그 씨 속에 신비롭고 오묘한 사지백체 오장육부의 청사진이 함축되어 있고, 존재의 원리가 다 들어 있습니다. 복의 씨에도 행복과 즐거움, 기쁨, 보람의 모든 내용이 함축되어 있어서, 복의 씨를 우리의 마음 밭에 뿌리게 되면 복된 인생이 만들어 지는 것이겠지요.

그런데 성경말씀에서 씨를 뿌리는 비유로 4가지 유형의 밭을 가르쳐 주고 있습니다. 그 첫 번째 유형의 밭이 길가에 있는 밭입니다. 많은 사람들에게 밟히고, 비바람에 시달리는 밭으로서, 하늘의 씨앗인 말씀을 뿌려도 깨달음이 적어서 결국은 결실에 이르지 못하고 시달림을 이기지 못하여 그 고귀한 하늘의 진리를 빼앗기는 어리석음을 초래한다는 '사람 중심한 마음의 밭, 신앙의 밭'임을 일깨워 주는 메시지가 있습니다.

둘째 유형은 돌밭과 같은 마음의 밭, 신앙의 밭을 얘기하고 있습니다. 씨를 뿌리기는 뿌리되 뿌리를 제대로 못 내리고 잠시 견디다가 환란과 핍박을 이기지 못하여 넘어지는 유형으로 '자기를

중심한 신앙'에서는 교만이나 시기심을 이기지 못하여 결실에 이르지 못한다는 메시지를 알려주고 있습니다.

셋째 유형은 가시떨기 같은 마음의 밭, 신앙의 밭을 말하고 있습니다. 씨를 뿌리되 가시떨기와 같은 마음 밭, 신앙의 밭에서는 결실을 이루기 어려운 것은 세상의 염려, 재물의 욕심, 갖가지 유혹을 이기지 못하는 즉 '세상을 중심한 신앙' 때문이라고 가르쳐 주고 있습니다

넷째 유형은 옥토와 같은 마음의 밭, 신앙의 밭을 설명해 주고 있습니다. 하늘의 씨앗이 좋은 땅에 뿌리니 바르게 깨닫고, 올바로 행함으로 많은 결실의 기쁨을 얻는다고 하는 교훈을 일깨워 주고 있습니다.

이 마음의 밭, 신앙의 밭은 사람을 중심한 것이 아니요, 자기를 중심한 것도 아니며, 세상을 중심한 것 또한 아니고, '하나님을 중심한 마음, 진리에 순응하고 복종하는 신앙, 조화와 평화와 행복의 이치를 존중하며 삶의 중심을 하나님과 뜻으로 말미암은 인생'임을 옥토신앙으로 일깨워 주고 계십니다.

파종의 노력은 기쁨과 행복을 약속해 줍니다

우리가 지금 국민들의 마음 밭에 뿌리는 복의 씨는 역사에 없는 참복의 씨요, 어느 종교 역사에도 없는 참행복, 참영광, 참기쁨의 씨를 파종하는 축복의 대역사를 전개하고 있는 것입니다.

태초에 하나님께서 당신의 자녀로 인간을 창조하시고 그 속에 참씨를 심어 주셨는데 그 씨가 무럭무럭 자라서 결실을 해야 되

었는데, 중도에서 타락의 비극을 맞게 됐던 것입니다. 그로부터 잃어버린 그 참사랑, 참생명, 참혈통의 씨를 되찾아오시기까지 수천 년 기나긴 세월 엄청난 탕감의 희생을 치루면서 원수와 피 튀기는 싸움을 감내해 온 것입니다.

이제야 참부모님께서 지상에 오셔서 역사의 칼날선상에서 사탄과 혈투전을 통하여 승리하심으로 사탄이 빼앗아간 참씨를 되찾아오심으로 비로소 참사랑, 참생명, 참혈통을 잇는 축복의 대역사가 이 지구성에 실현될 수 있게 된 것입니다.

그러므로 우리가 파종하는 참축복의 씨는 참부모님으로 말미암은 우리만이 갖고 있는 참씨로서 영원한 행복과 기쁨, 즐거움과 보람을 약속해 주는 복의 원천이요, 복의 뿌리가 되는 것입니다. 그러나 세상에 많은 사람들이 무지에 파묻혀, 속세에 휩쓸려서, 죄악의 물결에 범벅이 되어 저들의 마음 밭이 길가의 밭 같은 사람 중심에 얽매이고, 돌짝 밭 같은 자기 중심에 사로 잡혀 있고, 가시떨기 밭같이 세상풍파에 시달리는 무리가 태반인데, 그 중에도 참을 그리워하고, 선과 의를 추구하며, 나라와 역사를 걱정하는 정의로운 무리가 있어서 하나님 섭리에 협력하는 복 받을 사람들이 아벨의 무리가 되어 하늘의 섭리에 동참하는 옥토 같은 무리가 있는 것입니다.

이제 우리는 옥토와 같은 마음 밭을 찾아서 하늘의 참씨를 파종하는 슬기와 지극정성이 노력에 노력을 더하여 영원한 복의 뿌리를 만들어 서로가 기뻐하는 역사의 주인이 돼야 되겠습니다.

'인因과果의 법칙'은 만고불변의 진리입니다

콩 심은 데 콩 나고, 팥 심은 데 팥 나고, 선 심은 데 선나고, 악 심은 데 악 나고, 좋은 일을 하면 그 결과는 행복과 보람으로 나타나는 것은 만고불변의 진리입니다.

위대한 부모는 생선을 주지 말고, 고기를 잡는 기술을 가르치라고 합니다. 평생을 죽을 뚱 살 뚱, 피 땀 눈물로 만든 재산을 물려주지만 3대를 못 간답니다. 자식에게 행복의 원리, 평화의 원리, 가치의 법도를 교육하고 모델가정의 삶을 정신적인 유산으로 물려주는 것이 어떠한 재산을 물려주는 것보다도 더 값지고 더 분명한 복의 씨를 물려주는 것입니다.

애국지사 안 중근 의사의 순국 69주년을 맞이했습니다. 안 의사가 역사와 국민들에게 물려준 정신의 씨앗은 지금도 애국의 빛으로 민족의 가슴에 살아 있습니다. 안 의사는 이토 히로부미를 처형한 것은 '한국의 독립과 동양평화'를 위한 하늘의 명령 즉 천명天命을 수행한 것이라고 했습니다.

중국의 문학자 루쉰은 안 의사가 이토를 처단하였다는 소식을 미국 하와이에서 듣고, '중국의 4억 인은 부끄럽게 여기고 죽어야 한다'며 안 의사의 위대성을 드높였습니다. 또 장제스는 '살아 백년을 못 사는데, 죽어 천 년을 사는구려'라며 안 의사의 위대성을 노래하였습니다.

오늘 하늘이 우리들에게 내리시는 천명은 무엇인가요? 그것은 바로 조국의 7천만 형제자매의 가슴에 복의 씨, 참혈통을 전수하

여 하늘 백성을 만들어, 인류의 조국을 창건하라 시는 것입니다. 천명을 따라 순응하는 삶의 자리에 영원한 기쁨이 있으리라 믿습니다. 감사합니다.

입체적 인생 성공

훈독말씀 : 영인체와 육신과의 관계

영인체는 생심과 영체의 이성성상으로 되어 있다. 생심이라고 하는 것은 하나님이 임재하시는 영인체의 중심부분을 말하는 것이다. 영인체는 하나님으로부터 오는 생소와 육신으로부터 오는 생력요소의 두 요소가 수수작용을 하는 가운데서 성장한다.

영인체는 육신을 터로 하여서만 성장한다. 그러므로 영인체와 육신과의 관계는 마치 열매와 나무와의 관계와 같다. 생심의 요구대로 육심이 호응하여 생심이 지향하는 목적을 따라 육신이 움직이게 되면 육신은 영인체로부터 생력요소를 받아 선화善化되고, 그에 따라 육신은 좋은 생력요소를 영인체에 다시 돌려줄 수 있게 되어 영인체는 선을 위한 정상적인 성장을 하게 되는 것이다.

생심이 요구하는 것이 무엇인가 하는 것을 가르쳐 주는 것이 진리이다. 그러므로 인간이 진리로서 생심이 요구하는 것을 깨달아 그대로 실천함으로서 인간책임분담을 완수해야만 생령요소와 생력요소가 서로 선의 목적을 위한 수수작용을 하게 된다.

영인체는 어디까지나 지상의 육신생활에서만 완성할 수 있다

영인체는 육신을 터로 하여 생심을 중심하고 창조원리에 의한 질서적 3기간을 거쳐서 성장하여 완성하게 되는데, 소생기의 영인체를 영형체라 하고, 장성기의 영인체를 생명체라 하며, 완성기의 영인체를 생령체라고 한다.

영인체에 느껴지는 모든 영적인 사실들은 그대로 육신에 공명되어 생리적 현상으로 나타나기 때문에 인간은 모든 영적인 사실들을 육신의 오관으로 느껴서 알게 된다. 생령체를 이룬 인간들이 지상천국을 이루고 살다가 육신을 벗고 영인으로서 가서 사는 곳이 천상천국이다. 그러므로 지상천국이 먼저 이루어진 후에야 천상천국이 이루어지게 되어 있다.

영인체의 모든 감성도 육신 생활 중 육신과의 상대적 관계에 의하여 육성 되는 것이므로, 인간은 지상에서 완성되어 하나님의 사랑을 완전히 체휼해야만 그 영인체도 육신을 벗은 후에 하나님의 사랑을 완전히 체휼할 수 있게 된다.

영인체의 선화도 또한 육신생활의 속죄로 인하여서만 이루어진다

천국이든 지옥이든 영인체가 그곳에 가는 것은 하나님이 정하시는 것이 아니라, 영인체 자신이 정하는 것이다. 인간은 원래 완성하면 하나님의 사랑을 완전히 호흡할 수 있도록 창조되었기 때문에 범죄행위로 인하여 생긴 허물로 말미암아 이 사랑을 완전히

호흡할 수 없게 된 영인체는 완전한 사랑의 주체 되시는 하나님 앞에 서는 것이 도리어 고통이 되는 것이다. 그렇기 때문에 이러한 영인체는 하나님의 사랑과 먼 거리에 있는 지옥을 자진해서 선택하게 되는 것이다.

영인체는 육신을 터로 하여서만 생장할 수 있도록 창조되었기 때문에, 영인체의 번식은 어디까지나 육신생활에 의한 육신의 번식과 함께하게 되는 것이다.

이 시간 우리는 새삼스럽게 영인체와 육신과의 관계를 공부해 보면서 이 땅에서의 성공적 인생과 하늘나라에서의 성공적 인생을 함께 생각하면서 입체적 인생의 성공을 위한 겉사람과 속사람의 원리적 관계를 분명하게 알고, 깨닫고, 정립하고, 생활하는 슬기와 지혜를 챙겨보고자 하는 것입니다.

신비로운 인간의 입체적 관계를 깊이 깨닫고 생심의 요구에 박자를 맞추는 입체적 삶을 성공적으로 살아야 된다는 것입니다. 생심은 바로 하나님의 바로미터로서 하나님의 심정, 사랑, 원리, 법도, 능력, 지능, 감성 등등을 직접관계로 육신에 전달하는 그래서 인생의 모든 삶의 핵심을 이루고 있는 것입니다. 그러므로 생심의 요구에 절대 순응하여 육심이 박자를 맞춰 살면 하나님의 아들딸로서의 선하고 참다운 정도를 가면서 후회함이 없는 영원한 행복의 기쁜 인생을 영위할 수 있다는 것입니다.

그런데 오늘 우리가 살고 있는 이 세상은 아직도 모순투성이고

갈등과 혼란, 대립과 상충, 이기주의, 물본주의 등등의 비원리,
비진리가 난무하는 세상이기에 나도 모르게 오염되고, 때가 묻고,
속세의 물결이 침투하는 고통을 겪게 되는 것입니다. 그러므로
생심과 육심을 잘 관리하고, 정화하고, 깨끗하고, 맑고 빛나는 겉
사람과 속사람을 아름답게 가꾸고 챙기는 신앙의 노력이야말로
입체적 인생을 잘 가꾸는 삶이 되는 것입니다. 그렇기에 기도하
는 한 시간이, 정성 드리는 한 시간이, 자기를 성찰 해보는 명상
의 한 시간이, 말씀을 섭취하는 한 시간이 얼마나 고귀한가를 절
감하게 되는 것입니다.

나무에서 열매가 익고, 영글고, 성숙한답니다

육신은 나무와 같고, 영인체는 열매와 같은 관계에서 영원한 속
사람의 이모저모가 갖춰지고, 완성된다는 이 원리는 참으로 고귀
하고 감사한 인생의 성공, 영생의 성공, 입체적 성공의 인생을 가
르쳐 주시는 진리입니다.

육신생활의 일거수일투족이 낱낱이 녹음테프와 같은 영인체에
그대로 기록이 된다고 하니 참으로 신비로운 인생의 이치요, 영
원한 작품을 창작하는 지상의 육신생활임을 새삼 깨닫게 되고 누
가 보아도 감동될 내 인생 작품을 멋지게 만들어야 되겠다고 하
는 소망이 우리의 인생을 보다 알차게 만들어가게 하는 것입니
다.

하나님이 감동을 먹고, 인류가 감동하고, 전 삼라만상이 찬양할

감동에 감격적인 인생 작품은 어떻게 꾸미는 것일까요? 그것은 바로 하나님의 사랑 원리를 따라서 남을 위하여 사는, 참사랑의 원리를 따라 이타주의를 앞장세워 보다 많이 위하기 위해서 연구하고, 노력하고, 실행함으로 위함의 실적이 많은 인생작품이 고귀한 작품이 되겠지요. 위함의 왕자가 되기를 맹세하는 결심에서 얻어지는 수확이 많으리라 믿습니다.

원리의 인생, 진리의 인생이 영원한 행복을 보장해 준답니다

우주는 존재 원리를 따라 운행되고 갖가지 오묘하고 기묘한 조화 박자를 맞추며 끝없는 행복을 노래하는 기쁨의 실체대상임을 말해주고 있습니다. 삼라만상이 없는 인간의 삶은 어떠했을까요? 삭막하기 그지없고 살 수 있는 환경이 될 수 없었겠지요. 그러니 기쁨의 대상이 없는 삶은 무의미하고, 무가치하고, 행복이 없는 삶이기에 살았으나 죽은 삶이라고 하겠지요.

하나님도 마찬가지입니다. 당신의 상대로 지어주신 인간이 있어서 하나님이 하나님 되고, 보람과 가치와 행복이 성립되시는 것인데 그 상대자인 인간이 원수 사탄의 짝짝꿍이 되어서 비원리, 비진리에 허덕이는 것을 바라보시는 하나님은 가슴이 터지고, 막히고, 뒤집어지는 고통이 그대로 인간세계에 반영되는 것이니 이 세상도 고통으로 얼룩진 세상이 되는 것이지요.

이제는 참부모님을 통하여 우리에게 가르쳐 주신 원리를 우리의 생활 원리로 적용하고 원리의 인생, 진리의 인생을 살고자 노력할 때, 하나님의 행복, 인류의 행복, 만물의 행복, 영원한 행복으

로 이어지노니, 이 땅에서나 저 나라에서나 성공의 인생을 노래
할 수 있게 됨으로 입체적인 인생성공을 이룰 수 있는 것이라고
일깨워 주십니다.

영인체의 얼룩덜룩한 것을 육신을 쓰고서 다 지워야 됩니다

고통 받는 환자가 건강을 얻는 비결은 약을 먹든가, 수술을 하
든가, 자연치료를 하던가 해야 합니다. 그것이 바로 탕감이라는
것입니다. 하나님께 불충불효한 것, 참 부모님의 명을 거역한 것,
자식으로서 책임을 회피한 것, 삶을 인간적으로 꾸민 것, 조상의
죄악 보따리 청산을 위해서나, 갖가지 시험을 겪어서나, 신앙의
상처 때문에서나, 부부의 불화 가정의 불화에서나, 알게 모르게,
영인체가 때 묻고, 상처가 나 있고, 어두운 부분이 있고 등등의
이모저모의 얼룩덜룩한 속사람을 맑고, 빛나고, 아름답고, 향내
나는 영인체로 만드는 것을 이 지상생활, 육신생활에서 재창조해
야 한다는 것입니다.

그러기 위해서는 뼈를 깎는 고통을 감수하면서 탕감 지우개로
하나하나 지우는 수련을 철저하게 해야 된다는 것입니다. 조상들
의 얼룩덜룩한 것을 지우는 것도 마찬가지입니다. 그렇기에 탕감
을 감사하고, 탕감을 기쁨으로 감내하며 탕감승리의 신앙을 알뜰
히 챙기는 지상생활, 육신생활, 신앙생활이 돼야 된다는 것입니
다.

천국을 가느냐? 지옥을 가느냐 하는 것은 내 속사람이 결정하는 것이랍니다

이는 참으로 종교계의 대각성을 촉구하고, 지상생활에 천국의 열쇠가 있음을 분명하게 일깨워 주시는 복음 중의 복음입니다. 하나님을 삶의 중심에 모시고 원리를 따라서 사랑을 실천하여 기쁨과 행복의 실적을 많이 챙기는 지상생활의 성공이 영원한 입체적인 인생의 성공 길임을 새롭게 느끼고 다짐하여 승리의 순간순간, 승리의 나날, 승리의 한 달 한 달, 승리의 한 해 한 해, 승리의 생애가 되시기를 축원합니다. 감사합니다.

하나님의 한몸

훈독말씀 : 성경 고린도 전서 12장 12절에서 31절까지

몸은 하나인데 많은 지체가 있고 몸의 지체가 많으나 한 몸임과 같이 그리스도도 그러하니라. 우리가 유대인이나 헬라인이나 종이나 자유자나 다 한 성령으로 세례를 받아 한 몸이 되었고, 또 다 한 성령을 마시게 하셨느니라.

몸은 한 지체뿐 아니요 여럿이니,만일 발이 이르되 나는 손이 아니니 몸에 붙지 아니하였다 할지라도 이로 인하여 몸에 붙지 아니한 것이 아니요. 또 귀가 이르되 나는 눈이 아니니 몸에 붙지 아니 하였다 할지라도 이로 인하여 몸에 붙지 아니한 것이 아니니 만일 온 몸이 눈이면 듣는 곳은 어디며, 온 몸이 듣는 곳이면 냄새 맡는 곳은 어디뇨. 그러나 이제 하나님이 그 원하시는 대로 지체를 각각 몸에 두셨으니 만일 다 한 지체뿐이면 몸은 어디뇨 이제 지체는 많으나 몸은 하나라.

눈이 손더러 내가 너를 쓸데없다 하거나 또한 머리가 발더러 내가 너를 쓸데없다 하거나 하지 못하리라. 이뿐 아니라 몸의 더 약하게 보이는 지체가 도리어 더 요긴하고 우리가 몸의 덜 귀히

여기는 그것들을 더욱 귀한 것들로 입혀주며 우리의 아름답지 못한 지체는 더욱 아름다운 것을 얻고 우리의 아름다운 지체는 요구할 것이 없으니 오직 하나님이 몸을 고르게 하여 부족한 지체에게 존귀를 더하사 몸 가운데서 분쟁이 없고, 오직 여러 지체가 서로 같이하여 돌아보게 하셨으니, 만일 한 지체가 고통을 받으면 모든 지체도 함께 고통을 받고, 한 지체가 영광을 얻으면 모든 지체도 함께 즐거워하나니, 너희는 그리스도의 몸이요, 지체의 각 부분이라.

하나님이 교회 중에 몇을 세우셨으니 첫째는 사도요, 둘째는 선지자요, 셋째는 교사요, 그 다음은 능력이요, 그 다음은 병 고치는 은사와 서로 돕는 것과 다스리는 것과 각종 방언을 하는 것이라 다 사도겠느냐? 다 선지자겠느냐? 다 교사겠느냐? 다 능력을 행하는 자겠느냐? 다 병 고치는 은사를 가진 자겠느냐? 다 방언을 말하는 자겠느냐? 다 통역하는 자겠느냐? 너희는 더 큰 은사를 사모하라. 내가 또한 제일 좋은 길을 너희에게 보이리라.

본문 말씀은 고린도교회의 내분과 부정부패를 전해 듣고 통탄한 나머지 멀리 에게 해 건너 에베소에서 적어 보낸 편지의 한 구절입니다. 이 편지에 담겨있는 내용이 2천 년 전의 메시지인데 그 논리가 2천 년이 지난 오늘의 세상을 꿰뚫는 유기체론적인 시각에 접근한 바울의 식견은 오늘의 사회과학자들을 놀라게 합니다. 바울 선생의 체계론적인 구조와 기능주의 이론과 상호관계의 필요불가결한 공존원리는 뛰어난 설득력으로 설파되고 있습니다.

이러한 성경의 말씀을 대하노라면 현대인들이 지적인 오만을 버리고 옷깃을 여미고 많이 겸허해져야 됨을 실감케 됩니다. 우리 사회 속에는 있는 자와 없는 자, 많이 갖은 자와 덜 가진 자, 천차만별의 사람들로 사회가 형성되고 있는가 하면, 교회의 구조 형성에도 각양각색의 식구들로 구성되게 마련입니다. 본문 말씀의 거울에 현실사회의 정황이나 교회 정황을 조명해 보면 몇 가지의 교훈을 깨닫게 됩니다.

첫째, 각 지체는 분담 사명을 지니고 있습니다

우리 몸의 모든 지체는 그것이 아무리 보잘 것 없이 보이더라도 각자의 전문적인 기능이 있다는 사실과, 그것이 몸이라고 하는 한 존재의 유지와 운영을 위해서 필요불가결한 부분이라는 엄연한 사실 앞에, 모든 지체는 각자의 역할과 존재 의의에 대해서 소신과 보람을 갖고 눈은 눈으로서, 코는 코로서의 전문적 기능 수행에 최선을 다해야 된다는 '분담 사명' 적 교훈입니다.

둘째, 모든 지체는 상호의존적인 보완관계를 이루고 있습니다

각 지체가 독특한 기능과 역할을 수행함에 서로가 상호의존과 상호부조의 보완관계에 있음으로 서로가 그 고유한 기능과 역할을 존중하고 위해야지 흡수한다거나 마비시키는 일이 없어야 한다는 것입니다. 손의 도움 없이 입이 어찌 밥을 먹을 수 있으며, 입이 밥을 먹지 않는데 다리가 무슨 힘으로 걸음을 걸을 수 있겠

습니까? 아무리 튼튼한 다리를 가졌다 할지라도 척추가 마비되면 다리는 아무 소용이 없다는 상호관계의 공존 원리를 명심해야 된다는 것입니다.

셋째, 몸은 희로애락의 공동운명체라는 것입니다

몸은 모든 지체가 기쁨과 슬픔, 즐거움과 어려움을 함께 나누도록 되어 있는 공동운명체요, 공동생명체요, 공동유기체적인 한 몸인 것을 일깨워 주십니다. 손끝을 다쳤을 때 고통을 겪는 것은 손끝만이 아니라 온몸이 고통을 겪는 것이요, 코가 향기를 맡았을 때 코만이 좋아라 하는 것이 아니라 몸 전체가 모든 세포가 함께 향기를 맛보며 즐거워하는 것입니다. 그러므로 모든 지체는 자기의 전문적인 기능과 역할을 다하면서 자기의 가치의식 권위의식 보다도 전체에 대한 공동의식과 공의로운 의무감을 앞세워 나갈 때 몸 전체의 공동이익이 증진되므로 모두의 가치, 모두의 기쁨, 모두의 행복, 모두의 성공을 이루게 되는 것입니다.

넷째, 몸과 지체가 체계적인 질서의식으로 조화를 이루어야 된다는 것입니다

많은 지체가 몸을 구성하고 있습니다. 그러므로 조화롭고 평화로운 한 공동체가 되기 위하여는 지체와 몸, 객체와 전체, 전부와 부분 등등이 체계적인 질서의식으로 자연스럽게 자기의 위치와 역할과 기능을 수행해야 된다는 것입니다. 지체와 지체, 전체와

부분이 별개가 아니고 분명한 질서를 따라서 전체인 몸을 위해 존재한다는 원리입니다. 눈이 귀가 될 수 없고, 코가 입이 될 수 없고, 또한 지체가 몸 전체가 아니기에 질서의 조화 속에 무한대의 기쁨을 창출한다는 것입니다

이러한 교훈을 요약해 보면 지체 하나하나의 건강한 기능 발휘와 자율적이고 전문적인 책임수행과 지체와 지체, 부분과 부분이 자연스럽게 서로 위하는 상호관계로 몸 전체를 위하는 합목적적 의식이 질서와 조화의 체계적인 의식으로 정립될 때, 몸 전체의 건강과 지체들 모두의 건강이 공유되어 행복을 보장 받을 수 있다는 교훈입니다. 본문 말씀이 시사해 주는 교훈을 거울삼아 가정이나 교회를 조명해 봄으로 하나님의 한 몸 된 삶의 모델을 그려보게 됩니다.

가정이란 한 단위체를 운영하고 발전하고 가치를 창출하기 위해서는 부모, 부부, 형제, 자매, 자녀 등등의 모든 개체들이 저마다의 기능과 분담 역할을 수행하며 조화로운 질서의 법칙을 따라서 자연스럽게 어우러지며 평화를 노래할 때 공동가치를 향유하며 모두가 만족으로 발전되는 바람직한 가정이 만들어 지겠지요. 이에 늘 명심해야 하는 것은 한 몸 된 공동체를 가꾸는 네 가지 교훈을 망각해서는 안 된다는 것입니다. 그리고 공동체의 핵심은 진리와 사랑이 될 때, 창조의 본성이 제 기능을 한껏 발휘하면서 영원한 무한대로 조화 무쌍한 기쁨의 향연이 진행될 것입니다.

그러나 사탄이 개입하면 비진리, 비원리, 거짓사랑으로 조화의 이치와 질서의식, 상부상조의 공동체 원리를 무시하고 이기주의가 앞서므로 조화를 깨고, 질서를 무시해서 혼란을 초래하고, 서로의 기능이 마비되는 현상으로 갖가지 부작용이 발생합니다. 우리가 추구하는 이상 가정, 참가정이란 참사랑을 축으로 하고, 원리를 법도로 하여 희생 봉사를 앞세워 위하여 사는 이타주의를 실천궁행하므로 저마다의 개체가 전체로 어우러지는 평화의 공동체 가족을 영위하게 되는 것입니다.

교회공동체도 같은 이치와 원리로 조화롭고, 어우러지고, 평화롭고, 건강하고, 생산적인 교회로 가꾸어갈 수 있겠지요. 그러기 위해서는 4가지 교훈이 철저하게 생동하는 교회가 돼야 되겠지요.
첫째, 분담 역할입니다. 본문 말씀에 사도, 선지자, 교사, 능력, 병 고치는 은사, 서로돌보기, 방언 등등의 분담 역할을 말씀하시면서 저마다의 역할이 충족하면 교회가 하나님의 한 몸 된 천국기관으로서의 제기능을 잘할 수 있다는 것입니다. 우리 가정교회도 목사의 역할, 장로의 역할, 권사의 역할, 집사의 역할, 훈독회 회장의 역할 등등의 역할이 교회의 공동 목표인 세상을 재창조하고, 종족을 하늘 종족으로 만들고, 이웃을 천국이웃으로 창조해 나가는 원리활동, 축복활동이 활발하게 진행되면 건강한 교회 보람과 기쁨이 넘치는 천국의 기관다운 기관이 되겠지요.

둘째, 상호협력으로 서로가 위하는 관계를 돈독히 챙겨나갈 때 서로의 부족함이 보충되고, 서로가 서로 되는 즉 지체다운 지체

로서의 안팎이 안정되게 하는 버팀목이 되어주게 됩니다. 실로,
위하는 미덕은 천국의 재산이라고 합니다. 보다 많은 위함의 실
적은 그 누구도 넘볼 수 없는 자기 인생의 고귀한 천국의 실적으
로 영원히 자랑되고 영원한 행복의 초석으로 자리매김하게 되는
것이겠지요.

위함의 원수는 이기주의랍니다. 자기의 이익을 먼저 생각하고,
자기가 유리한 것을 먼저 계산하고, 자기 위주로 판단할 때는 위
함의 마음이 유발되지 않고 부정적인 마음이 작용해서 지나고 보
면 그런 게 아니었는데 라고 후회를 한다는 것입니다.

셋째, 희로애락의 공동운명체로서의 교회가 되면 정말 성숙한
교회, 바람직한 교회라 할 수 있겠지요. 하나님의 한 몸 된 교회
는 수억만 개의 세포가 기쁨을 공유하고, 슬픔도 함께하고, 즐거
움도 통하고, 고통도 공유한다고 했습니다. 우리 신앙의 현주소에
서 우리 교회의 공동체 정황은 어떠한가를 조용히 가슴에 손을
얹고 자기 조명을 해보는 여유를 가져 보시기 바랍니다.

제가 가끔씩 식구님들께 몽시나 계시나 환상을 보시느냐고 질문
을 해 봤습니다. 하나님의 심정과 소원과 사정, 목자의 심정과 소
원과 사정, 식구들의 심정과 소원과 사정이 느껴지고, 희로애락이
통한다면 정말로 훌륭한 교회, 성숙한 교회, 바람직한 교회라 할
수 있겠지요. 우리가 밤낮으로 뜻의 삶을 연단하고 섭리의 삶을
향상시켜 나가는 것은 서로 상통하는 심정공동체를 이루는데 있
습니다. 우리의 몸은 과학의 덩어리로서 수억 개의 세포와 수만
개의 신경과 많은 기관이 작용을 하는데 원활하게 잘 돌아가면

건강하고 행복한 삶을 꾸미지만 막히고, 마비되고, 균형이 깨지면 고통이 오고, 많은 손해를 입힙니다. 정말이지 우리 교회가 튼튼한 천국기관의 사명을 다 할 수 있는 교회가 되기 위해서는 희로애락의 공동체로 발돋음해야 되겠습니다.

넷째, 체계와 질서, 조화와 평화를 창조하는 교회공동체가 돼야 화동의 꽃동산 같은 기쁨의 왕국이 된다는 것입니다. 하나의 몸을 보면 질서체계가 뚜렷하고, 하나로 조화 통일된 유기체인 것을 잘 가르쳐 줍니다. 머리가 있고, 중추신경이 있고, 사지백체에 오장육부가 인체를 꾸미고 있으매 한 치의 오차도 없이 초과학적인 신비로 운영되고 있습니다. 그런데 그 몸을 다스리는 중심은 마음인 것입니다. 그리고 그 마음은 양심의 법도에 순응하면서 인생을 올바르게 인도합니다. 그러므로 영인체와 육신의 조화, 마음과 몸의 질서와 조화가 원만하게 갖춰질 때 건강한 인생, 행복한 인생, 기쁨의 인생이 되듯이 교회의 머리는 하나님과 참 부모님이시므로 하나님의 심정과 참 부모님의 심정에 조화통일 되고, 그 뜻과 섭리가 교회와 식구들로 어우러지고 조화통일 될 때 하늘의 큰 역사가 나타나고, 소금의 역할과 빛의 사명을 다하는 천국기관으로서의 제 가치를 발휘할 수 있게 된다는 것입니다.

사랑하는 식구님 여러분!
우리는 하나님의 한 몸 된 심정공동체로서의 교회, 참사랑 공동체로서의 교회, 훈독공동체가족으로서의 교회, 축복공동체 된, 한 몸 같은 교회를 이루어 하나님과 참 부모님께서 오시어 동고동락

하시고 싶으신 우리의 가정, 우리의 교회를 우리의 지극정성으로 우리의 피. 땀. 눈물로 애착어린 애정을 투입하여 하나님의 한 몸 된 교회를 만들고자 혼신을 다하는 그 정성에 하늘의 놀라운 역 사가 나타나시리라 확신하여 축원하옵니다. 감사합니다.

제5장 참 사랑의 삶

가장 위대한 경전

참사랑 은행

가인을 더 사랑해야

참사랑의 주인이 참주인

꽃향기 따라 벌 나비가 찾아 든다

지옥의 메시아

'위함의 왕자'가 '천국의 왕자'

하나님과의 공명권共鳴圈을 이루고 사는 삶

빚을 진 사람, 지우는 사람

우리는 후천개벽시대를 맞아
개벽된 하늘의 삶을 살아야 된다고 하십니다.

가장 위대한 경전

훈독말씀 : 사랑은 무한히 주고 또 주는 것

우주의 근본은 인간이고, 인간의 근본은 생명입니다. 생명의 근본은 사랑이고, 사랑의 근본은 하나님입니다. 그런데 사랑은 혼자 있어서는 성립되지 않습니다. 반드시 상대적 관계를 필요로 합니다. 하나님이 사랑의 근원자라면 그 사랑에 상대되는 자격을 갖고 있는 존재는 인간밖에 없습니다. 참된 사랑이란 무엇이냐? 주고 잊어버리는 것입니다. 주고 또 주고, 또 주는 것입니다.(240-300)

사랑에는 소모가 없습니다. 움직이면 움직일수록 커집니다. 역학의 원칙은 움직이면 움직일수록 소모되는 것이지만 참사랑은 움직이면 움직일수록 소모가 안 되고 커갑니다. 사랑의 본질은 위하려고 할 때는 커지지만 자기를 위하려고 할 때는 더 작아집니다. 사랑은 자기를 백퍼센트 투입하는 것입니다. 하나님이 천지를 창조할 때 사랑 때문에 모두 백퍼센트 투입한 것입니다. 그렇기 때문에 참사랑은 위하는 데서 시작하는 것입니다.(189-223)

사랑은 주고 나서 만족하는 것이 아니라, 주고도 더 주고 싶은

데 못 주어 부끄러움을 느끼는 그런 사랑입니다. 주고 나서 부끄러움을 느끼는 사람일수록 진정한 사랑의 주인입니다. 사랑은 주면 줄수록 더 큰 것으로 보태집니다. 또한 작용하면 할수록 들어가는 힘보다 나오는 힘이 더 큽니다. 때문에 망하는 것이 아니라, 흥하는 것입니다. 사랑이 없이 흥하는 법은 없습니다. (164-322)

사랑이란 말은 참 위대합니다. '말 한마디로 천 냥 빚을 갚는다'는 말이 있습니다. 말 한마디로 탕감할 수 있다는 말입니다. 억만 금의 빚이 있다고 해도 사랑의 말 한마디면 탕감 하고도 남습니다. (227-254)

알라스카에 연어(셀몬) 이야기

9월달 쯤 알라스카 코디악에 가면 바다와 인접해 있는 개울에 연어 떼가 몰려들어 양어장을 방불케 합니다. 산란기를 맞아 모이는 풍경이 정말로 장관입니다. 연어는 민물에서 태어나 바다로 나가서 3-4년 자라서 어른이 되면 귀소 본능에 따라서 자기가 태어난 고향 밀물로 와서 알을 낳고 생을 마칩니다. 그리고 그 어미의 뼈와 살은 새로 태어나는 새끼들의 양식이 되어줍니다. 그러면 그 새끼들은 어미의 뼈와 살을 먹고 얼마 정도 자라면 서서히 바다로 나갑니다. 이 연어의 이야기는 바로 참 사랑의 이야기가 됩니다. 어미의 사랑은 새끼를 위하여 몽땅 주고 완전 희생하는 그러므로 존재의 의미와 가치를 나타내는 사랑의 실천입니다.

부모의 참사랑도 자녀를 위하여 밤이나 낮이나, 앉으나 서나, 일생을 희생 봉사하고, 자식을 위하여 몸과 마음을 다 투입합니다. 이러한 부모의 마음이 어디로부터 유래된 마음일까요? 그것이 바로 인류의 부모 되시는 하나님의 사랑에서 이어져 온 참사랑입니다. 하나님께서 이 우주를 지으심은 자식이 먹고, 마시고, 즐길 수 있는 삶의 환경으로 지어주신 것이요, 자식은 하나님의 뼈 중의 뼈요, 살 중의 살이요, 피 중의 피로 당신을 몽땅 투입해서 지으신 것이 자식 된 인간인 것입니다. 그러시므로 하나님께서는 인간을 위하여 절대사랑을 베풀어 주시는 것입니다. 인간이 하나님의 말씀을 어기고 원수의 품에서 하늘을 배반함에도 불구하고 하나님은 절대적으로 어제도, 오늘도, 내일도 끝없는 사랑을 베푸시며 구원 섭리를 해오셨습니다. 그래서 하나님의 사랑을 '그럼에도 불구하고의 사랑'이라고 합니다.

자기의 피붙이인 자식은 포기할 수도, 포기해서도 아니 되는 생명의 관계요, 사랑의 관계요, 핏줄의 관계이기에 자식이 잘못했음에도 불구하고, 자식이 실수했음에도 불구하고, 자식이 배신했음에도 불구하고, 자식이 부모를 버렸음에도 불구하고 부모의 자식 사랑은 변함이 없이 끝까지 사랑으로 작용하는 것입니다. 이 시간도 하나님은 인류를 향하여 어서 돌아오라고, 어서 죄악의 탈을 벗고, 내 품에 돌아오라고, 본연의 참다운 부모의 품으로 돌아오라고 애절하게 울부짖고 계시는 것입니다. 그러므로 하나님의 사랑이 우리의 사랑으로 나타나는 자리는 하나님의 대신자가 되어서, 사탄과 짝하여 슬픔에 허덕이고, 불행에 빠져, 갈등의 늪에서 허우적거리는 죄인들을 구제, 전도하는 삶에서 하나님의 심정

이 내 심정으로, 하나님의 사랑이 내 사랑으로, 하나님의 뜻이 내
뜻으로 믹서 되는 감동을 얻을 수 있는 것입니다. 전도 생활이야
말로 참 사랑을 실천하는 사랑 중의 사랑이요, 가장 위대한 경전
이 되는 것입니다.

눈에 보이는 불경과 눈에 보이지 않는 불경

일본의 불교 역사에서 불경을 간행한 사연을 들어보면 참으로
어려운 가운데 간행을 했다고 합니다. 불경 간행에 중책을 맡은
데쯔겐 선승의 간증을 들어보면, 그 당시 불교 경전은 중국에서
만 구할 수 있었고 일본에는 없었기에 불경 간행은 정말 중요한
것이었습니다. 그래서 데쯔겐은 기금을 모금하기 전국을 10년간
돌면서 모금을 하였습니다. 그런데 그 때 우지강에 큰 홍수가 나
서 수 만 명이 집과 식량을 잃는 일이 발생했습니다. 데쯔겐은
그들을 구제하기 위해서 불경 간행을 위해 모았던 기금을 몽땅
수재 기금으로 냈습니다.

그는 또다시 불경 간행을 위하여 다시 일본 전역을 돌면서 기금
을 모았습니다. 여러 해 걸려서 그 기금을 모을 수가 있었습니다.
그런데 이번에는 나라 전체에 전염병이 돌았습니다. 이번에도 데
쯔겐은 어렵게 모은 기금을 고통 받는 사람들을 위해 썼습니다.

다시 기금을 모으러 나선 데쯔겐은 20년이 넘어서 불경 간행을
할 수가 있었습니다. 그 초판본이 일본 교토의 오바쿠 사찰에 보
관되어 있는데 사람들은 데쯔겐이 그 경전을 세 차례에 걸쳐서
간행 했다고 말한답니다. 처음 두 번의 불경 간행은 눈에 보이지

않는 것으로, 세 번째의 눈에 보이는 불경보다 훨씬 위대한 것으로 애기한다는 것입니다. 그야말로 남을 위하여 베푸는 사랑은 아름답다 못해 빛나는 것입니다. 사랑이 깃든 곳엔 평화가 넘치고, 향기가 감돌아 모두를 행복하게 해 줍니다. 사랑 실천이야말로 살아 있는 위대한 경전이 되는 것입니다.

돈은 사랑의 도구가 될 때 영원한 행복의 도구가 됩니다

과학과 물질이 앞서가는 세상에 물욕주의가 빈익빈 부익부의 갈등을 부축이고 세상을 돈이라는 잣대로 평가하는 풍조를 타고 인간에 가장 고귀한 인격이나 사랑이 수난을 겪고 있습니다. 그런데 어떤 사람은 지나치게 물질적인 욕심이 많아서, 돈에 대한 중독이 걸려서, 모든 게 돈으로 보이고 돈의 노예가 되는 줄도 모르고……. 그래서 돈 방석에 앉아서 호의호식하고, 이기주의에 얽매여 이웃에게 베풀 줄도 모르고, 자린고비에 구두쇠로 물질 우선주의로 살다가 인생을 마친 사람이 있었습니다. 돈은 많으니까 산소도 근사하게 만들고, 정말로 보라는 듯이 돈 과시를 하는 것이었지요. 그런데 남들이 묘소 앞에 근사하게 비석을 세우는 것을 보고 그 아들도 자기 아버지 묘소 앞에 멋있는 비석을 세우려고 했으나 비석에 무엇을 써야할지 몰라서 글방 선생을 찾아갔습니다. 선생님께 '우리 부친이 돌아 가셨습니다. 묘소에 비석을 세우려는데 비문을 뭐라고 써야 되겠습니까?' 라고 질문을 드리니까 '그래, 그러면 그대 부친이 어떻게 살다 가셨는지 애기를 해 보게나 하니까.' 그 아들이 입에 침이 마르도록 아버지 자랑을 늘

어놓았습니다. 우리 고을에서는 최고의 부자요 부러움이 없이 살다 가신 정말 능력 있는 아버지였다고……. 그 아들의 말을 듣고 한참동안 생각을 하시더니 글방 선생이 비문을 이렇게 알려 주었습니다. '먹다 죽었다' 라고. 그 말을 들은 아들은 할말을 잊고 인사도 제대로 못하고 슬그머니 뒷걸음으로 나가더랍니다. 이 글방 선생의 메시지에는 우리에게 일깨워주는 삶의 철학이 많이 있습니다. 어떻게 살아야 잘 사는 겁니까? 돈이 사랑의 도구가 돼야 진짜 돈이 됩니다. 돈이 위함의 도구가 될 때 영원한 행복의 돈이 됩니다. 돈은 사랑의 돈이 되기를 원합니다.

사랑을 저축하는 생활

사람이 살아가는 데는 경제가 필수이고, 그래서 돈이 필요하지요. 저축을 하는 것은 삶의 안정을 추구하고, 필요시 잘 쓰기 위해서 저축을 합니다. 그래서 어느 분은 통장을 몇 개씩 갖고 있더라고요. 사랑하는 형제자매 여러분!

사랑의 저금통장은 갖고 계신가요? 금년 초에 전국목회자 40일 수련이 있었습니다. 마침 그 기간에 제 생일이 있었습니다. 서울에 사는 저의 딸과 사위가 아버지 생신에 같이 수련 받고 있는 목회자 분들에게 드릴 떡을 청평 수련소에 가지고 올려고 준비를 하였다고 전화가 왔어요. 그래 얼마나 되느냐고 했더니 꽤 많다고 하더라고요 그래서 아빠의 심정을 얘기했습니다. 아빠 생일날은 고아원이나 장애인들을 찾아가는 날이니, 그 떡을 서울의 어느 고아원이나, 장애인들을 찾아서 갖다 주라고 했습니다. 그러는

것이 아빠 생일을 축하해주는 가장 고귀한 생일 축하라고, 부탁을 했습니다. 그래서 그 떡을 용산구에 있는 어느 고아원에 갖다 주었습니다.

저와 딸과 사위는 사랑 은행에 영원한 추억을 저축하였기에 마음이 얼마나 뿌듯했는지 모릅니다.

저는 언젠가부터 제 생일날은 어려움을 겪는 자들과 함께 심정을 나누는 날로 정하고 작은 사랑이지만 실천해 왔습니다. 실로 사랑 저축은 고귀하고 아름다운 것입니다.

우리가 하나님을 모시고 하나님의 소원인 인류를 복귀하기 위하여 투자하는 모든 것은 사랑을 저축하는 것입니다. 뜻을 위하여 피와 땀과 눈물을 바치는 것, 십일조의 헌금을, 감사헌금을, 정성 헌금을, 모심의 성미를, 전도를 위한 투자, 이웃을 위하여 베푸는 정성, 이 모든 것은 하늘과 땅과 역사와 인류와 만물이 함께 기뻐 찬양할 영원히 변치 않는 불변의 사랑 저축이요, 행복 저축이요, 기쁨 저축이요, 보람 저축이요, 우리 스스로가 위대한 경전된 삶을 영위하는 것입니다.

주면 줄수록 커지는 사랑

본문 말씀에 사랑은 주면 줄수록 커진다고 했습니다. 이것은 자연법칙이 아니라 사랑법칙입니다. 주는 데는 반드시 상대를 위하여 주는 것이요. 거기에는 자기를 개입시키지 말고 잊으라는 것입니다. 기억을 하지 말고 잊어도 사랑법칙은 더 커지고, 더 많아지고, 더 번창하여 주는 자나 받는 자나 모두가 행복을 키우는

비법이 된다는 것입니다.

그런데 자기를 중심하고 주는 것은 작아진다고 했습니다. 왜 그럴까요? 자기를 중심하면 주고받는 통로가 막히고 단절된다는 것이지요. 하나님의 사랑은 '무조건적 사랑'이요, '그럼에도 불구하고의 사랑'이기에 끝없는 사랑을 인간들에게 베풀어 왔습니다.

부모의 사랑도 바로 하나님의 사랑에서 전수된 사랑이기에 마냥 주고 잊는 사랑입니다. 자식을 사랑하는데 계산하고, 따지고, 셈을 하면서 사랑합니까? 그렇다면 그것은 참사랑이 아니고 거짓사랑입니다. 물론 타락한 세상의 거짓된 부모는 왕왕 거짓 사랑으로 비극을 초래하기도 합니다. 오늘 우리는 하나님의 자식으로서의 사랑의 법칙을 익히고 있습니다.

참사랑의 대왕, 대비되신 참부모님

우리의 참부모님께서는 '하나님 해방, 인류 해방'의 지름길은 사랑 탕감이심을 아시고 일생을 '사랑의 십자가 삶'으로 일관해 오셨습니다.

지난 14일에는 이북 출감 54주년 기념식을 청평 수련소에서 가졌습니다. 지옥의 밑창 중 밑창인 흥남감옥에서 출감하신 날입니다. 그 지옥의 밑창 생활은 사람을 생으로 죽을 수밖에 없도록 만드는 강제노동 수용소였습니다. 밥은 주먹밥 한덩어리인데 해야 할 노동량은 암모니아 비료 1300포를 담아서 싣는 책임이었습니다. 그러니까 매일 사람이 생으로 죽어나가는 것이었습니다. 어느 때는 밥을 먹다가 죽어간답니다. 그러면 옆에 있던 동료들이

그 죽은 사람의 밥을 서로 빼앗아 먹으려고 싸움을 한다는 것입니다. 상상이 안 되는 생지옥의 홍남감옥이었습니다.

그러한 극단의 어려움을 겪으시는 가운데서 우리의 참아버님께서는 그 주먹밥을 반만 잡수시고 반은 동료에게 주시는 '부모의 사랑으로 종의 몸 된 삶'을 본보여 주신 것입니다. 그리하여 우리 참아버님께서 모범상을 받으시므로 사랑 승리의 푯대를 세우셨기에 해방의 대역사가 이루어진 것이었습니다. 가장 어려운 극한 상황에서 뼈를 깎고 살을 깎는 사랑의 행함이야말로 가장 위대한 경전 중의 경전된 삶인 것입니다.

역사의 모든 죄를, 인류의 모든 고통을, 한 가슴에 끌어 안으시고 일생을 사랑십자가의 산 제물로 살아오신 우리 참부모님은 참사랑의 대왕대비가 되셨습니다. 이제는 우리가 참부모님을 닮아서 사랑의 왕자왕녀가 되기 위한 사랑의 연단을 알뜰히 챙겨가야 되겠습니다. 우리가 사랑의 눈을 크게 뜨고 세상을 바라보면 사랑을 행할 곳이 많이 보입니다.

우리의 인생은 길 다면 길고, 짧다면 짧은 것입니다. 이제 우리는 우리에게 주워진 삶의 자리에서 알뜰살뜰한 사랑 저축의 삶을 가꿔가는 천국의 시민다운, 천국의 가정다운 생을 만들어가야 되리라 깊이 생각을 해 보게됩니다. 사랑 저축은 돈이 많다고 해서 많이 하는 것은 결코 아닙니다.

10월 22일자 신문에 아주 아름다운 사건이 보도되었습니다. 그 사건의 주인공은 길지빈이란 24살의 아가씨였습니다.

지빈 아가씨는 지난 해 대학을 졸업하고 교사 임용고시를 준비하면서 강남의 모 제과점에서 아르바이트를 하고 있었습니다. 그

런데 가게 앞 인도에서 팔을 전혀 못쓰고, 다리는 절단된 노숙자가 구걸을 하는 모습을 보고, 가게에서 빵 몇 개를 들고 그에게 가서 배가 얼마나 고프냐고 하면서 그 빵을 조금씩 떼어서 그 불구의 노숙자의 입에 넣어주면서 식사를 챙겨 준 것입니다. 이 아름다운 모습을 누군가가 휴대폰으로 찍어서 인터넷에 올렸습니다. 그랬더니 만 육천 명이 그것을 보았고, 다운로드도 3000건이 넘었습니다. 그들의 애기는 '참으로 아름답습니다.' '복 받을 겁니다.' 등으로 뜨겁게 번져갔습니다.

그렇습니다. 작은 사랑의 행함은 분명 위대한 경전인 것입니다. 우리 사회가 사랑으로 가득 찰 때 우리가 갈망하는 행복의 보금자리가 만들어지리라 믿습니다. 사랑이 부족한 연고로 세상의 슬픔이 우리의 귓가를 때리고 있습니다. 이제우리는 사랑을 행하기 위하여 사랑의 눈에 불을 켜고, 행함의 사랑, 주고 또 주는 사랑의 사도가 되십시다. '사랑을 위하여 태어난 몸, 사랑을 위하여 살다가, 사랑을 위하여 죽으리'를 늘 되 뇌이면서 사랑 실천의 왕자 왕녀 되시기를 빌면서, 사랑의 축복이 드넘치시기를 축원 드립니다. 감사합니다.

참사랑 은행

훈독말씀 : 사랑 때문에 창조했습니다

하나님의 사랑은 부모의 사랑, 부부의 사랑, 자녀의 사랑을 대표합니다. 물론 거기에는 형제의 사랑도 들어가고, 이것을 확대하면 국가나 세계의 사랑도 들어갑니다. 하나님의 사랑은 부모의 사랑이요, 부부의 사랑이요, 자녀의 사랑이라는 말을 합니다. 그것이 최고 멋진 말입니다. 하나님이 필요로 하는 사랑은 과연 어떤 사랑일까요? 절대적 사랑을 원하십니다. 우리도 마찬가지입니다. 하나님께서 절대적 사랑, 유일한 사랑, 불변의 사랑, 영원한 사랑을 필요로 하는 것처럼 우리 인간도 절대 유일 불변 영원한 사랑을 필요로 하는 것입니다.

하나님은 사랑 때문에 창조했습니다. 때문에 남자 여자가 서로 사랑하는 것을 보는 것이 더 좋은 것입니다. 그렇기 때문에 하나님은 존재 세계 앞에 나타날 때 사랑의 본질로 나타납니다. 하나님이 지금까지 인간에게 사랑을 주었다고 해서 '나는 완전히 다 주었는데 너희는 왜 안 주느냐, 이럴 수 있느냐?'절대적인 사랑을 가진 하나님은 아직까지도 주고 싶은 사랑을 다 못주어 안타까워

합니다. 자아를 주장할 수 없는 하나님입니다. 완전한 사랑을 주고자했던 것이 하나님의 인간 창조의 목적이라면 하나님은 지금까지 완전한 사랑을 주지 못했으니 인간세계에 대해 사랑을 주고 싶어 하는 하나님입니다. 그런 하나님이기에 생각할수록 좋은 것입니다. '나는 다 줬으니 이제는 너희가 가져와라.' 하는 하나님이라면 필요 없습니다.

하나님은 우리에게 사랑을 주게 될 때, 얼마만큼 주고 싶어 하겠느냐? 하나님의 사랑은 이만큼이면 됐다 하는 한계를 두고 주는 그런 사랑이 아닙니다. 무한정으로 주고자 하는 사랑입니다. 하나님은 몽땅 주고도 '너로 말미암아 네 안에 살고 싶다.'고 하십니다. 그렇게 되게 하는 본질이 무엇이냐? 사랑입니다. 하나님도 사랑 가운데 들어가서는 종살이를 해도 좋다는 것입니다. 아버지는 사랑하는 아들이 자신의 밥상 위에 올라와 똥을 싸도 그것을 바라보고 기쁨을 느낍니다. 사랑은 법을 초월합니다.
하나님은 전지전능하시고 무소부재하신 분으로서 아까울 것이 없고, 갖추지 못한 것이 없습니다. 모든 것을 갖추고 있지만 그 전부의 가치보다도 귀하게 내세우고 싶고 자랑하고 싶은 것이 있다면 그것이 무엇이겠느냐? 하나님께서는 단지 사랑 외에는 필요치 않다 이겁니다. 사랑 이외에는 필요 없다 이겁니다.(108-223)

하나님이 계신 곳에는 사랑이 충만합니다. 주면 줄수록 더 주고 싶고, 받으면 받을수록 거기에 천만 배 더하여 주고 싶은 곳입니다. 그러니까 그곳이 천국 이예요, 지옥이에요? 거기에서는 더

주고, 더 받을 수 있으니 폭발적인 자극을 느끼게 된다는 것입니다. 온 세포가 터져 나가는 듯한 자극을 느끼는 것입니다. 하나님의 사랑이 그런 것입니다.(39-335)

사람들이 추구하는 사회는 자유롭고, 행복하고, 평화롭고 모두가 만족하는 세상일 것입니다. 그 세상은 바로 사랑의 왕국입니다. 과학 문명이 발달하는데 함께 박자를 맞춰서 발달해야할 정신문명이 불균형을 이루면서 많은 역기능의 아픔들이 나타나고 있는 것입니다. 빈익빈 부익부의 사회구조는 없는 자와 있는 자의 갈등의 골이 깊어서 결코 바람직한 사회라고 볼 수 없습니다. 누구는 배 터지고, 누구는 배가 쭈그러들고, 누구는 돈이 많아서 숨이 막히고, 누구는 돈이 없어서 기가 막히는 사회는 결코 건강한 사회라고 보기 힘듭니다.

5월 26일자 세계일보 기사에 당돌한 과학의 꿈나무 19살의 최양의 편지 사연이 나왔습니다. 최 양은 한국과학기술원(KAIST) 2학년인데 미국 뉴욕에 있는 바드(Bard College) 대학교로부터 4년 장학생으로 합격 통지를 받은 뒤 기숙사비와 생활비가 없어서 궁리 끝에 후원자를 찾는다는 신념으로 편지를 쓴 것입니다. 나라와 미래를 위해서 과학도로서 공헌하고 싶은데 가정이 어려워서 현실을 극복할 수 없으니 후원해 주실 분을 찾는다는 편지였습니다. 그 편지를 대통령과 서울시장, 계룡장학재단 이사장, 이레전자 대표이사, 페리카나 회장 등에게 후원을 요청하는 자필 편지를 보냈던 것입니다. 편지를 받은 분들은 마음만 있으면 얼마든지 후원할 수 있는 사람들이었습니다.

그중에 페리카나 회장이 유학 생활비로 월 100만원씩 돕겠다고
답을 해 온 것입니다. 그리고 공부를 마친 뒤 국가와 사회에 훌
륭한 사람이 돼줄 것을 당부하는 메시지를 보낸 것입니다. 그 답
을 받은 최 양은 날아 갈 듯 기뻐서 어쩔 줄을 모르며 과학도로
서 꿈의 날개를 달고 훨훨 과학의 세계로 날아가게 된 것입니다.
이 얼마나 아름다운 서로의 모습인가요?

참사랑의 은행에는 아름다운 미덕을 저축합니다

장차 나라와 민족을 위해서 이바지할 과학도를 도와주는 페리카
나 회장의 정성은 우리 모두가 찬미를 보내야 될 아름다운 미덕
이요, 바로 참사랑 은행에 저축고를 높이는 실적이라 하겠습니다.
생존경쟁과 생활경쟁에 욕심을 추구하다 보면 그 욕심이 한도 끝
도 없어서 결국은 그 욕심의 보따리에 파묻혀 죽게 됩니다. 그
욕심의 보따리, 이기주의의 보따리를 찬양할 사람이 있을까요?
아름다운 미덕은 꼭 돈만으로 계산되는 것이 아닙니다. 우리들
의 삶의 주변에 우리보다 딱한 사람들을 보살피는 마음이 미덕을
만듭니다.

서민들을 위한 은행들이 서민들을 박대한다고 아우성입니다. 은
행들이 돈 장사하려니 돈 많은 사람들을 우선적으로 대우하다 보
니 돈을 갚을 능력이 부족한 사람들은 신용지수가 안되어 외면을
하는 것입니다.
그런데 빈곤층의 아픔을 덜어주기 위한 은행이 있습니다. 그 은

행이 '사회연대은행'입니다. 최저생계비 이하 수준인 사람들에게
희망을 주는 희망 대출을 해주는 은행입니다. 그러니까 바닥인생
을 사는 사람들의 고통을 함께 나누며 더불어 사는 인생 공동체
가치를 소중히 여기는 사람들이 모여서 이 은행을 운영합니다.
이 갸륵한 마음을 귀하게 여기는 사람들이 사회 환원적인 경제
투자로 많은 고통을 함께 나누는 아름다운 미덕을 만들어 가는
것입니다 이 사람들의 인생은 참사랑 은행에 자동적으로 저축이
되고 있는 것입니다.

　사랑은 투자하면 할수록, 주면 줄수록, 희생하면 할수록, 봉사
하면 할수록 번창하는 것입니다.

　어느 구두닦이 아저씨가 불우한 학생들에게 장학금을 주면서 위
로를 받고, 자기의 도리라고 생각하는 사람이 있는가 하면, 돈이
반발하고 항의하는 인생들도 있습니다. 아무쪼록 우리는 인생을
살아가면서 아름다운 미덕을 참사랑 은행에 많이 저축하는 삶을
경주해야 되겠습니다.

무한과 유한, 영원과 시한, 불변과 유변의 삶을 바로 알고
바로 챙기는 삶

　일반 은행의 저축과 참사랑 은행의 저축이 어떻게 다른 것인가
요? 우선 그 통장이 다릅니다. 일반은행의 통장은 유형의 통장입
니다. 그리고 지상에 있을 동안만 사용되는 시한적인 통장이고요.
수시로 변할 수 있는 통장입니다. 그런데 참사랑 은행의 통장은
무한하고 영원한 불변의 통장으로서 그 통장 이름이 모든 사람에

게 공히 주어진 영인체라고 하는 통장입니다. 그 영인체는 대형 컴퓨터와 같다고 합니다. 이 통장의 저축기록은 모든 삶의 이모 저모가 낱낱이 기록됩니다. 사람에게는 양심과 본심이 있어서 의롭고, 아름답고, 진실 되고, 남을 위하여 사는 모습이 기록되기를 바랍니다. 그래서 자기만을 위하여 산 내용은 웬지 모르게 자랑한다거나, 내놓는 것이 그렇게 떳떳하지를 못해서 애기하면서도 한편으로는 미안한 맘이 있습니다. 그러나 세상 많은 사람들은 사심에 사로잡혀 이기주의에 혈안이 되어서 일반 은행에 돈을 쌓고, 인생을 투자합니다.

그러나 인생을 마칠 때는 실오라기 하나 갖고 가지 않습니다. 그리고 분명코 결산은 자동적으로 이루어집니다. 자기의 인생컴퓨터에 기록된 것을 아니라고 할 수 없습니다. 자기 컴퓨터에 일생의 삶의 항목에 가치의 질과 양이 자세하게 저축되어 있는 것입니다. 충성스러운 삶은 얼마이고, 효성스러운 삶은 얼마이고, 희생 봉사한 내용은 얼마이고, 남을 위하여 미덕을 발휘한 것은 얼마이고, 하나님의 소원을 이루어 드리기 위하여 몸부림 친 것은 얼마이고, 명령에 순종한 미덕은 얼마이고, 하늘의 희로애락에 박자를 맞춘 것은 얼마이고, 세상을 구제하기 위하여 몸부림친 것은 얼마이고, 자식의 도리와 책임을 다하기 위하여 밤잠을 못 잔 것은 얼마이고, 정성을 위하여 금식과 철야를 한 것은 얼마이고, 훈독은 얼마나 했으며, 참부모님을 닮으려고 노력한 것은 얼마이고, 하늘나라를 창건하기 위해 애간장을 태운 것은 얼마이고, 종족을 끌어안고 참생명으로 접목하기 위하여 고민한 것은 얼마

이고. 존경 받을 내용은, 칭찬 받을 내용은, 찬양 받을 내용은 얼마였던가? 천일국 주인으로서 축복가정의 도리를 다하기 위하여 혼신을 다한 것은 얼마였던가? 등등의 모든 내용이 낱낱이 저축되어 있습니다.

만고불변의 영원한 보화를 알뜰히 챙기고 저축하는 생활

사랑하는 식구님 여러분!

우리는 영원한 행복의 보따리를 역사와 후손만대에게 상속해 주기 위하여 아름다운 희생의 삶을 경주하고 있습니다. 갈등과 고통 속에 허덕이는 모순의 굴레를 청산하기 위하여, 자유와 행복과 평화가 드넘치는 천일국 창건을 위하여 개국공신의 업적을 하나하나 삶의 덕목으로 저축해 가고 있습니다. 이는 만고불변의 보화가 아닐 수 없습니다. 그리고 자기의 지극정성으로 만들어 놓은 아름다운 실적은 그 누구도 함부로 대할 수 없는 만고불변의 고유한 재산인 것입니다.

우리는 늘 뜻의 인생, 섭리의 인생을 꾸미고 있음에 자긍적인 가치로 잘 챙기고, 하나님의 참사랑을 최대한 활용하면서, 후손만대에 물려줄 무형의 정신적 유산을 소중히 챙겨야 되겠습니다. 우리의 일생에 단 한 번밖에 없는 나날을 참사랑 은행에 알뜰히 저축하는 삶 되시기를 축원 드립니다. 감사합니다.

가인을 더 사랑해야

훈독 말씀 : 말씀선집 27권 71페이지

여러분의 마음의 원수를 용서로 갚으라는 것입니다. 하늘 사람이라면 원수가 죽었을 때 '원수를 갚겠다는 마음이 드는 것이 아니라, 네 후손들에게는 원수를 갚지 말아야지' 하는 마음을 갖게 될 것입니다. 그런데 '잘 죽었다 그래도 싸지 내가 그럴 줄 알았다.' 한다면 하나님의 아들딸이 될 수 있습니까? 그러므로 여러분은 원수가 많은 이 세상에서 원수를 대하여 용서하는 마음을 가지면 그 원수가 자기를 증거하게 됩니다. 그러므로 원수를 갚기 위해서 칼을 들고 나올 것이 아니라, 원수를 사랑하라는 것입니다.

기독교 사상이 위대한 것이 바로 이런 것입니다. 칼도 아무것도 가지지 않고, 벌거숭이인 채로 매 맞고, 피 흘리고 죽어가는 길에서도 원수를 사랑하라는 것입니다. 그래야 하나님께서 세계를 주관 하신다는 것입니다. 통일교회 여러분도 마찬가지로 그래야 된다는 것입니다.

여러분 생각을 해 보십시오. 하나님께서 사탄과 인간에게 배반

을 당하셨습니다. 사탄보다도 인간이 더 많이 배반하였습니다. 지금까지 하나님을 얼마나 많이 배반했습니까? 사탄보다도 훨씬 더 많이 배반했습니다. 사탄은 그럴 수 있는 환경에서 한 번 배반했습니다. 그런데 인간들은 역사를 통해 볼 때, 아담 가정에서부터 노아 가정, 아브라함 가정, 그리고 지금까지 6천 년이라는 역사를 거쳐 오면서 번번이 배반해 왔습니다. 하나님의 심정을 알아주지 못했던 것입니다.

그러나 하나님은 사랑의 심정을 가지고 섭리하시며 보냈던 예수님을 십자가에 쫓아버린 이스라엘 민족을 대해서, 그렇게 '원한에 사무쳤는데도 불구하고' 그것을 또 잊어버리고, 인간을 사랑하는 아들딸로 만들겠다고 하시는 것입니다. 여러분 입장을 바꾸어 놓고 생각해 보십시오. 그럴 수 있겠습니까? 그러나 하나님께서는 아무리 못났어도 그런 아들딸을 만들겠다고, 하시는 것입니다.

그런 하나님이시라는 것을 안 우리의 갈 길은 어떠해야 할 까요? 그 길을 가는 데 돈이 문제입니까? 아니면 명예가 문제가 됩니까? 외적인 것은 문제가 되지 않습니다. 세상의 그 어느 것도 문제가 될 수 없습니다. 그것은 내적인 문제인 것입니다. 생명문제와 자기 심정문제에 있어서 안위의 터전을 마련하는 데에는 외적인 문제 가지고는 해결할 수 없습니다. 하나님을 품어야만 해결할 수 있는 것입니다. 그렇지 않겠어요? 그렇다면 이 경계선, 배반자와 하늘 사이의 경계선을 어떻게 타개하고 넘어가야 할까요?

원수를 사랑해야 합니다. 그런데 원수를 사랑할 수 없는 입장에

서도 하나님의 원수를 사랑해야 하는 깊은 사연과, 안타깝고 억울하고 분한 사연을 넘을 수 있는 사랑을 위해 몸부림쳐 나온 예수가 얼마나 불쌍하겠습니까? 생각해 보세요? 얼마나 불쌍합니까? 그렇기 때문에 우리 통일교회에서는 아벨이 되려면 가인을 복귀시켜야 한다고 합니다. 세상이 하나님의 원수가 되었으니, 하나님의 입장에 서서 소망의 아들 딸을 찾기 위해 원수를 때려잡는 것이 아니라 원수를 사랑하자는 것입니다. 그런 입장에 서지 않고는 복귀할 수 없습니다.

그러나 가인 아벨을 중심 삼고 볼 때에, 우리 통일교회 교인들은 아벨 된 입장에서 가인 입장에 있는 세상 사람들의 한을 풀어주고, 그들을 사랑함으로서 따라 올 수 있게끔 만들어야 됩니다. 그러지 않고 먼저 들어 왔다고 영웅시하면 망하는 것입니다. 그런 마음을 가지면 망하게 된다는 것입니다.

참부모님께서 지옥해방의 섭리를 남미 브라질 판타날에서 하셨습니다. 판타날Pantanal의 의미는 늪지대Swamp란 뜻이요, 늪지대는 지옥을 상징하기도 합니다. 실로 판타날의 환경은 원초적 자연 박물관이요, 다른 한편으로는 불가마 뙤약볕에 살인 모기와 곤충이 득실거리고, 사람을 통째로 삼키는 거대한 뱀이 서식하는 생지옥을 방불케 하는 곳입니다.

어느 날 참부모님께서 판타날 강에 배를 띄우시고, 이글거리는 뙤약볕을 끌어안으시고, 들끓는 모기를 탕감의 벗으로 삼아 낚시

정성을 드리시는데, 큰 가오리가 걸렸습니다. 그곳에서는 가오리가 걸리면 그날은 낚시가 안 되는 날입니다. 아마도 사탄을 상징이라도 하듯 섭리적인 고기가 안잡힙니다. 가오리는 낚시에 걸리면 바위에 걸린 듯 요동이 없습니다. 낚싯줄을 조금 느슨하게 하면 움직이는데 다시 채올리면 딱 버티어서 겨루기를 합니다. 낚싯대가 부러질 듯 최대로 휘어지게 당기고 키타줄 팅기듯이 팅티디팅 팅기면서 노래를 합니다. '사랑해, 가오리. 정말로 사랑해…….' 그러면 버티다가 움직이기 시작합니다. 그때 챤스를 놓칠세라 릴을 정신없이 감으면서 끌어 올립니다. 정말 멋진 날개춤을 추면서 배 가까이까지 끌려옵니다. 그러면 작살로 찍어 올리거나, 뜰채로 떠서 올립니다.

아버님께서는 뜰채로 떠 올리시고, 한참동안 응시하시다가 그 가오리를 다시 강에 놓아 주시면서 하시는 말씀이 '박마리아 용서의 조건'이라고 하시고, 산천을 바라보시며 깊은 생각에 잠기셨습니다.

박마리아는 누구입니까? 50년대 초, 서울을 중심한 섭리가 진행될 때 하늘이 예비하고 준비한 기독교 여자대학인 이화여대 학생들 즉 해와의 후예들이 새 말씀인 원리강의를 듣기 위해 줄을 잇고, 재창조의 감격이 불길처럼 번창하는데, 이 복귀의 새싹들을 깡그리 짓밟고 참아버님을 서대문 형무소에 가시게 함으로 복귀 섭리의 맥을 끊고, 암흑천지를 만든 장본인 그가 바로 박마리아였습니다. 섭리의 대원수가 된 것이었습니다. 천지가 분노하고, 인류가 통탄하고, 삼라만상이 슬픔에 쌓이는 원한의 대사건이었

습니다. 인간적으로는 도저히 용서할 수 없는 박마리아. 섭리의 대 원수를 용서하는 조건을 판타날에서 세워 주시고는 98년 5월 14일날 아메리카노 호텔 14호실에서 '박마리아 용서식'을 해 주었습니다. 이는 참사랑의 대승리를 이루신 통쾌한 쾌거인 것입니다.

본문 말씀에 '원수를 용서로 갚으라' 하셨습니다. 원수를 갚기 위해서 칼을 들고 나올 것이 아니라, 원수를 사랑하라고 하셨습니다. 하나님의 심정은 예수님을 십자가에 쫓아버린 이스라엘 민족에 대해서 '원한에 사무쳤는데도 불구하고' 그것을 잊어버리고, 배신자를 사랑하는 아들딸로 만들겠다고 끝없는 사랑과 끝없는 용서를 베풀어 오신 것입니다.

그럼에도 불구하고의 사랑

실로 하나님의 참사랑은 '그럼에도 불구하고의 사랑'임을 일깨워 주십니다. 참사랑은 원통함에도 불구하고, 억울함에도 불구하고, 배신자임에도 불구하고, 미움에도 불구하고, 매질을 함에도 불구하고, 원수임에도 불구하고 사랑하는 사랑입니다.
사랑은 만유의 원천입니다.
참사랑은 재창조의 용광로입니다. 마치 갖가지의 고물이 용광로에서 용해되어 재생의 원료가 되듯이 참사랑은 원통함도 녹이고, 억울함도 녹이고, 배신도 녹이고, 미움도 녹이고, 크고 작은 원수를 용해시켜서 자유와 평화와 행복의 원료로 만들어 줍니다.

하나님 안에는 원수가 있을 수 없습니다

원수가 있는 하나님은 하나님이 될 수 없습니다. 참사랑에도 원수가 있을 수 없습니다. 원수가 있는 참사랑은 참사랑이 아닙니다. 에덴동산에도 원수가 있을 수 없습니다. 원수가 있는 에덴은 에덴이 아닙니다. 하나님이 하나님 되고, 참사랑이 참사랑 되고, 에덴이 에덴 되기 위해서는 원수를 자연굴복시켜서 우리의 참형제자매로 만들어야 됩니다. 원수를 자연굴복시키는 길은 그럼에도 불구하고 용서하고, 그럼에도 불구하고 사랑하고, 그럼에도 불구하고 축복해야 되는 것입니다. 우리의 참아버님께서는 아무 잘못 없이 억울하게 감옥을 여섯 번씩이나 가셨습니다. 그리고 그 지옥의 밑창에서 참사랑의 승리의 푯대를 세우셨습니다. 원수의 채찍이 사지백체를 피로 물들임에도 불구하고, 전기고문으로 사지백체가 뒤틀림에도 불구하고 원수를 사랑했고, 원수를 용서했고, 원수를 축복하셨습니다. 참아버님께서 하나님 가슴을 헤치고 들어가 보니 하나님의 가슴은 원한과 비통으로 얼룩진 슬픔의 하나님, 고통의 하나님, 한恨의 하나님이심을 체득하셨습니다.

사탄에게 갇히신 한의 하나님을 해방시켜 드리는 것이 자식의 도리임을 깨닫고 통곡이 폭발되었다 합니다. 사탄에게 갇히신 하나님을 어떻게 해방시켜 드릴 수 있을까요? 그것은 탕감을 통한 복귀, 탕감을 통한 해방임을 터득하셨답니다. 병든 자의 고통을 해결하는 것은 수술을 하던가, 약을 먹든가 해서 치료를 해야 되는 것이지요. 치료 없는 건강 없고, 건강 없는 행복 없듯이, 탕감

없는 복귀 없고, 복귀 없는 천국 없듯이, 탕감 없는 해방 없고, 해방 없는 자유와 평화가 없는 것이지요. 그러시기에 하나님을 해방시켜 해 드리기 위해 탕감의 심정으로 감옥을 가심에도 감사하고, 매를 맞으심에도 숱한 고난을 감사로 감내하셨습니다. 하나님 해방과 인류 해방을 위한 참부모님의 생애는 초지일관 절대일념, 절대효성으로 탕감복귀에 미쳐 사신 생애였습니다.

더 나아가 참부모님은 역사적인 원수 관계로 엉크러진 7개국 즉 한국, 일본, 미국, 독일, 영국, 불란서, 이태리를 참사랑으로 하나 만들기 위해 한시도 잊지 않고 절대지성으로 평생을 정성 드리셨습니다. 전쟁으로 얼룩진 역사는 쇠가 쇠를 먹고, 살이 살을 먹는 비극의 뒤범벅 속에 뼈가 울고 살이 떨리는 원한으로 짓밟힌 역사입니다. 어떻게 그 원한, 그 비극을 지울 수 있을까요? 한국과 일본 역사의 뒤안길에는 원한 맺힌 사연곡절이 너무나 많아서 우리 조상들과 나이든 어른들은 일본에 대한 애기만 나오면 머리발 세우며 분노를 합니다. 그러하면 이 원수관계의 한의 앙금을 어떻게 해원하고 평화를 이룰 수 있을까요? 이 또한 참사랑만이 가능한 것입니다.

참부모님께서는 통일가의 식구들을 원리와 참사랑으로 무장시키고 교체축복을 통한 원수 청산을 위해 국제축복을 해 주시는 것입니다. 참사랑으로 참 가정을 이루어 역사적인 원한 문제를 근본적으로 해결하고자 하는 것이 국제적 참가정 섭리인 것입니다.
사실인즉 일본의 딸들이 한국의 농촌 총각들과 국제축복을 받

고, 참가정을 만드는 사연은 말이나 글로 표현키 어려운 탕감의 곡절이 많았습니다. 술을 먹고 때리는 데도 불구하고, 살림을 때려 부수는 데도 불구하고, 머리채를 흔드는 데도 불구하고, 끝없이 용서하고, 사랑하고, 인내하고, 사랑의 십자가를 감내하며 참가정을 가꾸었습니다.

통일가의 축복가정들은 복귀섭리의 역사적인 사연 곡절을 총체적으로 탕감복귀하는 주역으로 선택받았습니다. 또한 축복받은 부부는 조상으로부터 물려받은 숱한 죄악의 보따리를 끌어안고 만난 탕감의 부부들입니다. 그렇기에 맘에 안 맞음에도 불구하고, 조상의 죄보따리가 험악함에도 불구하고, 끝없이 사랑하며 서로 위하여 희생하며, 참부부 참가정을 만들어가는 것입니다. 더욱이나 국제축복 가정들은 국제적인 사랑 탕감의 십자가를 감내해야 되겠지요.

이제 우리는 분명한 깨달음을 얻었습니다. 원수가 없는 참사랑의 에덴동산을 재창조하는 지름길은 우리들의 삶의 자리에서 ‘그럼에도 불구하고의 사랑’을 괴로우나 즐거우나 자나 깨나 끝없이 실천하는데 있다는 것을 알았습니다. 그런데 행함이 없는 믿음은 죽은 믿음이라 했습니다. 행함이 없는 참사랑도 죽은 사랑이 되고 맙니다. 실천하는 데서 참사랑이 참사랑 됩니다.(True Love in action)

사랑하는 참형제자매 여러분!

우리 함께 ‘그럼에도 불구하고의 사랑’을 끝없이 실천하여 원수사랑의 성공자 되시기를 축원합니다.

되새김질을 잘해야

한 걸음 더 나아가 '그럼에도 불구하고의 사랑'을 성공하기 위해서는 되새김질을 잘해야 합니다. 참아버님께서 섭리적인 대원수 박마리아를 용서하기까지에는 원수임에도 불구하고의 사랑을 수천, 수만 번 되새김질 하시는 뼈를 깎는 슬픔과 고통을 감내하셨습니다. 마치 소가 뻣뻣한 짚을 씹고 또 씹고, 새기고 또 새기는 되새김질을 계속해서 소화를 시키고 영양분으로 섭취하듯이 마음이 아프고, 뼈가 아프고, 살이 떨리는 원한의 원수를 용서하기까지에는 용서의 되새김질, 사랑의 되새김질을 수천 수만 번 씹고 또 씹고, 용서하고 또 용서하고, 새기고 또 새기는 아픔을 감수해야 되는 것입니다.

우리가 한 하나님아래 한 부모님을 모시고 공동의 뜻을 위해 산다고 하면서도 때로는 형제를 업신여기고, 상처를 주고, 인격적인 모독, 인권 유린, 편견의 아픔을 겪을 때가 있을 것입니다. 그럴 때 가장 현명한 삶의 태도는 '그럼에도 불구하고의 사랑'을 끝없이 되새김질 하면서 용서하고, 사랑하고, 축복하는 정성과 기도를 드리는 것입니다.

사탄은 양심과 본심을 정복 못합니다. 그렇기에 맞고 잊어버리고, 주고 잊어버리고, 탕감의 심정으로 위하여 정성 드리면 양심은 잘잘못을 알게 하고, 사과하고, 승복하게 되는 것입니다.

가인을 더 사랑해야

복귀섭리의 골자는 선악의 분립과 선편인 아벨이 악의 편인 가인을 자연 굴복 시키므로 화해되고 평화 된 사랑의 이상세계를 이루는 것입니다.

그렇다면 어떻게 가인을 굴복시킬 수 있을까요? 그것은 말씀으로 가르치고 사랑으로 위하는 섬김의 지성을 다할 때 가능한 것입니다.

1966년도에 참부모님께서 짚차를 타시고 전국을 순회하셨습니다. 그때 저는 음성 지역본부 셋방 교회에서 참부모님을 모시게 되었습니다. 헌신을 시작한 지 1년이 넘어 지역본부 총무를 하고 있을 때였습니다. 그때 약 20여분 계시다가 가셨는데 짧은 시간에 주신 참부모님의 말씀은, 사탄을 이길 수 있는 비결은 사탄보다 하나를 더 하라는 말씀이셨습니다. 사탄의 무리가 8시간 일하면 9시간을 일하고, 8시간 잠자면 7시간만 잠자고, 10순갈 밥을 먹으면 9순갈 만 먹으라는 것이었습니다. 그리고 가인을 굴복시키려면 나보다 가인을 더 사랑하면 된다고 하셨습니다. 그때 그 짧은 참 부모님의 말씀이 저의 신앙의 소중한 씨앗이 되었습니다.

참 아버님께서는 지옥의 밑창인 옥중에서 가인을 더 사랑한 삶을 본보여 주셨습니다. 흥남감옥은 정말 인간 파괴의 생지옥이었습니다. 참아버님께서는 주먹밥을 다 잡수셔도 허기지는 양인데 그 주먹밥을 반만 잡수시고 반은 가인 입장에 있는 동료들에게

주시는 것이었습니다. 정말이지 뼈와 살을 깎아 주시는, 가인을 더 사랑하는 지성이셨습니다. 더욱이나 생모 되시는 충모님께서 미숫가루나 옷가지를 만들어 오면 앉은 자리에서 동료들을 불러 모아 다 나누어 주고, 옷도 당신이 입는 것이 아니라 가인들에게 주셨습니다. 그 깊은 뜻, 즉, 가인을 더 사랑해야 되는 심정을 몰랐던 충모님께서는 대성통곡을 하셨다는 것입니다. 주고 또 주고, 위하고 또 위하고, 섬기고 또 섬기고, 주고 잊어버리고 맞고 잊어버리며, 가인을 더 사랑하고 더 위하는 삶의 원형을 본보여 주신 것입니다. 그렇게 하면 아무리 악독한 사탄인들 감동 받지 않겠습니까? 진정 가인이 굴복하기까지에는 정말로 나 보다도 더, 내 자녀보다도 더, 내 남편, 내 아내보다도 더 사랑하고, 어쩌면 하나님보다도 더 사랑할 때 가인이 감동되고 탄복하여 당신은 정말 하나님의 아들딸이라고 싸인 해주고 자기가 자기 발로 걸어서 하나님품으로 돌아오게 되는 것입니다.

실로 아벨의 역할은 세상 사람들의 한을 풀어주고 사랑함으로써 뜻을 따를 수 있도록 만들어야 된다고 말씀하고 계십니다. 하나님은 아벨의 책임을 따라 섭리하십니다. 하나님은 가인의 책임을 묻지 않습니다. 가인은 아벨의 정성을 따라, 아벨의 사랑을 따라, 아벨의 삶을 따라서 섬기고, 존경하고, 모시고, 순종합니다. 그러자니 아벨다운 아벨의 삶으로 세상의 본보기가 돼야겠지요. 희생봉사의 본보기, 위하고 섬기는 본보기, 십자가를 지고 참사랑을 노래하는 사랑의 실체된 자녀의 삶을 꾸며야 되겠지요.

우리는 성약시대에 선택받은 섭리적인 아벨로서 섭리적인 가인권에 있는 모든 형제자매를 더 사랑하는 삶을 차곡차곡 쌓아 나가야 되겠습니다. 그렇지 않고 뜻 앞에 먼저 들어왔다고 영웅시하면 망한다고 하셨습니다. 먼저 된 자, 오래된 자일수록에 겸허의 덕망이 깊고, 넓고 높아야 되겠지요. 가을에 알찬 벼이삭은 다 소곳이 고개 숙여 겸손의 미덕을 보여 줍니다. 속이 안 찬 벼이삭이나, 목도열병에 걸린 벼이삭은 고개 들고 속빈 교만을 보여 줍니다.

교만은 넘어짐의 앞잡이요, 오만은 멸망의 함정입니다. 역사적으로 위대한 인물들은 겸손했습니다. 현실적으로도 훌륭한 인물들은 겸손합니다. 낮고자 하는 자는 높아지고, 높고자 하는 자는 낮아진답니다. 아벨이 고개 쳐들고 영웅시하면 가인의 돌멩이에 맞아 목이 부러질 수 있답니다. 가인보다 더 낮고자 하는 심정과 산 제물 되겠다는 자세가 아벨의 삶으로 보여 질 때 가인은 머리 숙여 존경하며 아벨을 하나님같이 모시게 될 것입니다.

아벨이 아벨 되고, 섭리가 섭리 되고, 뜻이 뜻 되는 열쇠는 바로 가인을 더 사랑하고, 가인을 더 위하고, 가인을 더 섬기는 데 있습니다. 부모의 심정으로 종의 몸이 되라시며 평생을 그렇게 살아오신 참부모님 삶의 전통을 온전히 상속 받아 참 부모님의 전통이 나의 전통으로, 이웃의 전통으로 발전될 때 천일국 창건의 감격이 온 누리 온 천주에 자유와 평화와 행복으로 차고 넘치리라 믿습니다. 사랑을 위하여 태어난 몸, 사랑을 위하여 살다가, 사랑을 위하여 바치 오리라.

사랑하는 식구님 여러분!

이 시간 주신 말씀이 세포 세포에 스며들고 뼈와 살 되어서 섭리적 삶의 원동력으로 간직 하시고, '그럼에도 불구하고의 사랑'을 끝없이 실천하시고, 되새김질 하면서 가인을 더 사랑하는, 사랑의 성공자 되시기를 바랍니다. 그리하여 새 에덴동산 천일국 창건에 일꾼다운 일꾼 되시기를 바랍니다.

가인 사랑의 실적을 하늘나라에 차곡차곡 쌓는 나날의 은혜가 충만하시기를 축원 드립니다. 하나님과 참부모님의 끝없는 사랑이 드넘치시기를 축원합니다. 감사합니다.

참사랑의 주인이 참주인

훈독말씀 : 인간과 만물은 참사랑의 공동 생명체

나라는 존재는 물질의 세계에서 모든 요소를 빼가지고 물질의 중심으로, 물질의 복합적인 존재로 나를 만들었습니다. 이런 관점에서 그 물질요소 자체가 나를 낳아준 조상이기도 하고, 또 나의 연장이 물질세계이기도 합니다. 이 물질은 사랑 이상의 자리에서만 안착하게끔 우주가 되어 있습니다. 사랑 이상의 자리에서 모든 세포들이 편안하게 살 수 있게 되어 있습니다. 만일 성 내게 되면 전부다 뒤틀어져 돌아가 버립니다.

그 다음에 나를 낳아준 부모가 있습니다. 나를 낳아준 부모로 하여금 하나의 형태를 갖추어 태어날 수 있게끔 만들었습니다. 그러나 이 부모는 아무리 해도 사랑의 주인이 될 수 없습니다. 내 생명의 주인은 될 수 있지만 사랑의 주인은 못 되는 것입니다.

사랑의 주인은 하나님입니다. 사랑을 우주화시키고, 사랑을 영원화시키기 위해 하나님이 계시는 것입니다. 하나님은 사랑의 주체이시기 때문에 사랑을 중심 삼고 부모가 되어 있습니다. 그러므로 하나님이 우리의 근원적인 첫째 부모요, 부모가 생명을 낳아주신 둘째 부모요, 만물이 우리의 몸을 만들어 준 셋째 부모라

는 것입니다. 이렇게 우리는 3대 부모를 갖고 있다는 것입니다.

아기가 태어나면 어머니 사랑의 전파를 따라 자동적으로 젖꼭지를 찾아갑니다. 추녀이든 미녀이든 상관없이 어머니이면 그만입니다. 이것이야말로 조화 무쌍하고도 거룩한 모습인 것입니다.
사람은 사랑으로 태어나서 사랑을 받으면서 큽니다. 이런 입장에서 볼 때 나라는 것은 부모의 사랑의 열매입니다. 아버지 어머니의 사랑이 어떻다는 것을 실제 열매로 보여 준 것이 나라는 것입니다.
사랑의 열매이기 때문에 부모는 나를 사랑하지 않으면 안 되는 것입니다. 열매를 통해서 무한한 사랑이 다시 열매 맺는 것입니다. 개인적 사랑, 종족적 사랑, 민족적 사랑, 세계적 사랑, 우주적 사랑, 그리고 본질적 하나님의 사랑까지 연결될 수 있는 길이 여기에 있다는 것입니다. (298-304)

자연을 사랑하고 사람을 사랑할 줄 알아야 됩니다. 사람을 사랑하지 못하고, 자연을 사랑하지 못하는 사람은 하나님을 사랑할 수 없다는 것을 알아야 합니다. 만물은 하나님의 상징적 존재요, 인간은 실체적 존재이기 때문에, 만물과 인간을 사랑할 줄 아는 사람은 하나님을 사랑하게 되는 것입니다. (70-182)

언제나 자연을 사랑해야 됩니다. 자연을 사랑해야 하고, 또 인간을 사랑해야 됩니다. 인간 가운데서도 오색인종 전부를 다 사랑해야 합니다. ‘나는 백인들만 좋아!’ 하나님이 그럴까요? 그러

면 전부 흰옷만 입어야 됩니다. 백인들은 전부다 흰옷만 입어야
됩니다. 색깔 있는 옷은 다 버려야 된다는 것입니다. 검정옷은 왜
입어요? 색깔이 있는 옷은 왜 입어요? 그건 모순입니다. (133-30)

피조물이 고대하는 바는 하나님의 아들들이 나타나는 것이니,
피조물이 허무한데 굴복하는 것은 자기 뜻이 아니요, 오직 굴복
케 하시는 이로 말미암음이라. 그 바라는 것은 피조물도 썩어짐
의 종노릇한 데서 해방되어 하나님의 자녀들의 영광의 자유에 이
르는 것이니라. (성경 로마서 8장 19-21)

우리는 21세기의 정보홍수 시대에 살고 있습니다. 신문, 텔레비
전, 인터넷에서 가지각색의 정보가 혼란스러우리만큼 쏟아지면서
경제 마찰, 종교 분쟁, 인종간의 갈등, 문명간의 충돌, 환경 오염
등 역기능의 현상들이 삶의 현장에 무서운 스트레스로 밀려와서
삶을 혼란스럽게 만들고, 설상가상으로 개인 중심적인 이기주의,
집단 이기주의가 세계 도처에서 독버섯처럼 번져서 이 지구가 몸
살을 앓고 있습니다. 그래서 많은 사람들은 이 혼란의 늪에서 벗
어나 행복하고 평화로운 삶을 찾아서 자연과 함께 삶을 꾸미는
웰빙Well-being 문화에 눈길을 돌리고 있습니다. 요즘 제가 '물은
답을 알고 있다'라는 책을 읽고 많은 것을 느낀 바가 있어서 식구
님들과 함께 물의 메시지를 함께 나누며 은혜를 나누고자 합니
다.

인간의 몸은 70%가 물이고, 마음은 70%가 사랑

우리 인간의 몸을 형성하는 여러 가지 요소 가운데 물의 비중이 70%를 차지합니다. 인체가 형성되는 최초의 시기인 수정란 때는 99%가 물이라고 합니다. 막 태어났을 때는 90%가 물이고, 완전히 성장하면 70%가, 죽을 때는 50%가 물이랍니다. 그러니까 인간은 태어나서 죽을 때까지 거의 물 상태로 살아갑니다. 그렇기에 물의 이치와 물과 사람과의 관계 원리를 바르게 알면 보다 건강하고 행복한 삶을 영위할 수 있겠지요.

또한 인간은 3세계를 살게 되는데 어머니 복중세계는 물의 세계요, 지상 시대는 공기와 물의 시대요, 영계는 사랑의 세계라고 합니다. 그러므로 영계에서 영원히 살게 되는 영인체의 요소는 70%가 사랑이고, 30%가 진리라고 하였습니다. 이는 육신이 사는 지상생활에서 몸의 70%가 물이고, 30%는 제반 영양소로 구성되어 있다는 사실을 중심하고 몸과 맘의 대비적인 이치로서 알 수 있는 것입니다. 본문 말씀에도 사람은 사랑으로 태어나서 사랑으로 큰다는 것은 영과 육의 사랑관계를 일깨워 주시는 것입니다.

물은 흘러야 깨끗합니다

만물의 주인이요, 물의 주인인 인간이 어떻게 살아야 건강하고, 행복한 삶을 가꾸고 살 수 있을까 하는 것은 우리 몸의 70%를 차지하고 있는 물의 순리에 박자를 맞추고 물을 깨끗하게 할 때 우리의 삶도 깨끗하게 된다고 생각됩니다.

344

흐르는 강은 맑고 깨끗하답니다. 물은 고여 있으면 썩고 냄새나는 죽은 물이 된답니다. 물은 끊임없이 순환해야 살아 있는 물이 됩니다. 건강을 해치고 고통을 주는 것은 몸속의 물이, 즉 혈액이 고여 있거나, 굳어 있어서 혈액이 썩어지고 몸도 썩어지는 현상이랍니다.

혈액의 흐름이 막히는 것은 감정의 흐름이 막히는 것이라고 현대의학에서 말하고 있습니다. 마음이 즐겁고 기분이 상쾌하면 몸의 리듬도 좋아지며 건강하고, 삶의 의욕이 왕성한데 마음이 우울하고 기분이 불쾌하면 몸도 나태해지고, 건강을 해치고 삶의 의욕이 저하되고 잃는 것이 많다는 것입니다. 감정이 활기차게 흐를 때 마음도 몸도 튼튼하고 기분이 활기차서 행복한 삶이 이루어진다는 것입니다. 실로 신앙자의 삶은 범사에 감사하고, 쉬지 말고 기도하며, 늘 기뻐하는 삶으로 하나님께 영광을 돌리고, 형제에게 기쁨을 주고자하면 하나님의 참사랑이 발동되어 지. 정. 의가 살아나고, 진. 미. 선이 박자 맞춰 몸, 맘이 싱싱한 삶 되리라 믿습니다.

인간의 의식이 세계를 만든다는 것입니다

'물은 답을 알고 있다'의 저자 에모토 마사루 씨는 고성능 현미경을 사용해서 물의 모습을 촬영하면서 놀라운 사실을 알게 되었답니다. 자연수는 물의 모습이 마치 눈덩어리의 눈이 각기 다른 모습을 갖고 있듯이 물도 각기 다른 모습을 나타내는 것이었습니다.

그런데 우리가 일상생활에서 쓰고 있는 수돗물은 깨끗한 결정을 찾아볼 수가 없었습니다. 염소로 물을 소독하면 자연의 물이 갖고 있는 아름다운 결정구조를 파괴해 버린답니다. 그에 반해 자연수는 아름다운 결정으로 나타났습니다. 이번에는 물에다 음악을 들려준 다음 물의 결정을 찍어 보았습니다. 베토벤의 교향곡 '전원'을 들려주니 물은 아름답고 잘 정돈된 모습으로 나타났습니다. 모차르트의 교향곡 40번을 들려주니 물은 아름다움에 대한 동경을 느끼게 할 정도로 화려하고 아름다운 결정으로 나타났습니다.

그런데 쇼팽의 이별곡을 들려주었을 때는 놀랍게도 아름다운 결정이 분리되어 이별의 슬픔을 나타냈습니다. 아름다운 고전음악은 제각기 다른 개성적인 아름다운 결정으로 나타났는데, 분노와 반항으로 가득 찬 시끄러운 음악은 물의 결정이 제멋대로 일그러진 형태로 나타났습니다. 한 걸음 더 나아가 유리병에 물을 담고 글씨를 써서 부착시켜 보았습니다. '고맙습니다'라는 글씨를 붙인 물은 깨끗한 육각형 결정을 보였는데, '망할 놈'이라는 글을 붙인 물은 제멋대로 흩어져 찌그러져 있었습니다. 물에다 '사랑 감사'라는 글을 보여 줬을 때 물은 꽃처럼 활짝 핀 모습으로 아름다운 자태를 드러냈습니다. 우리 마음의 긍정과 부정, 우리 감정의 좋고 나쁨, 우리 생각의 올바르고 그른 무형의 요소들이 그대로 물에 반영되어 나타난다는 것입니다.

말과 글은 마음의 표현이요, 심정과 사랑의 전달 매체입니다. 사랑의 메시지를 전달하니 우리 몸의 70%인 물이 마냥 즐거워하는 것이니 자동적으로 몸이 상쾌한 것입니다. 건전한 정신은 건

강한 육체에 깃들고, 건강한 육체는 싱싱한 정신을 창조한다는 생명의 상호관계의 진리를 증명해 주고 있는 것입니다.

이번에는 호수 가에서 '기도'의 실험을 해 보았습니다. 기도하기 전의 호수 물을 찍어 보았는데 비뚤어진 얼굴처럼 보였습니다. 한참 동안 기도를 하고서 찍어 보니 후광이 있는 여래상 같기도 하고, 거울같이 보이기도 하고, 해무리 같이 보이기도 했습니다. 정말 아름답고, 장엄하고, 신성한 느낌을 주는 것이었습니다. 그러니까 의식과 물질은 하나요, 인간과 물, 인간과 자연은 한 생명체요, 한 유기체로 운영되는 관계임을 확실하게 깨닫게 되었습니다. 본문에 물질의 복합적 존재가 나요, 나의 연장이 물질이라고 하신 말씀이 자연과학으로 입증되고, 자연은 나요, 나는 자연이라는 생명공동체임을 실감케 해줍니다.

참사랑의 생명 공동체

원리강론 48페이지에 인간과 피조세계와의 관계, 인간이 피조세계를 다스리는 주관과 피주관과의 관계를 설명해 주고 있습니다.

인간에게는 동물의 구조와 요소와 소성을 다 구비하고 있고, 발성기의 성능도 다 갖고 있고, 피조물의 형形, 선線, 미美도 다 갖추고 있다고 했습니다. 또 인간은 식물계의 제반 요소와 광물질의 제요소도 다 갖고 있고, 지구도 인체구조의 표시체로 되어 있다고 했습니다. 그러니까 주관자인 인간과 피주관자인 피조세계가 닮음의 관계로서 동질 동요소同質 同要素, 동 속성 동 구조同屬性 同構造, 선율과 미적 감각까지도 같다는 것입니다. 그러므로 인간

의 정신 활동이나 육체활동이 대자연과 동감되고 하나로 어우러진 생명공동체요, 사랑의 공동체임을 새삼 깨닫게 해 줍니다.

본문 말씀에 우주는 사랑 이상의 자리에서만 모든 세포들이 편안하게 살 수 있다는 것이고, 만일 성질을 내면 전부가 뒤틀리게 된다고 하셨습니다. 이는 의식과 물의 관계에서도 확인이 된 것입니다. 대자연의 율법, 생명 현상의 근본원리는 사랑과 감사로 서로 존중하고 서로 위하여 공생하는 사랑의 생명공동체요, 공동생명체임을 알 수가 있습니다. 그리고 성경 로마서8장 19-22에 피조물이 탄식하고 해방 받기를 원해서 하나님의 아들들이 나타나기를 학수고대한다고 했습니다. 왜 피조물이 탄식하는 것일까요? 그것은 거짓 사람이 거짓 사랑으로 피조물을 지배하기 때문입니다.

모든 존재는 입자와 파장으로 구성되어 있습니다. 삼라만상은 진동하고 있고, 제각기 고유한 주파수를 발휘하고 독특한 파장을 갖고 있습니다. 양자 역학 등의 과학세계에서는 물질이란 본래 진동이라고 했습니다.

가령 우리가 마이크로의 몸을 갖고, 우주가 어떻게 성립되어 있는지 탐험 여행을 떠나서 원자 세계로 들어가 보면 이 세계의 모든 물질은 원자핵 주위를 전자가 돌고 있음을 알게 됩니다.

전자의 숫자와 형태에 따라서 원자는 고유한 진동을 가집니다. 모든 물질은 마이크로 세계에 이르면 원자핵의 주위를 하염없이 돌아가는 파장임을 알 수 있습니다. 모든 것은 늘 진동하고 움직

입니다. 그리고 초고속으로 끊임없이 점멸합니다. 물질은 눈에 보이지만 진동은 눈에 보이지 않습니다. 인간도 진동합니다. 사람은 제각기 고유한 진동을 가지고 있습니다. 창조원리에서 인간은 개성진리체라고 했습니다. 유일무이한 개성으로서 고유한 주파수를 발휘하는 것입니다.

인생에 깊은 슬픔을 갖고 있는 사람은 슬픈 주파수를 내보냅니다. 자신이 모든 일을 즐거워하는 사람은 밝은 빛의 진동수를 발휘합니다. 상대를 사랑하는 사람은 사랑의 파동이, 나쁜 짓을 하는 사람에게는 시커멓고 심각한 파동이 일어납니다.

거짓 사랑은 음란과 탐욕과 시기와 질투, 교만, 이기심의 산실이라고 했습니다. 그러니 거짓 사람 마음의 주파수가, 거짓 사랑의 진동이, 음란의 진동으로 탐욕의 파동이, 시기 질투 교만의 파동이, 이기심의 파동이 이 세상과 피조세계에 파급되니 피조물도 탄식이요, 인간도 탄식하는 세상이 되는 것입니다. 탄식의 인생은 슬픔과 고통만이 가중될 뿐입니다. 그렇기에 해방의 주인공 하나님의 참자녀들, 참사랑의 주인이 나타나기를 학수고대하고 있다고 했습니다.

참사랑은 하나님의 사랑입니다

본문 말씀에 인간에 있어서 몸의 부모는 물질세계요, 생명의 부모는 낳아준 부모요, 참사랑의 부모는 하나님이라고 하셨습니다. 그래서 인간은 세 부모의 조화통일된 사랑의 열매라고 하셨습니다. 그러므로 참사랑의 근본 뿌리는 창조주 하나님, 근원적 부모

님이십니다. 하나님은 심정과 사랑과 원리와 힘의 원천자이십니다. 우리는 그 하나님의 자녀로서 부모와 자녀와의 관계로 하나 된 삶을 살 때, 늘 참사랑의 인생, 참삶을 영위할 수 있는 것입니다.

참사랑은 희생과 봉사요, 관용과 섬김이며, 위하여 사는 이타심입니다. 그러므로 참사랑이 참마음으로 참다운 행위로 펼쳐질 때 참다운 파장이 온 누리 온 천주로 퍼져나가는 것입니다.

이제 우리는 참사랑의 발전소이신 하나님과 일심, 일체, 일념, 일핵, 일화, 통일된 삶으로 우리도 작은 사랑의 발전소 되어 이 세상 구석구석에 참사랑을 끝없이 공급할 때 참사랑의 참주인이 되리라 믿습니다. 오늘 우리는 자연의 이치와 관계 속에서 오묘하고 신비로운 사실을 새삼 절감하고 만물을 대할 때 늘 참사랑을 주고받는 삶을 철저히 챙겨야 되겠습니다. 공기를 마실 때나, 물을 마실 때나, 음식을 취할 때나, 동물을 대할 때나, 사람을 대할 때나, 지극히 적은 것으로부터 하나님에 이르기까지 늘 참사랑을 주는 것을 잊지 말고 실천해야겠습니다. 부디 하나님과 낳아주신 부모님과 만물을 참사랑으로 섬기므로 조화통일된 참사랑의 주인 되시기를 축원 드립니다. 감사합니다.

꽃향기 따라 벌 나비가 찾아 든다

훈독 말씀 : 아름다운 가정의 예술적인 부부가 되라

사랑의 마음을 중심 삼고 찾아가는 것은 제일 최고의 속도입니다. 사랑의 속도 이상 없다는 것입니다. 몇 억만 리를 순식간에 갈 수 있는 것입니다. 또 그런 사랑을 중심 삼고는 무엇이든지 가능한 세계입니다. 생선 먹고 싶으면 생선이 있어요. 사시미 먹고 싶으면 사시미가 있습니다. 무엇이든지 꿈에 그리던 모든 것을 사랑을 위해서 내가 그리워하게 되면 그것이 전부 다 가능하고 성사시킬 수 있다 이거예요.

그런 세계를 아는 선생님이 영계가 그립겠어요, 안 그립겠어요? 선생님은 어떻게 되는지 훤히 알고 살고 있는 것입니다. 그 세계에 어떻게 들어가는 것을 다 아는 거예요. 천국의 별나라, 몇 억만 리 별나라가 우리의 활동 무대입니다. 거기에 금별이 있겠어요, 없겠어요? 다이아몬드별이 있겠어요, 없겠어요? 세상에 욕심 많은 사람들은 금덩이를 보고 살겠다고 하는데, 금별에 가게 되면 붙들려 가지고 영원히 돌아서지 않는 거예요. 거기서 붙어가지고 못 떠난다는 것입니다. 못 떠나면 큰일이지요? 그게 지옥입니다.

여러분, 이밥에 고기만 매일 먹으라면 병나요, 병납니다. 오색 가지 잡곡을 먹어야 됩니다. 옥수수도 먹고, 수수밥도 먹고, 그래야 재미가 있는 거라구요. 그러니까 그 세계에 맞게끔 하기 위해서는 여러분이 좋은 것도 소화하고, 나쁜 것도 소화해야 됩니다. 이래가지고 둥글둥글 둥글어 가지고 무한 세계로 여행하는데 상충이 없는 하나가 돼야 됩니다. 그게 부부입니다. 부부! 그래, 어머니하고 선생님이 살면서 몇 번이나 싸웠을 것 같아요? '한 번도 안 싸웠습니다.' 네가 봤어! 싸울 수 있는 것인데 싸우지를 않아요? 싸울 것이 있지, 왜 없겠어요? 그렇지만 원리 원칙을 중심 삼고 내 자세가 흐트러지지를 않습니다. 그런 입장에 서면 전부 다 내가 넘어서는 것입니다. 매일 어떻게 사랑의 세계를 더 깊이 개척하느냐 이거예요.

통일교회는 사랑의 이상세계, 대해大海를 개척해야 됩니다. 선생님을 만나서 말씀 들으면 밤을 새우면서 재미가 있어요. 재미있는 남편, 재미 없는 남편, 어떤 것을 원해요? 재미 없는 녀석은 경계선이 여기밖에 못 와요. 선생님은 무한 자유로 벌리는 것입니다. 자유를 주는 것입니다.

이제는 가정을 예술화시켜야 됩니다. 재미있는 남편, 예술적인 남편이 돼야 됩니다. 무슨 잡지 같은데 좋은 것이 있으면 딱 뽑아 가지고 부인이 자려할 때 멋진 음성으로 읽어 주는 것입니다. 감동 받고 자는 아내의 모습을 꿈에 그리면서 그것이 재현되는 것입니다. 영계와 연결되는 거예요. 그게 얼마나 멋져요. 그렇게 살고 싶어요, 그냥 멋대가리 없는 부부로 살고 싶어요? 멋지게 살고 싶

습니다. 멋지게 살려면 멋질 수 있는 자세로부터 멋질 수 있는 방향을 취해야 됩니다. 그것이 제일 조건입니다. 그렇기 때문에 나이 많은 사람들, 선생님 말을 듣고 그렇게 못 살아온 것이 한恨이 될 텐데 오늘 저녁이라도 이불 펴고 연구 좀 해봐요.(웃음) 좋은 부부 되라는 것입니다. 그게 선생님의 훈시입니다. 아름다운 가정, 예술적인 가정이 될지어다. 아, 아, 아멘!(박수) (271-282)

본 말씀을 거울삼아 우리가 살아 온 참가정의 참부부로서 사랑의 예술적 삶이 어느 수준에 도달 했는지 한번쯤 체크해보는 것은 매우 중요하겠지요.

4월하면 무엇이 제일 먼저 생각나느냐고 묻는다면 무슨 대답이 가장 많이 나올까요? 아마도 50,60세대는 4.19를 떠 올릴 수 있겠지요. 엊그제 강원도 낙산사를 집어 삼킨 산불처럼 민주화의 불길이 젊은이의 핏빛으로 불탔던 4월의 기억을 그냥 지나칠 수 없을 텐데……. 요즈음 젊은 세대는 역사책에서나 배웠던 먼 옛날 얘기로 들릴 수 있겠지요. 그래서 많은 사람들은 4월 하면 떠 올리는 것이 두말할 나위 없이 꽃의 4월이라고 하겠지요. 춘화4월春花四月이라, 꽃이 피는 4월이 되었네요.

꽃 앞에 서노라면 아름다움이 살아나고, 평화스러운 마음이 포근하게 안기우고, 코끝은 자연스럽게 꽃샘으로 다가가 향기를 맛보며 신비를 노래하게 마련이지요. 아무리 모진 마음도 꽃 앞에서는 봄볕에 눈 녹듯이 사르르 녹아지고 화사한 웃음을 머금게 합니다. 또한 자연스럽게 마음 깊은 곳으로부터 꽃처럼 아름다운

인생을 그려보게 합니다. 게다가 벌 나비가 어우러진 꽃동산은 정말이지 만끽의 동산을 꾸밉니다.

꽃처럼 순수하고 아름답고 싶어요

만유의 주인이기에 자연과 속삭이는 꽃심(花心)이 새록새록 살아나면서 끝없는 신비의 세계를 넘나드는 수수授受의 여행은 흥미로운데, 무엇이 우리의 감성을 둔하게 만들었는지 씁쓸한 불감증이 꽃의 눈길을 아프게 하기도 합니다. 현대를 사는 우리들에게 가장 무서운 병중의 하나가 '불감증'이라는 병입니다. 불감증은 우리들의 올바른 의식구조를 왜곡시키고, 우리들의 오관활동을 무디게 만들고, 서로의 관계를 저해하고, 순수함을 퇴색시키고, 본연의 참모습을 애매하게 만드는 경향이 있습니다.

그렇다면 불감증의 원인은 무엇일까요? 그것이 바로 무감각, 무관심이요, 그것은 극도의 이기주의 산물입니다. 자기 위주로 자기중심적이다 보면 순수성이 한계에 봉착해서 진실이 삭감되고, 순수성과 현실성이 갈등을 초래하면서 자기 혼란에 빠져서 순수한 아름다움도 퇴색하고 맙니다.

오늘 우리들의 신앙의 현주소를 자세하게 들여다보면 하나님과 참부모님과의 순수한 관계에 많은 변수가 작용하고, 하늘 보다는 자기가 우선이고, 뜻의 소원보다는 자기 현실이 우선이고, 큰 대의大義보다는 자기 중심한 소의小義에 집착하고, 희생보다는 편리를 모색하고, 이타주의보다는 이기주의가 앞서는 경향이 있으니 우선 당장은 편할지 모르지만 지나고 보면 왠지 마음이 편치 않

고, 양심이 항의하는 아픔을 겪게 됩니다.

우리는 순수함을 다시 한번 심각하게 성찰해 봐야 하겠습니다. 자기도 모르는 사이에 세속의 물결 따라 순수하고 아름다운 우리의 본성에 세속의 때가 끼어들어서 우리들의 진실이 가려지고, 신비에 흠이 만들어지고, 아름다운 본성이 더럽혀진다면 이보다 더 큰 억울함이 어디 있겠어요.

순수성 회복은 많은 대화를 해야 합니다. 하나님과의 대화, 참부모님과의 대화, 자기 양심과의 대화, 자기 신앙과의 대화, 자기 인생과의 대화, 본성과의 대화로 순수함을 되살려 나가는 노력을 철저히 챙겨야 되겠지요.

꽃 중의 꽃이 참사랑의 꽃이지요

한국의 문화 열풍이 일본 열도를 강타한 것이 무엇이었습니까? 그것이 바로 순수한 사랑을 극화한 '겨울 연가'였습니다. 일본의 여성들이 왜 그리 극성으로 '겨울연가'를 좋아하다 못해 열광을 했을까요? 아무튼 '겨울연가' 촬영장소에 쓰레기 청소를 희망하는 사람을 어느 관광회사에서 모집을 했는데 5000명이 자원을 했으니 참으로 그 열기가 어느 정도인 것을 알 듯합니다. 그것이 바로 일본 여성들의 순수한 사랑의 감성을 일깨웠기 때문입니다. 일본이 경제적 여유가 조금씩 좋아지면서 유흥산업에 음란산업이 독버섯처럼 번지면서 남녀의 문제가 삼각관계, 사각관계, 오각관계로 뒤엉키면서 순수한 사랑이 퇴색하고 윤리가 뒤죽박죽되면서 인간의 고귀하고 순수한 사랑의 감성을 상실하고 말았습니다. 그

래서 세속의 물결 속에서 인간미가 사라지고 '물본주의 아닌 물본주의'로 전락되어 어쩌면 '경제의 노예 아닌 노예'로 전락된 삶을 꾸미다보니 순수한 인간의 심성이 억눌려 살다가 '겨울 연가'를 통하여 그 짓눌린 심성이 되살아남으로 주체할 수 없으리 만큼 감동이 되살아난 것입니다.

그렇습니다. 순수함에는 감동이 있습니다. 그 순수한 심성은 하나님이 같이 하시고, 우주가 박자를 맞추며, 너와 나의 심정이 서로 통하여 걸림이 없이 화답하면서 조화를 이루고, 평화를 이루며, 삶의 멋과 맛을 자아냅니다. 사실인즉 꽃으로 치면 사람 꽃보다 더 아름다운 꽃이 어디 있겠습니까?

서울대학교 미술과 학생들이 마지막 공부를 할 때 실질적으로 여성의 나체를 그리는 시간이 있답니다. 몸매에 자신이 있는 여성이 비싼 모델료를 받고 누드로 등장 하는데 너무나 아름다워서 누드를 그리는 과목을 통과하기가 어렵다고 합니다.

사실인즉 원리에서 가르치듯이 삼라만상의 모든 미를 총합한 총체적 아름다움의 실체가 인간이기에 꽃 중의 꽃은 사람꽃이요, 그 속에 참사랑이 피어나니 향기 중의 향기지요. 이제 우리는 그 본연의 꽃 중의 꽃, 향기 중의 향기를 순수한 심성으로 발휘되는 인생을 꾸며 나갈 때 우리의 인생을 작품화하면 '겨울 연가' 이상의 감동을 일으키는 '봄의 연가' '참사랑의 연가' 또는 '빛의 연가'를 만들 수 있겠지요.

이제 우리는 우리의 내면에 깊숙이 깃들어 있는 순수한 심성을 참사랑으로 되살리어 세상을 감동시키는 주인공이 돼야 되겠습니다.

356

순수함의 속성은 순수할 순純자를 앞세운 순애純愛, 순애성純愛性, 순혈純血, 순결純潔, 순정純情, 순심純心 등이 있습니다.

순애(Pure Love)는 하나님의 사랑이요, 하나님의 사랑을 이어받은 순수한 본연의 사랑입니다. 순애성(Pure Love Organ)은 절대적인 성으로서 하나님의 본궁이요, 생명의 근원으로서의 참다운 성을 말합니다. 순혈(Pure Blood)은 순수한 혈통, 하늘의 혈통을 말하는 것이고, 순결(Pure Purity)는 마음과 몸이 순수하고 깨끗한 실체를 의미하고, 순정(Pure Heart)은 본연의 하나님 심정이자 본연의 자녀의 심정이며, 순심(Pure Mind)은 비단결 같이 곱고 맑게 빛나는 마음씨를 말하는 것입니다. 이 여섯 가지 순수한 속성이 마음을 꾸미고, 몸을 꾸미면 우리의 모습은 그야말로 꽃 중의 꽃이요, 향기 중의 향기를 발휘하여 벌 나비가 춤을 추며 행복을 노래하듯 순수한 사람들의 삶의 터전은 끝없는 행복에 무한대의 기쁨으로 만족을 노래하는 삶이 되고, 많은 사람들이 더불어 살고 싶어서 너도나도 앞을 다투어 모여 들 것입니다.

아름다운 가정의 예술적인 부부가 되라고 하셨습니다

본문 말씀에 부부는 사랑을 중심하고 솔직하고 순수하면 둥글둥글한 인격자가 되어 사랑으로 모든 것을 가능케 한다고 했습니다. 참다운 사랑은 예술의 어머니입니다. 참사랑은 희생과 봉사의 원동력이며, 조화와 화합을 꾸미게 하며, 섬기고 위하는 역동을 발휘하고, 끝없는 재미를 생산하여 행복의 예술 기쁨의 예술을 창작합니다.

그런데 왜 우리의 삶이 안타까우리만큼 행복의 예술, 기쁨의 예술, 평화의 예술이 잘 만들어지지 않는 것인가요? 어찌하여 꽃향기가 제대로 발휘를 못 하는 것인가요? 꽃향기 따라 벌 나비가 찾아 든다는데 아직도 더불어 살고 싶다고 모이는 이가 많지를 않으니 우리들의 순수함에 부족한 것이 많은가 봅니다.

우리의 양심에게 물어 보면 아마도 순수함을 드러내려는데 방해가 되고 있는 것을 잘 가르쳐 줄 것입니다. 또한 하나님께 우리의 모든 것을 순수하게 드리는 심정으로 우리의 부족함이 무엇이냐고 여쭈어 보면 깨달음을 주시리라 믿습니다. 이제 우리는 하나님과 양심 앞에 모든 것을 다 드러내고 순수하게 자복하면서 본연의 아름답고 순수한 제 모습을 되찾아야 되겠습니다.

세상은 아직도 거짓의 세력이 많습니다. 늘 성별되고 분별된 삶으로 세속의 거짓 물결을 조심해야 합니다. 우리의 인생은 단 한 번밖에 없는 유일무이한 시간들이기에 순수한 신앙으로, 순수한 인생을 순수하게 가꾸기 위해 정말 신경 써야 되고, 순종純種의 조상 된 천일국 주인으로서의 도리와 책임을 다해야 되겠습니다. 순수한 심정으로 순수한 결심을 하며 새로운 각오를 다지는 식구님들의 삶이 기쁨의 예술로 피어나기를 축원 드립니다. 감사합니다.

지옥의 메시아

훈독말씀 : 새 소망 농장 선언(New Hope Farm)

하나님께서 인간과 만물을 창조하실 때, 절대 신앙, 절대 사랑, 절대 복종으로 지으셨습니다. 하나님의 대상체인 우리도 하나님께 절대 신앙, 절대사랑, 절대복종해야 합니다.

에덴동산에서 잃어버린 절대 신앙, 절대 사랑, 절대 복종을 찾기 위해서 사탄세계를 완전히 부정시켜 나온 것이 하나님의 복귀의 사명이라는 걸 알아야 됩니다. 구약은 할례를 통해, 신약은 세례를 통해, 불신으로 더럽혀진 모든 것을 씻어내는 것입니다.

성약은 무엇입니까? 사랑입니다. 희생함으로 자기를 투입하고 잊어버리는 것입니다. 하나님과 같이 투입하여 타락한 세계를 재창조해야 됩니다.

하나님의 아들딸이 되려면 이 세상에 자기를 투입해 가지고 빨리 부활해야 됩니다. 그러기 때문에 혈통전환의 축복을 받아야 합니다. 또 축복을 받았으면 그 일족을 희생시켜서라도 빨리 나라를 수습해야 됩니다. 절대적인 신앙, 절대적인 심정, 절대적인 복종이니까 그것은 절대적인 행동입니다.

절대신앙, 절대사랑, 절대복종할 수 있는 사람만 되면 통일교회 원리를 몰라도 됩니다. 그러면서 그 위에 절대적인 혈통 복귀, 소유권 복귀, 심정 복귀를 지상에서 이루어 넘어서게 되면 그 사람은 하늘나라의 백성이 됩니다.

레버런 문이 세계적으로 160개 국가를 중심 삼고 자유민주세계 및 공산세계를 수습하여 이미 승리의 패권을 쥐고, 남반부에 와서 지상천국, 이상왕권의 세계를 건설할 수 있는 시운이 시작되었습니다. 이제 여러분들은 선생님 대신이요, 하나님 대신입니다. 선생님이 어디 가든지 따라가고, 하늘이 어디 가든지 따라가야 됩니다.

하나님은 절대, 유일, 영원, 불변이시다. 우리는 하나님의 자녀이므로 하나님의 속성을 닮아 절대자녀, 유일자녀, 영원자녀, 불변의 자녀가 되어야 하며, 절대부부, 유일부부, 영원부부, 불변의 부부로 살아야하고, 절대부모, 유일부모, 영원부모, 불변의 부모가 되어야 하며, 절대가정, 유일가정, 영원가정, 불변의 가정으로 완성해야 한다.(98년 8월 7일 쟈르딘 새소망 농장)

본문 말씀은 참부모님께서 미국 알라스카를 중심으로 섭리를 펼치시다가 남미로 섭리의 중심을 옮기시면서 새로운 소망의 농장을 터로 하여 섭리적인 가인, 아벨 하나 만드시는 놀라운 역사를 펼치셨었습니다. 섭리의 맥락에서의 가인 종교가 카토릭이었고, 아벨 종교가 기독교였습니다. 즉 미국은 아벨 종교를 중심한 나

라였고, 남미는 가인종교를 중심한 나라권이었습니다. 그 때 가인
종교권 지도자들과 아벨 종교권 지도자들을 하나 만드시는 교육
섭리에 엄청난 교육비를 투입하셨습니다.

메시아가 아니고서는 두 종교권을 화합 통일시킬 수 있는 길이
없었습니다. 하나님의 창조 이상을 알려주고, 한 하나님 아래 하
나의 인류임을 일깨워 주는 원리 세미나는 참으로 놀라운 화합의
자리가 이루어졌습니다.

판타날은 지옥을 상징합니다

판타날 지역은 늪으로 이루어진 지역으로서 시궁창을 의미하고,
시궁창은 또한 지옥을 의미합니다. '천국보다 아름다운' 이란 영화
를 보면 지옥 사람들을 묘사한 것이 시궁창에 갇혀서 가끔씩 머
리를 내놓고, 한숨을 쉬는 모습으로 지옥의 삶이 시궁창 삶임을
아주 생생하게, 그리고 끔찍하게 영상돼 있습니다.

판타날은 죄인들의 유배지입니다. 그러니 지옥 같은 곳이요, 날
씨는 40도를 넘어서 불가마 같은 살인 더위요, 온갖 모기 천국으
로 사람을 잡아먹을 듯 떼거리로 덤벼서 밤이면 긁느라고 잠을
잘 수가 없습니다. 게다가 사람을 통째로 삼키는 거대한 뱀이 서
식하고 있어서 언제든지 공격을 받을 수 있는 아주 위험한 곳이
판타날입니다.

그런데 인류의 메시아는 지옥을 해방시키기 위하여 지옥을 손수
찾아가신 것입니다.

판타날은 매일같이 죽었다가 깨어나는 곳입니다

아침 5시에 훈독을 하고 준비해서 낚시 수련을 나갑니다. 위에서는 이글거리는 태양이 쏟아지고, 강에서는 그 뜨거운 태양열이 반사되어 뜨거운 기운이 엄습하고, 모기는 엄청나게 덤벼듭니다. 이 모든 악조건을 탕감의 조건으로 삼아서 참고 견디며 진종일 강 위에서 주먹밥을 먹고, 해가 넘어가는 시간에 일과를 마치고, 저녁 훈독회에 참석하면 피곤을 이길 수 없어 콧노래를 하면서 훈독을 하고, 밤 12시가 되어서 잠자리에 들지만 모기에게 물린 곳이 가려워서 긁느라고 잠을 못잡니다.

그러니 매일 매일의 생활이 죽었다가 깨어나고, 죽었다가 깨어나는 것이기에 입술은 부르트고, 탕감의 심정으로 몸을 치며, 자기 채찍으로 수련을 하는 것입니다.

지옥을 찾아오신 메시아·참부모님·구세주·재림주님의 지옥 해방 역사

젊은이들도 견디기 어려운 판타날의 지옥 환경을 찾아오신 참부모님께서는 지옥해방의 놀라운 탕감 역사를 몸소 감내하시며 지상의 지옥 해방의 역사를 통하여 영계 지옥 해방의 대역사를 만드시는 고난을 승리하셨습니다.

새벽 3시면 정글을 헤치며 지옥의 한 복판으로 나가셔서 하루 종일 뙤약볕의 그 뜨거운 불 별 더위를 감내하시며, 지옥을 어루만지시며, 해방의 탕감 조건을 세우시는 것이었습니다. 그러시니

용안은 껌둥이는 저리가라 할 정도로 정말로 흑인 아닌 흑인이 되시어 지옥 해방의 대탕감 역사를 만드시는 것이었습니다. 여기에 국가 메시아들을 동참시키시는 것은 작은 메시아로서 각 나라의 지옥해방 역사를 만들어 나가는 연단이요, 축복이었습니다.

역사의 원수 사탄 누시엘과 섭리의 원흉 박마리아를 자연굴복 시키신 곳

판타날에 있는 아메리카나 호텔 14호실은 참으로 놀랍고 끔찍한 승리의 통쾌한 장소입니다. 하루는 큰 가오리를 낚으시고 풀어 주시면서 박마리아 용서의 조건이라고 하시는 것이었습니다. 그를 용서하시기까지에 얼마나 많은 가슴앓이와 용서를 되새기시는 고충이 있었겠습니까? 그리고 역사적인 원수 누시엘을 자연굴복 시키시기까지에는 얼마나 많은 사랑의 아픔을 겪으셨을까요? 그 지옥의 환경을 소화하시면서 아니 그 지옥의 정황에서 뼈골에 사무치는 아픔을, 세포가 우는 고통을 참사랑으로 뛰어 넘어 용서의 꽃을 피우기까지 아픔과 용서의 눈물이 범벅되고, 미어터지는 가슴을 억누르시며 용서를 하고 또 하고 그러기를 수 천만 번, 하나님의 한을 해원하는 인고를 씹고 되새기며 최후의 위대한 승리가 용서임을 온 천주 앞에 본보여 주신 것이었습니다. 그리하여 급기야는 아메리카나 호텔 14호실에서 용서의 대승리, 자연굴복의 대 승리의 의식을 거행하였던 것입니다.

원초성지, 근원성지, 승리성지를 만드신 지옥해방의 현장입니다

판타날은 사람이 살지 않는 그야말로 자연 그대로의 원초적인 현장입니다. 타락한 인간들이 지배해온 자연은 탄식과 고통의 만물이었는데, 타락 인간과는 거리가 멀리 있었던 판타날이었기에 본래의 에덴동산에 가장 근사치의 땅이었습니다.

그래서 지옥을 상징하는 땅이요, 에덴에 근사치의 땅으로서 극과 극이 만나는 자리에 승리의 터를 닦고 원초성지를 택정하신 것입니다.

그리고 원초의 땅은 근원지가 되므로 더불어서 근원 성지를 택정하신 것이었습니다. 더불어 지옥 밑창을 뚫고 승리하셨기에 승리성지를 택정하심으로 명실공히 누시엘을 자연굴복시킨 판타날이 새 하늘, 새 땅을 열어주신 성지가 된 것입니다.

그리고 말씀하시기를 전세계 축복 가정들은 이 성지를 4년에 한 번씩 순례해야 된다고 하셨습니다. 지금은 어렵겠지만 하늘나라가 이루어지면 참부모님의 발자취를 따라서 순례의 행진이 이어지겠지요.

판타날 정신으로 섭리의 인생을 살면 만사형통하리라 믿습니다

새 소망 농장 선언은 절대 신앙, 사랑, 복종의 생활로 승리의 인생을 만들고 하늘의 전통을 확립하라시는 것입니다. 그리고 절

대, 유일, 영원, 불변의 실체 신앙자가 되어 사탄을 이기어 에덴의 참사랑 문화를 정착시키라는 것입니다.

실로 참부모님께서는 새 소망 농장 선언을 하시고 몸소 지옥의 밑창을 찾아가시어 승리의 팻말을 꽂으시고 성지를 만드신 것입니다.

그렇기에 판타날 정신으로 섭리의 인생을 살면 만사가 형통될 수 있는 승리의 삶을 만들고도 남음이 있다는 것입니다.

지금은 전국민을 축복가정 만들기 위해 전축복가정들이 손발을 걷어부치고 실제 축복에 몰입하고 있습니다. 지옥을 해방하는 심정으로 판타날 정신을 앞세워 참부모님의 대신자요, 하나님의 대신자로서의 역할 사명을 다하고자 지성을 다해야 되겠습니다.

우리가 아니면 저들을 참생명으로 접붙일 자가 없습니다. 우리의 종족, 우리의 이웃을 하늘 생명으로 접붙이고 양육하는 아름다운 정성을 다하노라면 하늘나라 천국의 역사는 날로 발전되리라 믿습니다. 축복의 행진에 놀라운 하늘의 능권과 축복이 함께 하시기를 축원 드립니다. 감사합니다.

'위함의 왕자'가 '천국의 왕자'

훈독말씀 : 위해서 살아야

여러분이 50평생 중에서 25년 이상을 이 우주를 위하고, 천륜을 위해서 살았다면 천국에 가는 것입니다. 그렇게 살면 저 나라에 가서 좋은 영계에 머물 수 있지만 자기를 위주하고 산적이 많았다면 섭섭하겠지만 선한 본향의 세계에 가는 것이 아니라 자기만을 위하려고 하는 악의 본향, 지옥으로 간다는 것입니다.

그러한 사실을 알고 이제부터 여러분은 자기를 위하여 산 과거의 생활을 청산하고, 여생을 전체를 위하고, 나라를 위하고, 세계를 위하고, 하늘 땅을 위하고, 하나님을 위하여 살아야 합니다. 그런다면 여기서부터 지옥이 아니라 천상의 이상 세계로 향진向進할 것이 틀림없습니다.

영계가 어떻게 되어 있느냐? 하는 사실에 대해서는 누구 못지 않은 체험을 했고, 또 영계는 나의 전문적인 분야입니다. 저 영계의 질서적 기원을 찾아보면 어떻게 되어 있느냐? 위해서 존재하도록 되어 있는 세계가 천국입니다. 그곳은 우리의 본향입니다. 우리는 싫든 좋든 어차피 그곳으로 가야 할 운명에 놓여 있습니

다. 그것이 우리의 인생길입니다. 우리는 그곳을 향하여 나그네의 길을 가고 있는 것입니다. 그러면 여기에서 문제되는 것은 자기를 위해서 살았느냐, 남을 위해서 생활을 했느냐 하는 것입니다. 그 차이에 따라 남을 위해 산 적이 많다 할 때는 천국으로 갈 수 있는 것이요, 그 반대가 될 때는 지옥에 간다는 것입니다. 이 원칙은 이 자리에서는 믿어지지 않겠지만 죽어보면 알게 됩니다.

하나님은 인류를 구하기 위해서 종교를 세워 섭리해 나오십니다. 그렇기 때문에 고차적인 종교일수록 그 본향의 뜻과 본향의 원칙에 일치되는 교훈을 하지 않을 수 없고, '희생하라, 봉사하라!'하는 권고를 하지 않을 수 없다는 것입니다.

이처럼 하나님이 역사와 종교의 배후에서 섭리하고 있다는 사실을 부정할 수 없습니다. 이러한 원칙을 두고 볼 때 위하려는 종교는 발전할 수 있지만, 자기를 위주로 하여 세계에 문제를 일으키면서 주체적인 입장에 서려는 종교는 내려간다는 결론도 여기에서 찾을 수 있는 것입니다.

천국은 사랑의 세계요, 중심자인 하나님을 위해 있는 세계, 하나님을 위해서 사는 세계입니다.

모든 존재는 서로를 위하여 투입함으로 생존, 발전, 번성, 보람으로 연속됩니다.

하나님을 닮아난 피조 세계는 이성성상인 쌍쌍제도로 되어 있고, 서로를 위하여 주고받음으로 존재가 존재되고, 발전하며, 번창을 이루어 보람을 만들고, 기쁨이 생산되는 것입니다. 그렇기 때문에 천륜의 법도는 상대방을 위하여 모든 것을 투입하게 되어

있는 것입니다. 그렇기에 하나님주의는 이타주의, 위타주의인데, 사탄이 하늘의 법도를 뒤집어서 자기 중심으로 이기주의를 내세움으로 서로를 증오하고 욕심이 앞서기 때문에 조화 발전이 아니라, 분열되고 파괴되는 퇴보요, 부작용을 초래함으로 결국은 불행으로 끝나게 되는 것입니다. 그러므로 참부모님께서 삶으로 가르쳐주시는 천국 삶의 정도正道는 나보다도 상대를 위하여 사는 삶이셨습니다. 그 위하는 범위는 가정을 위하여, 종족을 위하여, 나라와 민족을 위하여, 세계를 위하여, 천주를 위하여, 하나님을 위하여 사는 것이 하나님의 아들 딸 된 기본도리요, 행복의 지수를 높여서 만족에 이르게 하는 하늘 인생이라는 것입니다.

천국 생활 중 식사의 한 장면을 소개하는데, 천국 숟가락은 팔길이보다 더 길어서 상대방의 입에 넣어 줄 수 있도록 되어 있답니다. 그런데 자기 입에 넣으려면 뒤쪽으로 날려 보낸답니다. 위하여 사는 천국 숟가락질의 의미를 바르게 깨닫고, 바르게 실천해야 되겠습니다. 그래서 주는 손은 행복의 손이요, 기쁨의 손이요, 보람의 손이며, 주는 손이 복손(福手)이요, 희망을 만드는 손이며, 평화의 손이랍니다.

고급 종교일수록 희생 봉사를 권면합니다

인류 역사상에는 많은 종교가 등장했고, 소멸되기도 했고, 가르치는 진리의 범위도 천차만별이었습니다. 진리를 빛으로 비유한다면 등잔불 같은 진리의 종교, 촛불 같은 진리의 종교, 전깃불

같은 진리의 종교, 전깃 불도 촉수에 따라서 밝기가 다른 진리의 종교, 태양 같은 진리의 종교 등등의 종교가 있는데, 종교역사를 따라서 잃어버린 근원의 뿌리 되시는 하나님의 진면목을 찾아온 것입니다.

타락의 운명에서 본연의 자리로 원상회복하는 비결이 탕감을 통한 복귀이기에 구원의 깊은 진리를 터득하면 할수록 탕감을 감사함으로 감내해야 복귀의 혜택을 얻게 된다고, 탕감 즉 희생 봉사를 가르치고 권면하게 되는 것이었습니다.

또 한 가지는 하늘의 법도가 서로 위하여 사는 사랑의 법도를 가르치고, 사랑의 실적이 위함의 실적이요, 위함의 실적이 천국의 재산임을 터득하고 실행하는 종교가 기쁨과 행복을 더하며, 평화를 이루는 평화종교로 인류 앞에 희망의 등불로 등장하는 것입니다.

불빛의 정도에 따라 밝히는 범위가 다를 수밖에 없습니다. 등잔빛은 방 하나 정도 밝히고, 촛불은 응접실 정도를 밝히고, 전깃불은 온 집안을 밝히지만, 태양은 온 천지를 다 밝힙니다.

나라마다, 지역마다, 종교가 있습니다. 그러나 기독교는 이슬람교를 못 넘어서고, 이슬람 역시 기독교를 못 넘어서며, 크고 작은 종교들이 저마다의 빛을 밝힌다고 하는데, 온 천지를 넘어서 온 천주까지 해방과 평화를 밝혀주는 진리의 빛이 없어서 한계를 말하고 있는 현세입니다.

천주평화의 기치를 들고 온 천주에 평화의 메아리를 전하며 평화의 청사진을 밝힌 천주평화연합 창설 선언의 메시지는 역사와

인류와 천주의 등불이 되고 있는 것입니다.

이 천주평화의 등불을 밝히신 참부모님을 모시고 정성을 다하여 '위함의 왕자, 천국의 왕자'로 인정받으시기를 축원합니다. 감사합니다.

하나님과 공명 권共鳴圈을 이루고 사는 삶

훈독말씀 : 영계 동원과 협조

여러분은 전도가 안 될 때에도 전도를 해야 됩니다. 돌을 바다에 던지는 것과 마찬가지입니다. 그것으로 바닷물을 다 메우고 산이 될 때까지 한정 없이 하는 겁니다. 그럼으로 말미암아 내가 심정적으로 자란다 이겁니다. 몸은 아무것도 변하는 것이 없지만 심정이 자란다는 것입니다.

새벽에 일어나서 그 동네를 위해서, 자기가 맡은 책임지역을 위해서 기도하며 눈물지어야합니다. 그 길은 심정적이면서 영계와 영적인 인연을 맺는 길입니다. 하나님이 동네를 내려다보면 전부 다 지옥으로 갈 수밖에 없는 인간들이기 때문에 눈물을 흘리지 않을 수 없지 않느냐 해가지고, 하나님 대신 자기가 눈물을 흘린다는 것을 스스로 느낀다는 것입니다. 하나님의 심정으로 눈물을 흘릴 수 있는 공명력이 들어가게 되면 영계가 총동원하는 것입니다.

인간으로서 하나님 앞에 감동적 눈물을 흘려야 됩니다. 하나님이 '고맙구나! 타락한 아담과 해와의 후손이 옛날의 아담 해와보다 낫구나!' 하는 감동을 받아 눈물지을 수 있는 자리에 들어가지

않고는 영계와 안 통합니다. 타락한 아담 해와의 후손으로서 하늘을 배반한 후손인 너희들이 이럴 수 있느냐고 하면서 하나님이 감동할 수 있는 눈물을 흘려야 영계가 협조한다는 겁니다. 거기서부터 영계가 열리는 것입니다. 그 이하는 절대 안 되는 것입니다. 절대 안 됩니다. 그게 원리입니다.(96-282)

　지상의 여러분이 영계에 가겠다는 마음과 영계의 사람들이 지상에 재림하겠다는 마음 중에 어느 것이 더 간절하겠습니까? 원리적으로 볼 때, 여러분이 더 열렬해야 되겠습니까? 영계가 더 열렬해야 되겠습니까? 영계는 천사장 세계이고, 여기는 아담과 해와의 세계, 아들딸의 세계입니다.
　아들딸이 더 열렬해야지 종이 더 열렬해야 되겠습니까? 여러분들이 영계를 협조하게 돼 있습니까? 영계가 여러분들을 협조하게 돼 있습니까? 영인들이 협조하려고 기다리고 있는데, 왜 기다리느냐? 지상에 천국을 이루기 위해서 일하는데 협조하겠습니까, 여러분이 잘 먹고 잘 살게 하는 데 협조하겠습니까? 지상에 천국을 이루기 위해서 일하는 데 협조하는 것입니다.(161-227)

　영계가 동원되어야 됩니다. 영계가 동원되지 않으면 어떻게 천국을 형성하겠습니까? 형성 못합니다. 천국은 참부모로부터 시작되게 돼있지 지금까지의 타락한 후손으로 시작되게 돼 있지 않습니다. 아담을 창조할 때 천사세계의 협조를 받은 것과 마찬가지로, 재창조도 영계에서 내려와 전부다 지상을 협조해야 합니다. 그렇지 않고는 안 되게 되어 있습니다. 원리가 그렇잖아요? 부활

원리가 그렇지요? 부활원리가 그냥 그대로 결과로 나타나야 참이라고 하는 것입니다.

선생님이 여러분들을 고생시키는 것은 여러분을 살려 주기 위해서 하는 것입니다. 여러분들을 살려주기 위해서 고생을 시킨다는 것을 알고 고맙게 생각해야 됩니다. 그래서 하늘과 심정적인 유대를 맺어야 하늘의 명령이면 어디든지 날아가는 것입니다. 세계를 끌고 가는 기관차 같은 책임을 하겠다고 하게 되면 영계가 협조합니다. 그런 생각하면 영계가 틀림없이 협조합니다.

오늘날 우리는 하나님의 뜻 앞에 '하나님의 전통을 더럽힐소냐! 하나님의 위신을 더럽힐소냐!' 하는 마음으로 승리의 기반을 닦지 않으면 안 됩니다. 여러분은 어떠한 전통을 세울 것이냐를 놓고 기도해야 합니다. 지금은 복된 때입니다. (14-20)

우리는 후천개벽시대를 맞아 개벽된 하늘의 삶을 살아야 된다고 하십니다

하나님의 복귀섭리는 참부모님을 통하여 대전환기를 맞아 선천시대와 후천시대가 교차되는 가운데 벌써 후천개벽시대 2년째를 살고 있는 것입니다. 그렇다면 과연 우리들의 삶의 현주소에서 후천개벽의 감격과 실감이 얼마만큼 체휼되고 또 내 자신은 후천시대에 걸맞는 삶이 꾸며지고 있는지를 자기 스스로 진단을 종종해 볼 필요가 있는 것입니다. 하나님의 자녀로서 섭리와 제대로의 박자가 맞는 삶인가를 점검해 보는 것은 보다 알찬 삶을 영위하기 위한 지혜라고 할 수 있습니다.

개벽된 삶의 모습은 선천시대의 찌꺼기를 말끔히 없애고, 그야말로 하나님께서 창조하시고 보시기에 좋았다 라고 하시는, 즉 하나님의 이상하심의 실체, 당신의 모든 것이 그대로 나타난 말씀과 사랑과 심정이 순수하게 드맑게 빛나는 제2의 하나님 모습일 것입니다. 하나님은 무형의 실체요, 자식은 유형의 실체로서의 하나님의 마음과 몸 그대로의 닮음 꼴, 닮음 실체일 것입니다.

하나님의 심정과 사정과 소원이 하나로 통일된 삶을 사는 성숙한 자식의 모습이 개벽된 자녀의 삶이라고 할 수 있겠습니다

심정불이心情不二, 사정불이事情不二, 소원불이所願不二의 삶이 개벽 된 삶이라 할 수 있겠습니다

불이不二사상을 가장 쉽게 대하는 것이 신토불이身土不二라 해서 사람의 몸과 땅은 둘이 아니요, 사람과 만물도 둘이 될 수 없다 하는 불이사상입니다. 요즈음은 불이사상이 점점 확대되어 동양과 서양이 하나라고 하는 동서불이, 남한과 북한이 하나라고 하는 남북불이, 도시와 농촌아 하나라 하여 한 회사가 한 마을과 자매결연을 맺는 도농불이都農不二로 발전되고 있습니다. 한 걸음 더 나아가서 하나님과 인간도 둘이 아니라 하나라고 하는 신인불이神人不二, 영계와 육계, 지상과 천상도 둘이 아니라 하나라고 하는 영육불이靈肉不二사상이 현실적으로 피부에 와 닿는 때가 되었습니다.

이제 우리는 더 깊은 경지로 들어가 하나님의 심정이자 나의 심

정이요, 나의 심정이자 하나님의 심정으로 둘이 아닌 하나의 경지를 이루고 사는 개벽의 실체 된 삶의 자리를 만드는 지성의 노력이 분명해야 된다는 것입니다. 본문 말씀에 부모의 심정으로 그 동네를 전도하기 위해서 죄와 짝하여 헛된 인생길을 가는 불쌍한 생명들을 나의 자녀 이상으로 애착을 투입하고 정성을 다함에 탕감의 바다에 돌을 던져 그 탕감의 바다가 다 메꿔질 때까지 절대지성을 쌓아야 된다는 말씀입니다.

하나님의 사정이 내 것으로 피부에 느끼고, 하나님의 소원이 내 인생의 푯대가 되어 이리 뛰고 저리 뛰며 혼신을 다함으로 하나님께서 감동을 먹어야 영계가 동원되고 협조의 역사가 나타난다는 것입니다. 하나님의 바라심과 우리의 바람이 하나로 통하는 공명권共鳴圈의 삶의 자리가 돼야 그 크신 하나님의 능력과 은총이 우리의 능력으로 나타나 무한대의 가능으로 많은 결실의 기쁨과 보람을 얻게 하신다는 것입니다.

우리의 선한 조상들도 지상에 동원되어 역사하기를 학수고대합니다만 상대 기준과 상대 기대가 준비되고 이익을 창출할 가능성이 있어야 투자하는 것이지요. 하나님의 뜻을 붙잡고, 천일국 창건을 위해, 이웃과 종족, 나라와 세계복귀를 위해 지극정성을 다하면 조상들도 감동되어 역사를 하고 싶어 견딜 수가 없게 된다는 것입니다.

종보다 더 열렬한 아들딸이 돼야 된다고 하십니다

우리가 하나님의 아들 딸이란 신분이 너무나 높고 엄청나서 실

감이 제대로 안되는 경향이 있습니다. 평생을 하나님과 주님을 모시고 살아온 기독교인들, 철저한 신앙으로 살다간 기독교 영인들은 양자의 신분이지 아들 딸의 신분이 아닌 것입니다. 예수님의 피를 상징하는 포도주를 마시고, 예수님의 몸을 상징하는 떡을 먹어도 낙원의 신분이고, 천국대합실에서 대기하는 대기자의 신분인 것입니다. 예수님의 약속대로 어린양 잔치를 하고, 하나님의 참부부, 참가정을 이루어야 하나님의 핏줄로 이뤄지는 참부모와 참자녀의 관계가 회복되고 하늘의 아들딸이라는 신분을 갖게 되는 것입니다. 그러므로 참부모와 관계를 이루지 못한 비축복가정非祝福家庭들은 모두가 천사장의 지배권에 속한 생명들이요, 천사세계를 꾸미고 있는 족속들입니다. 그들은 종의 신분을 갖고 사는 것이기에 종의 근성이 있습니다만, 그 본심은 주인의 신분 즉 하늘의 아들 딸이 되기를 갈구하고 있는 것입니다.

　영계에 있는 그 많은 종들의 한결같은 희망은 지상의 아들 딸들을 협조해서 혜택 받기를 얼마나 소망하고 있겠습니까? 그런데 지상의 아들딸들의 삶이 하나님도 감동 먹고, 종들도 감동 먹을 수 있는 열정이 있어야 감동의 눈물을 따라서 가슴이 뛰고 사지백체가 작동되어 재림의 역사가 일어난다는 것입니다.

　주인은 무엇이든 종보다 한 가지라도 더 낫다고 할 때 주인의 위치와 권위가 성립되는 것입니다. 종보다 더 많이 생각하고, 더 많이 걱정하고, 더 많은 애착을 갖고, 더 많이 기도하고, 더 많이 정성 드리고, 더 많이 연구하고, 더 많이 노력해야 주인이 될 수 있는 것입니다.

　이제 우리는 심신을 가다듬고 후천개벽시대에 박자를 맞춰 하나

님과 공명권을 이루고 끝없는 능력이 나타나는 불이실체不二實體가 되어 아들 딸의 신분을 드높이며 절대충효의 열정으로 천일국 창건의 주역이 되기를 바라시는 하나님의 소원에 한 박자로 맞춰 살아가는 역사적인 아들 딸, 섭리적인 아들 딸, 천일국의 주인다운 주인 되시기를 축원 드립니다. 감사합니다.

빚을 진 사람, 지우는 사람

훈독말씀 : 빚이나 신세를 지우는 사람은 중심자가 되는 것이요, 신세를 지는 자는 굴복자가 될 것입니다. 또한 신세를 지우는 사람은 승자가 되는 것이요, 신세를 지는 사람은 패자가 되는 것입니다.(68-250)

빚지는 사람은 망합니다. 빚지는 사람은 환경적으로 제거당합니다. 그렇지 않아요? 친구끼리도 빚만 지는 사람은 자연히 격리당하는 것입니다. 가정끼리도 빚을 지고, 자꾸 신세를 지게 된다면 싫다고 하는 것입니다. 여러분은 빚을 지우기 위해서 태어난 거예요. 먼저는 부모, 형제 앞에 빚을 졌습니다.(68-280)

아무것도 없거들랑 주먹을 쥐고 건강한 몸뚱이를 가지고 봉사해야 됩니다. 무엇이든 해야 된다는 것입니다. 교회에 신세를 지지 말고, 나라의 신세를 지지 말고, 부모님의 신세를 지지 말고, 하나님 앞에 신세를 지지 말고, 신세를 지우는 내가 되라는 것입니다. 그렇게 내가 일생 동안 살겠다고 하면 모든 것이 자기 것 되는 것입니다. 가정에서는 어머니 아버지의 짐이 안 되고, 어머니 아버지 신세를 안져야 됩니다. 형제를 위해 주어야 됩니다. 사회

를 위해 봉사하는 것입니다.(104-341)

어떤 사람이 주께 와서 가로되 '선생님이여, 내가 무슨 선한 일을 하여야 영생을 얻으리이까?' 예수께서 가라사대 '어찌하여 선한 일을 내게 묻느냐? 선한 이는 오직 한 분이시니라. 네가 생명에 들어가려면 계명들을 지키라. 가로되 어느 계명이오니이까?' 예수께서 가라사대 '살인하지 말라. 간음하지 말라. 도적질하지 말라. 거짓 증거하지 말라. 네 부모를 공경하라. 네 이웃을 네 몸과 같이 사랑하라' 하신 것이니라. 그 청년이 가로되 '이 모든 것을 내가 지키었사오니 아직도 무엇이 부족 하나이까?' 예수께서 가라사대 '네가 온전하고자 할진대 가서 네 소유를 팔아 가난한 자들을 주라. 그리하면 하늘에서 보화가 네게 있으리라. 그리고 와서 나를 쫓으라' 하시니, 그 청년이 재물이 많으므로 이 말씀을 듣고 근심하며 가니라.

예수께서 제자들에게 이르시되 '내가 진실로 너희에게 이르노니 부자는 천국에 들어가기가 어려우니라. 다시 너희에게 말하노니, 낙타가 바늘귀로 들어가는 것이 부자가 하나님의 나라에 들어가는 것보다 쉬우니라.' 하심에 제자들이 듣고 심히 놀라 가로되 '그런 즉 누가 구원을 얻을 수 있으리이까?' 예수께서 저희를 보시며 가라사대 '사람으로는 할 수 없으되 하나님으로서는 다 할 수 있느니라.'(마태복음 19장 16-26)하셨습니다.

'빚 없는 삶'이라는 책을 쓴 저자 래리 버켓은 미국의 가족을 연구하는 가운데 미국의 '이혼율 증가가 개인의 부채 증가율과 비슷

한 상승 곡선을 그린다.'라고 진단했습니다. 빚을 지고 나면 부부 생활이 불편해지는 것은 어쩌면 당연한 이치일 것입니다. 빚을 지면 가정생활에 위기환경이 조성되고, 채권자에게 종속되는 보이지 않는 노예로 전락되는 기분이고, 빚 스트레스로 인한 충동 구매가 늘어나면서 사람을 추하게 만들기도 하고, 갖가지 심리적 불안요소가 도사리고 있어서 삶의 의욕을 저하시킨다는 것입니다. 흔히 빚을 줄이는 일은 몸무게를 빼는 것만큼이나 어렵다고 합니다. 비만이 만병의 근원인 것처럼 빚도 늘어나면 생활고에 시달리고 결국은 가정파탄으로 연결됩니다. 비만인 사람들이 다이어트의 필요성을 인식하면서도 과식 습관에서 좀처럼 헤어나지 못하듯, 채무자도 소득보다 큰 소비를 줄이지 못하는 생활습관을 고치는 게 쉬운 일이 아니랍니다. 이에는 분명 습관의 혁명이 요구되는 것입니다. 고정된 틀, 고착 틀을 깨는 용기가 필요한 것입니다. 나비가 애벌레의 틀을 깨고 나와야만이 변화무쌍한 대자연을 만끽할 수 있는 것입니다.

사람은 누구나 신세를 지고 삽니다

신세를 진다는 것은 남에게 도움을 받는다는 뜻입니다. 우리가 한 생명체로 탄생되는 순간부터 부모의 도움으로 성장합니다. 또한 자연의 도움으로 생명이 생명 됨을 찬미하게 됩니다. 공기의 도움으로 호흡기관의 신비로운 작용이, 물이 있어 온 몸의 균형 발전의 묘미가 꾸며지고, 햇빛이 있어 밝고 어둠의 조화를 맛보며, 몸에 맞는 음식물들이 사지백체 오장육부를 신비의 왕국으로

동하고 정하게 합니다.

성장되는 속도와 환경과 정도에 따라서 도움의 다양함이 인생을 인생답게 만들어 줍니다. 부모님의 절대적인 사랑과 보살핌, 형제들의 애정 어린 정성, 학교를 가게 되면 스승으로부터의 배움의 도움, 친구로부터의 또래의식의 함양으로 공동체 정신을 배우고, 이웃의 보살핌이 사회공동체의 유기적 관계의식을 배우게 하며, 보이게 보이지 않게 다양한 도움, 보살핌으로 삶의 작품이 꾸며지고 있는 것입니다.

성장하여 결혼을 하므로 가정을 꾸미게 되면 남편은 아내의 도움을 받고, 아내는 남편의 도움으로, '도움의 수수관계'로 삶의 멋과 맛의 질과 양이 다양한 행복을 창출하며 인생의 가치를 향유하게 만드는 것입니다. 또한 삶의 환경을 꾸며주는 자연의 도움들이 우리의 생명요소가 되는 것입니다. 다양한 음식의 재료들, 갖가지의 옷가지들, 우리들의 삶을 보다 윤택하게 만들어 주는 과학과 기술 등등의 도움으로 인류역사는 발전되어 왔고, 앞으로도 도움의 주고받는 삶으로 앞을 향하여 발전되어 갈 것입니다. 이 모든 것이 신세요, 빚이요, 받았으니 돌려야 할 덕목들인 것입니다.

우리는 남달리 하나님과 참부모님의 신세를 힘입은 천일국의 백성들입니다. 우리를 참자녀로 만들어 주시기까지 뿌리신 핏물이 그 얼마이며, 뿌리신 눈물에 땀방울은 얼마이신지 측량할 수 없

으리만큼 탕감의 가시밭길을 피눈물로 물들인 하늘 사랑의 길, 복귀의 길이었습니다. 우리는 그 피눈물의 꽃 열매로 결실 된 축복의 자녀들이기에 너무나 엄청난 신세를 지게 되었고, 심정의 빚을 지게 된 것입니다.

빚을 갚는 삶, 신세를 지우는 삶은 행복을 창출하는 원동력이 됩니다

세상에는 흥부의 무리들이 많을까요? 놀부의 무리들이 많을까요? 빚을 지우는 사람이 많을까요? 빚을 지는 사람이 많을까요? 세상에는 피 튀기는 생활경쟁 속에서 사탄의 근성인 교만과 사기가 난무하여 감옥은 만원이라고 합니다. 건강한 사회, 아름다운 덕망의 사회, 빛나고 향기로운 세상을 만들기 위해서 베푸는 삶, 도움을 주기 위해서 경쟁하는 사회, 서로를 위하여 살기를 노력하는 '위함의 천재'들이 사회의 구성원이 된다면 오늘의 질곡에서 아우성치는 기존의 패악한 틀이 부서지고 자유, 행복, 기쁨, 평화, 통일의 새 하늘, 새 땅이 펼쳐지리라 봅니다.

그러자니 우리는 늘 역지사지易地思之의 아량이 어디에서나 작동하는 생활철학이 있어야 되겠습니다. 역지사지란 상대방의 처지에서 생각하고, 상대방을 먼저 배려하고, 상대를 위하여 베풀기를 먼저 하겠다는 넓고 깊은 마음입니다. 정말인즉 역지사지의 아량이 살아서 숨 쉬는 우리 시회가 된다면 도움을 주고, 베풀고, 신세를 지우고, 빚을 갚는 삶의 자리가 됨으로 우리 모두가 행복을

창출하는 역사, 사회, 새 세상의 주인이 되고도 남음이 있으리라
봅니다.

어떻게 갚고, 지울 것인가요?

그것은 참사랑을 실천하는 것입니다. 참사랑은 진정으로 희생
봉사하는 즉, 자기투입입니다. 자기가 소유하고 있는 지식, 기술,
특성, 개성적인 것을 상대에게 투입하는 것이 갚고 지우는 것입
니다. 경제가 필요한 자에게는 경제로, 말씀이 필요한 자에게는
말씀을, 사랑이 필요한 자에게는 사랑을, 상담이 필요한 자에게는
대화를, 말동무가 필요한 자에게는 말로, 심정, 사랑, 마음, 경제
력, 능력, 모든 것을 총망라해서 갚을 수 있는 기회를, 지울 수
있는 기회를 잃지 않고 포착하는 행복이 있어야 되겠습니다.

더욱이 섭리의 삶을 영위함에 있어서 하늘은 섭리의 프로그램에
맞춰서 참 부모님을 통하여 한 치의 오차도 없이 지상천국이라고
하는 어마어마한 역사적인 총체적 궁극 목적을 향하여 한 단계
한 단계 정상을 향하여 달려가고 있습니다. 이에 우리들도 동참
의 기회를 주심으로 동참권에 상속권, 동위권을 부여해 주시기
위한 섭리적 과제를 수행하는 천명을 내리시는 겁니다. 우리는
그럴 때마다 절대 감사를 먼저 앞 세워서 모든 것을 동원해야 되
는 것입니다. 정성을 동원하고, 지혜를 동원하고, 기도를 동원하
고, 경제를 동원하고, 기술을 동원하고, 섭외 능력을 동원하고,
이웃과 종족을 동원해서 하늘이 원하시는 바를 충족해 드릴 때

우리는 섭리의 프로그램과 더불어 행복을 포착하고, 영원한 기쁨의 사건으로 간직할 수가 있는 것입니다.

행복, 보람, 기쁨, 영광은 감사함으로 지성을 다한 노력의 꽃, 열매인 것입니다.

진정 하늘 앞에 심정적인 빚을 갚을 수 있고, 신세를 지울 수 있다면 섭리역사의 주인이요, 미래 영광의 주인공이 될 것입니다. 감사합니다.